Maik Fielitz
Holger Marcks

Digitaler Faschismus

Maik Fielitz
Holger Marcks

Digitaler Faschismus

Die sozialen Medien als Motor des Rechtsextremismus

Dudenverlag
Berlin

Bibliographisches Institut GmbH, Mecklenburgische Straße 53, 14197 Berlin

Redaktion Dr. Ludger Ikas
Herstellung Alfred Trinnes
Layout Schimmelpenninck.Gestaltung, Berlin
Satz L101 Mediengestaltung, Fürstenwalde
Umschlaggestaltung sauerhöfer design, Neustadt
Druck und Bindung CPI books GmbH, Birkstraße 10, 25917 Leck
Printed in Germany

ISBN 978-3-411-74726-9
Auch als E-Book erhältlich unter: ISBN 978-3-411-91322-0
www.duden.de

PEFC zertifiziert
Dieses Produkt stammt aus nachhaltig bewirtschafteten Wäldern und kontrollierten Quellen.

www.pefc.de

Inhalt

1 It's a Match!

Über die Liaison von Rechtsextremismus und sozialen Medien

Es sei die »größte Propagandamaschine der Geschichte«, die da eine Handvoll Internetkonzerne mit den sozialen Medien in die Welt gesetzt hätten. Das behauptete der britische Komiker Sacha Baron Cohen Ende 2019 in einer Rede vor der Anti-Defamation League (ADL), einer US-amerikanischen Organisation, die sich gegen Antisemitismus engagiert.[1] Diese Worte waren keineswegs spaßhaft gemeint, wie man es von den Auftritten Baron Cohens gewohnt ist. Vielmehr trat er vor der ADL als besorgter Zeitdiagnostiker auf, dessen Botschaften es in sich hatten. »Hätte es Facebook in den 1930er-Jahren gegeben«, so eine weitere Aussage, »hätte es Hitler für seine Lösung der Judenfrage werben lassen.« Das klingt nach einer steilen These, die man intuitiv als Übertreibung wahrnimmt, kommt sie doch aus dem Munde einer Person, die gerne solch überzeichnete Kunstfiguren wie Borat oder Brüno mimt. Hält man sich aber die – noch im Juni 2020 bekräftigte – Position von Facebook-Chef Mark Zuckerberg vor Augen, dass soziale Medien »nicht die Schiedsrichter der Wahrheit« seien, sich also aus dem politischen Wettstreit heraushalten sollten, dann kommt man nicht umhin festzustellen: Der Komiker hat recht. Denn nichts anderes bedeutet es, wenn die größte Interaktionsplattform aller Zeiten sich zu Problemen des politischen Wettstreits quasi prinzipienlos verhält: Dann dürfen eben auch die größten Manipulatoren ungehindert ihre Technologie zur Massenkommunikation nutzen.

Vor wenigen Jahren hätte Baron Cohens viel beachtete Rede sicherlich noch als böse Polemik gegolten. Heute aber trifft sie den Nerv eines Unbehagens, das viele Demokraten teilen. Denn während das Internet noch in den 1990er-Jahren als Instrument zur Erweiterung der Meinungsfreiheit empfunden wurde, gilt es heute als Hort von Hass und Hetze, der offene Gesellschaften auf eine Belastungsprobe stellt. An vorderster Linie mit dabei: rechtsextreme Einpeitscher. Sie machen besonders eifrig Gebrauch von der Freiheit, die sich durch die Nichteinmischung eines Zuckerbergs bietet, und preschen mit unlauteren Mitteln voran, um ihre krumme Version der Wahrheit im politischen Wettstreit durchzusetzen. Zwar nutzen rechtsextreme Akteure digitale Technologien schon, seit es diese gibt, doch blieb die Wirkung ihrer Online-Handlungen lange überschaubar. Erst mit der Verbreitung der sozialen Medien, die ganz neue Interaktionselemente boten – kombiniert mit der Möglichkeit der Massenkommunikation –, konnten sie in eine neue Phase erfolgreicher Mobilisierung eintreten. Dabei nutzen sie die erweiterte Meinungsfreiheit nicht nur, um ihre illiberalen Ansichten zu streuen, sondern auch, um sich besser zu koordinieren. Inzwischen lässt sich immer klarer sehen, dass die sozialen Medien einen Resonanz- und Vernetzungsraum darstellen, von dem die extreme Rechte in besonderem Maße profitiert. Und immer stärker regt sich sogar der Verdacht, dass sie den Rechtsextremismus erst so richtig in Fahrt bringen.

Tatsächlich eilte die extreme Rechte im vergangenen Jahrzehnt von Erfolg zu Erfolg. Nicht nur hierzulande. In vielen Ländern hat sie bei regionalen und nationalen Wahlen deutlich zugelegt. In manchen – wie Ungarn, Brasilien und Italien – spielt sie sogar eine machtpolitische Rolle. Auch haben rechtsextreme Gewalttaten vielerorts stark zugenommen, sodass manche Konfliktforscher sogar schon von einer »neuen Welle des Rechtsterrorismus« sprechen.[2] Die Gefahr, die für die Demokratie in Deutschland von rechts ausgeht, hat spätestens mit den Anschlägen von Halle und Hanau auch offiziell den Islamismus als »größte Bedrohung in unserem Land« abgelöst, wie Innenminister Horst Seehofer Anfang 2020 verlauten ließ.[3] Das zeigt sich auch in einer wachsenden Zahl von Studien, Büchern und Forschungsprojekten, die sich mit rechter Radikalisierung und Gewalt befassen. Gleichzeitig haben auch die zivilgesellschaftlichen Initiativen gegen Rechtsextremismus zugenommen, so wie auch die Sicherheitsbehörden in diesem Bereich aufrüsten. Und stets dabei im Brennpunkt: das Internet und die sozialen Medien. Diese sind so nicht nur zu einem politischen Kampffeld geworden, in das Demokraten »digitale Bürgerrechtler« und Verfassungsschützer »virtuelle Agenten« entsenden, sondern auch zum Angelpunkt von politischen Debatten über Digitalisierung und Demokratie.

Doch was ist überhaupt gemeint, wenn von »Rechtsextremismus« die Rede ist? Im Detail gehen da die Meinungen zweifellos auseinander. Im weitesten Sinne können darunter aber Einstellungen gefasst werden, die andere Personengruppen konsequent abwerten, weil diese nicht in die Vorstellung von einer homogenen Nation passen, vor allem wegen ihrer Hautfarbe oder vermeintlichen Herkunft, aber auch wegen ihrer sexuellen Orientierung oder ihres Glaubens. Das von Rechtsextremisten anvisierte Ziel einer »ethnokulturell« reinen Gemeinschaft steht notwendigerweise im Konflikt mit demokratischen Grundsätzen, die den Schutz von Minderheiten und das Menschenrecht auf Gleichheit betonen, und ist in letzter Konsequenz auch gegen die demokratische Ordnung selbst durchzusetzen. Entsprechend sind in der extremen Rechten Gedanken der sozialen und politischen Exklusion oder gar Säuberung besonders wirkungsmächtig, auch wenn sie sich in ihren konkreten ideologischen Ausprägungen und organisatorischen Formen unterscheidet. Am deutlichsten zeigt sie sich freilich da, wo sie aktiv an den Grundfesten der offenen Gesellschaft rüttelt und demokratische Errungenschaften attackiert, ja sogar autoritäre Regierungsformen begrüßt.

Wo Rechtsextremismus genau beginnt, lässt sich hingegen nicht so einfach sagen. Allein schon, weil Einstellungen und Verhaltensweisen ebenso häufig auseinandergehen wie die Eigen- und die Fremdwahrnehmung. Es bezeichnet sich ja heute kaum jemand als rechtsextrem. Das gilt auch für die Organisationen und Alternativmedien der extremen Rechten, die sich wahlweise als nationalkonservativ, patriotisch, nationale Opposition oder Widerständler verstehen. Als weitverzweigtes Netzwerk, zu dem sie mittlerweile geworden ist, bietet die extreme Rechte für viele Menschen eben auch ganz unterschiedliche Anschlussmöglichkeiten. Diese Ambivalenz, in der sich bürgerliche Töne mit rechtsextremem Rhythmus mischen, ist es womöglich auch, die viele Medien davor zurückschrecken lässt, Akteure wie die Alternative für Deutschland (AfD) als rechtsextrem einzustufen. Offenbar um eine mögliche Dramatisierung zu vermeiden, wird die Partei bevorzugt als »rechtspopulistisch« bezeichnet. Genau diese Verlegenheitslösung tendiert umgekehrt aber zur Verharmlosung, zumal sich der Populismus-Begriff auch stets so lesen lässt, als vertrete die AfD populäre Positionen. Tatsächlich aber steht die AfD für ein Bündnis aus konservativen Wutbürgern, neurechten Ideologen und überzeugten Neonazis, das seinen gemeinsamen Nenner in einer Rhetorik der Ungleichwertigkeit und Diskriminierung findet. Spätestens seit sie die Gesellschaft mit ihrer Abwertung von Migranten dauerbeschallt, stößt die einst »eurokritische« Partei fast schon monothematisch in das Horn des Rechtsextremismus.

Dass die »bürgerliche« Fassade, hinter der sich rassistische und illiberale Vorstellungen versammeln, an manchen Stellen öfter durchbricht, macht es umso dringlicher, den Rechtsextremismus nicht nur an den militanten Rändern zu suchen, sondern seinen dynamischen Resonanzraum einzubeziehen. Wenn etwa massenhaft Flüchtlingsunterkünfte angegriffen werden, auch motiviert durch AfD-Propaganda, dann sind viele vermeintlich normale Menschen womöglich nicht mehr so normal, als dass sie die Normen einer modernen Demokratie teilen. Es mögen keine Mehrheiten sein, die sich da in Bewegung gesetzt haben, aber es handelt sich eben doch um eine merkliche Masse, die in den Bann oder zumindest den Dunstkreis des Rechtsextremismus gezogen wurde. Obwohl die Corona-Krise gezeigt hat, dass die extreme Rechte – auch wenn sie weitere Potenziale im verschwörungstheoretischen Segment aktivieren konnte – immer noch ein Wackelkandidat im machtrelevanten Parteienspektrum ist, stellt sich die Frage, was ihre Raumgewinne, die sich global ja zeitgleich beobachten lassen, ermöglicht hat. Denn selbst wenn sich das Ganze nur als zeitweiliger Hype erweisen sollte – wovon, Stand jetzt, nicht auszugehen ist –, sind die rechtsextremen Erfolge doch allemal erstaunlich und erklärungsbedürftig.

Eine der zentralen Fragen, die auch dem vorliegenden Buch zugrunde liegen, lautet daher, inwieweit die rechtsextremen Erfolge mit der Digitalisierung und den sozialen Medien in Verbindung stehen. So ist »Online-Radikalisierung« ein derzeit beliebter Begriff, unter dem rechtsextreme Dynamiken diskutiert werden. Aber wann vollziehen sich politische Einflüsse online und wann offline? Immerhin sind etwa die sozialen Medien mittlerweile so in den Alltag verflochten, dass sich analytisch kaum zwischen virtuellen und »realen« Faktoren trennen lässt. Wenn sich jemand radikalisiert, dann mag das über sein Online-Verhalten nachvollziehbar sein; man weiß aber nicht, ob nicht doch Gespräche am Stammtisch maßgeblicher dafür waren. Umgekehrt sind die Menschen am Stammtisch ja auch von Informationen beeinflusst, die man online sammelt. Soziale Medien sind eben ein integraler Bestandteil der Öffentlichkeit geworden, die zuvor überwiegend von den herkömmlichen Medien wie Zeitung, Radio und Fernsehen hergestellt wurde. Bezeichnenderweise sprach da auch niemand von einer Print- oder Funk-Radikalisierung.

Wir halten es daher für lohnender, danach zu fragen, welche Informationen eigentlich durch die Digitalisierung stärker in Umlauf gekommen sind und so eine veränderte Wahrnehmung der Wirklichkeit möglich machen. Insofern interessiert uns weniger das Verhältnis von Online- und Offline-Welten, sondern vielmehr der Wandel von Öffentlichkeit, in dessen Verlauf die sozialen Medien mit großem Einfluss an die Seite der herkömmlichen Medien getreten sind. Auf diesen Wandel werden wir noch häufiger zu sprechen kommen, da er die Voraussetzungen demokratischer Diskurse radikal verändert. Als Erstes fällt bei ihm ins Auge, dass die extreme Rechte mithilfe der sozialen Medien ein regelrechtes Nachrichten- und Propagandasystem installieren konnte, über das sie ihre alternativen Erzählungen von der Wirklichkeit sehr wirkungsvoll verbreitet. Diese Erzählungen handeln von Verschwörung und Verrat, vor allem aber von einer Bedrohung der Nation. Die dramatische Geschichte von einem drohenden Untergang der eigenen »Rasse« beziehungsweise Kultur ist dabei zur verbindenden Erzählung der extremen Rechten geworden – und zwar global.

Ob sie nun von »Volkstod« oder von einem »weißen Genozid« sprechen, die verschiedenen, mehr oder weniger dramatischen Varianten eines »Bevölkerungsaustauschs« sind das dominierende Thema im Rechtsextremismus der Gegenwart. Derlei Erzählungen treiben nicht nur »besorgte Bürger« auf die Straßen und vor Flüchtlingsunterkünfte, sie motivieren auch militante Neonazis zu Attentaten und Massakern. Wie wir in diesem Buch zeigen werden, versucht die extreme Rechte insgesamt, ihre Agenda eines nationalen Erwachens mit Mythen der nationalen Bedrohung zu rechtfertigen. Sie sind zentral im

Legitimationsmuster sowohl von Rechtsterroristen als auch von Parteien wie der AfD. Beide begründen ihre Ablehnung der Migration und des bestehenden politischen Systems damit, dass es notwendig sei, eine existenzielle Bedrohung abzuwehren – wenngleich sie unterschiedliche Konsequenzen daraus ziehen. Sie bilden einen übergreifenden Diskurszusammenhang, in dem sich Neonazis, aber auch »normale« Menschen ermutigt oder gar verpflichtet fühlen können, ihre Gemeinschaft vor vermeintlichen Invasoren und Verrätern zu schützen – notfalls mit antidemokratischen Mitteln oder gar Gewalt.

Die Logik, wonach eine derart existenzielle Bedrohung auch drastische Maßnahmen rechtfertigt, findet sich bereits im klassischen Faschismus, der dieselbe Mär vom nationalen Untergang erzählte. Wie die Forschung herausgearbeitet hat, schöpfte der Faschismus der Zwischenkriegszeit seine Dynamik vor allem aus Opfermythen, mit denen sich eine kompromisslose Politik rechtfertigen ließ. Insofern ist es für die faschistische Logik zentral, einen Ausnahmezustand zu konstruieren, der dann außerordentliche Kraftanstrengungen verlangt, damit die Nation sich von feindlichen und schädlichen Elementen befreit. Wir sind überzeugt: Wer die Erfolge des gegenwärtigen Rechtsextremismus verstehen will, muss nachvollziehen, *wie* sich diese Logik heute in den und durch die sozialen Medien verbreitet. Denn offenbar gelingt es der extremen Rechten im digitalen Kontext besonders gut, abermals erfolgreich Politik mit Erzählungen von nationalem Untergang und Erwachen zu betreiben. Es ist diese spezifische Dynamik, die wir als »digitalen Faschismus« verstanden wissen wollen. Wie sich dieser genau ausbuchstabieren lässt und warum die sozialen Medien eine offene Flanke im demokratischen Gefüge bieten, werden wir gleich im nächsten Kapitel darlegen.

Um die Eckpfeiler des digitalen Faschismus herauszuarbeiten, zeigen wir sodann in den Kapiteln 3 bis 5, wie die Aktivitäten der extremen Rechten in den sozialen Medien mit den Strukturen der sozialen Medien selbst korrespondieren. Dabei stellen wir jeweils eine Manipulationstechnik der extremen Rechten vor, die der digitale Kontext nicht nur ermöglicht, sondern auch verstärkt. Konkret meint das zum einen ihre dramatischen Erzählungen, die durch die digitale Vermittlung von Angst begünstigt werden, zum anderen ihr verwirrendes Spiel mit der Wahrheit, das durch die digitale Konjunktur des Postfaktischen angekurbelt wird, und schließlich ihre Verzerrung des Volkswillens, die durch die digitale Interaktionsökonomie erleichtert wird. Im Zusammenspiel dieser Techniken und Mechanismen nimmt, wie wir in Kapitel 6 zeigen, der digitale Faschismus Form an. Dieser kreist, anders als der klassische Faschismus, nicht um hierarchische Organisationen, sondern mehr um informelle Schwärme, in deren Sog die rechtsextreme Agitation in die breitere Öffentlichkeit überschwappt.

Im abschließenden Kapitel 7 diskutieren wir, welche Herausforderungen eine solche Variante des Faschismus für die offene Gesellschaft mit sich bringt. Diese steht erkennbar vor einem Dilemma, wenn sich faschistische Dynamiken nicht aus formalen Massenorganisationen, sondern aus digitalen (Hass-)Kulturen in den sozialen Medien speisen. Dann schöpft die Intoleranz nämlich ausgerechnet aus Strukturen neue Stärke, mit denen die Meinungsfreiheit erweitert wurde. Um die Intoleranz nicht zu tolerieren, wie es schon der Philosoph Karl Popper mit seinem »Paradox der Toleranz« von wehrhaften Demokratien einforderte,[4] scheint in diesem Fall eine politische Regulierung der sozialen Medien fast schon zwingend geboten.

Mit diesem Buch soll keinesfalls der Teufel an die Wand gemalt werden. Es ist nicht so, als machten sich überall Nazis breit und als stünde ein neues 1933 vor der Tür. Unsere Analyse zeigt allerdings, wie die faschistische Logik auch von Strukturen gestärkt werden kann, die ihrerseits nicht als rechtsextrem gelten können. Sie zeigt außerdem, dass es – zumindest hierzulande – nur eine Minderheit ist, die dieser Logik verfallen ist, eine Minderheit freilich, die lautstark demokratische Normen relativiert. Indem wir Faschismus als soziales Phänomen begreifen – als eine illiberale Dynamik, die aus der Verbreitung von nationalen Opfermythen folgt –, wollen wir die Aufmerksamkeit auf Erzählungen (und ihre Verbreitungsweisen) lenken, mit denen offene Gesellschaften gespalten werden. Dabei wirft das Verhältnis von Digitalisierung und Rechtsruck auch grundsätzliche Fragen zur Bedeutung von digitalen Medien in der Demokratie auf. Immerhin wirken diese Medien nun maßgeblich an der Herstellung von Öffentlichkeit mit – und beeinflussen so, ob politische Diskurse verständigungsorientiert oder polarisierend verlaufen. Insofern schildert dieses Buch nicht nur, wie Rechtsextremismus im digitalen Zeitalter funktioniert. Es handelt auch von dem Problem, dass die Regeln, nach denen Massen miteinander kommunizieren, über Wohl und Wehe von Demokratien entscheiden.

2 Das Comeback der Ultranationalen

Ein Wegweiser zum digitalen Faschismus

Das Wort »Faschismus« ist wieder in aller Munde. Die vergangenen Jahre boten immerhin genug Anlässe, um über die Aktualität des Begriffs nachzudenken. Erinnert sei hier nur an die wachsende Schar von sogenannten Reichsbürgern, die sich der Rechtsordnung der Bundesrepublik zu entziehen versuchen; an die zu Hunderten untergetauchten Rechtsextremisten, gegen die ein nicht vollstreckbarer Haftbefehl vorliegt; an die aufgedeckten (und nicht aufgedeckten) rechten Netzwerke inner- und außerhalb der Bundeswehr, die sich auf einen Bürgerkrieg vorbereiten; und nicht zuletzt an die Serie rechtsextremer Terrorakte, die nach dem Ableben des Nationalsozialistischen Untergrunds (NSU) erst so richtig Fahrt aufgenommen hat. Diese Erscheinungen, die sich noch als besonders fehlgeleiteter Rand der extremen Rechten abtun lassen, wurden wiederum begleitet von einer Welle an Angriffen auf Flüchtlingsunterkünfte, der Gründung einer Reihe von Bürgerwehren, Hetzjagden auf vermeintliche Ausländer wie in Chemnitz und Aufmärschen von sogenannten Wutbürgern, die ihre Gegner »in den Graben« werfen und diesen dann zuschütten wollen, wie es der Pegida-Gründer Lutz Bachmann formuliert hat.[1] Spätestens hier haben wir es nicht mehr mit einer abnormen Randerscheinung zu tun. Es sind tatsächlich ganz gewöhnliche Menschen, die sich damit in die faschistische Tradition stellen, eine Gesellschaft von ihren »Volksschädlingen« befreien zu wollen.

Ja, die extreme Rechte hat Konjunktur. Das zeigt sich nicht

nur in neuen Jugendkulturen wie der Identitären Bewegung, welche dem Aufruf von Vordenkern der Neuen Rechten folgt, die Menschen bereits im »vorpolitischen Raum« für sich zu gewinnen. Es zeigt sich auch und vor allem in den weltweiten Wahlerfolgen rechter Parteien und Politiker, die sich entweder direkte Reminiszenzen an faschistische Episoden erlauben oder zumindest einen Politikstil pflegen, der an die Propaganda- und Manipulationsmethoden der historischen Faschisten erinnert. Im Schlepptau haben sie eine aufgepeitschte Wählerschaft, die die gewählten Repräsentanten der Demokratie als »Volksverräter« bezichtigt und mit dem »Establishment« aufräumen will. So auch die AfD, die – als Partei, die sich selbst und ihre Wählerschaft zunehmend radikalisiert hat – den globalen Rechtsruck hierzulande repräsentiert. Aussagen ihrer Vertreter, in denen Fantasien von einer Säuberung durchscheinen und der Nationalsozialismus relativiert wird, sind ebenso zahlreich wie ihre Versuche, das Vertrauen in demokratische Institutionen und Normen zu schwächen.

Sinnbildlich für diese Polarisierungsversuche steht die Regierungskrise in Thüringen vom Februar 2020. Nachdem der FDP-Politiker Thomas Kemmerich ein politisches Tabu gebrochen hatte und sich mit Stimmen der AfD ins Amt des Ministerpräsidenten wählen ließ, war in vielen Zeitungen zu lesen, das Ganze verströme einen »Hauch von Weimar«. Der Vergleich mit Weimar, das als Synonym für den Aufstieg des Nationalsozialismus gilt, drängt sich nicht nur auf, weil die AfD sich (insbesondere im Osten) so stark verankert hat, dass es die demokratischen Parteien wie einst in der Weimarer Republik zuweilen schwer haben, stabile Regierungen zu bilden. Nah liegt der Vergleich auch deswegen, weil der Chef ihres Thüringer Landesverbandes, Björn Höcke, tatsächlich vielen als Faschist gilt, der die Grenzen des demokratischen Diskurses willentlich überschreite. Dabei mögen manche den Begriff »Faschist« eher polemisch mit Blick auf das Gebaren verwenden, das der Kopf des offiziell aufgelösten, aber faktisch immer noch einflussreichen »Flügels« – eines dezidiert völkisch-nationalistischen Netzwerks in der AfD – an den Tag legt. Fast schon wie eine Parodie auf den Faschismus wirkt nämlich sein narzisstisches Bemühen, sich der Nation als *uomo virtuoso* zu empfehlen, der als strengväterlicher Herrscher die Nation wieder auf Vordermann bringen werde. Für andere ist der ehemalige Geschichtslehrer auch nach wissenschaftlichen Kriterien ein Faschist, worin sie sich durch ein Gerichtsurteil bestätigt sehen dürfen, das es für zulässig erklärte, Höcke als solchen zu bezeichnen. Zu deutlich in der Tradition faschistischer Denkweisen stehen seine Herrschaftsvorstellungen, die der Möchtegernführer unter anderem in einem 2018 erschienenen Gesprächsband bemerkenswert offen darlegte.[2]

Obwohl also der Begriff des Faschisten im politischen Diskurs mittlerweile häufiger fällt, findet es mancher dennoch unangebracht, in Konsequenz auch von einem Faschismus zu sprechen. Als stellte man damit einen übertriebenen historischen Vergleich her, ja, als wäre der Begriff ganz generell aus der Zeit gefallen. Häufig wird der Faschismus nämlich als eine Epoche verstanden, die mit dem Zweiten Weltkrieg endete. Um heute von Faschismus sprechen zu können, müsse dieser demnach genauso in Erscheinung treten wie damals in der Zwischenkriegszeit. Auf diese Weise wird der Faschismus sozusagen eingefroren, während man anderen politischen Erscheinungen grundsätzlich zugesteht, dass sie sich ihrer Zeit anpassen können. Denn wo sie es nicht tun, gehen sie selbstverständlich unter. Der Liberalismus hat sich ebenso häufig gewandelt wie der Kapitalismus, die Sozialdemokratie ist heute nicht mehr die eines August Bebel, so wie auch kommunistische oder anarchistische Strömungen ihren Ursprüngen nicht ewig gleichen. Der Faschismus bildet da keine Ausnahme. Davon abgesehen, dass faschistische Bewegungen auch nach 1945 im globalen Maßstab fortlebten – man denke nur an die internationalen Netzwerke, die Nationalsozialisten Unterschlupf gewährten und ein faschistisches Revival anstrebten –, tauchten deren Praktiken vielerorts unter anderer Fahne wieder auf. Genau das aber gerät aus dem Blick, wenn der Faschismus als abgeschlossener Fall, als *fait accompli*, verstanden wird, wie der Historiker Louie Dean Valencia-García zu kritisieren weiß.[3] Wenn eventuelle Kontinuitäten des Faschismus stets hinter der Betonung des Neuen zurücktreten müssen, besteht zugleich die Gefahr einer Verharmlosung heutiger Akteure (zum Beispiel des sogenannten Rechtspopulismus).

Die Sonderstellung, die auf diese Weise dem Faschismus im Kabinett der politischen Phänomene zugewiesen wird, liegt ganz gewiss auch in seiner assoziativen Verbindung mit dem Nationalsozialismus und dem Holocaust begründet. Schließlich ist der industrielle Massenmord an den europäischen Juden historisch einzigartig und sollte nur mit Vorsicht für Vergleiche herangezogen werden. Mit dieser Zurückhaltung beim Faschismusbegriff beugt man zwar einerseits einer Verharmlosung von Antisemitismus effektiv vor, verstärkt andererseits aber den Eindruck, der Faschismus sei ausschließlich an die Gräuel des Zweiten Weltkrieges und des Holocausts gebunden. Zumindest dann, wenn unter Faschismus vor allem seine deutsche Ausprägung, also die des Nationalsozialismus, verstanden wird. Der Faschismus war jedoch immer schon ein internationales Phänomen. Und als solches kannte er durchaus verschiedene Varianten, die sich zum Teil deutlich in der Intensität unterschieden, mit der gesellschaftliche Gruppen ausgeschlossen und physische Säuberungen durchgeführt wurden. Die Frage ist daher vielmehr, worin der gemeinsame Nenner besteht, der dieses Gemisch diverser nationalistischer Bewegungen als faschistische Familie erscheinen ließ. Denn von der Bestimmung dieses Kernmerkmals hängt ab, welche Varianten eines sich wandelnden Faschismus überhaupt denkbar sind.

Eine solche Bestimmung steht stets vor dem Problem, dass der Begriff nicht unbedingt dem Selbstverständnis der Bewegungen entsprach, die gemeinhin als faschistisch bezeichnet werden. Selbst der italienische Faschismus, der den Begriff – als dessen Urheber – tatsächlich auf sich selbst anwendete, konnte die eigene Ideologie nur bedingt erklären. Nicht von ungefähr ließ Benito Mussolini, der ein konkretes Programm als Bremse revolutionärer Energien empfand, einst Wissenschaftler noch lange nach der faschistischen Machtergreifung an einer Doktrin des Faschismus arbeiten. Dass der Begriff dennoch eine breite Anwendung fand, verweist darauf, dass hier ein soziales Phänomen entstanden war, das bei allen regionalen Unterschieden doch sehr auffällige Gemeinsamkeiten aufwies, die nach einem eigenen Namen verlangten. In jedem Fall handelt es sich beim Faschismus weniger um eine ausbuchstabierte Ideologie, die von programmatischen Vordenkern als solche propagiert wird, sondern eher um ein Denkmuster, das sich in Rhetorik und Praxis seiner Akteure zeigt. Ähnlich wie der Kapitalismus lässt sich Faschismus als ein aus sozialen Praktiken hervorgegangenes Phänomen begreifen, dem eine bestimmte Logik innewohnt. Diese Logik gilt es zu entschlüsseln, wenn man verstehen möchte, was den Faschismus als Bewegung in seinem Kern auszeichnet – und ob ein solches Kernmerkmal nicht unter neuen Gewändern weiterlebt.

Damit rückt insbesondere die politische Kommunikation der extremen Rechten in den Fokus, die sich auf ihre Logik hin analysieren lässt. Und hier können wir, um es vorwegzunehmen, zweifelsfrei große Gemeinsamkeiten mit der Propaganda faschistischer Akteure von einst feststellen. Heute wie damals beschwört man Szenarien des nationalen Niedergangs oder gar Untergangs, um sich als Retter der bedrohten Nation inszenieren zu können. Der Sozialtheoretiker Theodor W. Adorno sprach in diesem Zusammenhang einmal von einem »unbewußten Wunsch nach Unheil«,[4] der insofern zentral für faschistische Akteure ist, als sie aus der beschworenen Katastrophe überhaupt erst ihre Existenzberechtigung ziehen. Diese besteht eben darin, eine Antwort auf den nationalen Verfall zu haben: einen Ultranationalismus, der als soziales Interesse nur noch das gelten lässt, was dem Wiedererstarken der Nation nutzt. Und das wiederum wird von denen definiert, die sich als Einzige der angeblichen Bedrohung entgegenstemmen, sich also als wahre Beschützer des Volkes erweisen. Der Feuilletonist Jens-Christian Rabe nennt das »die Monopolisierung des vermeintlich Volkseigenen, um alle Gegner als Feinde des Volkes erscheinen zu lassen«.[5]

Die Frage, wie ultranationale Kräfte es schaffen, eine Realität zu konstruieren, die Menschen an die Notwendigkeit eines nationalen Erwachens glauben lässt, ist also entscheidend für das Verständnis faschistischer Dynamiken. Um sie beantworten zu können, müssen wir uns vor allem die technologischen Strukturen ansehen, die dafür sorgen, dass die faschistische Propaganda den Weg in die Köpfe findet. Denn grundsätzlich eröffnen neue Medien auch stets neue Möglichkeiten der politischen Manipulation. Nicht von ungefähr fiel der Aufstieg des Faschismus im frühen 20. Jahrhundert in eine mediale Zeitenwende; und nicht umsonst mussten die Demokratien Regeln für den Umgang mit Medien finden, die die Realitätswahrnehmung der potenziell manipulierbaren Massen prägen. Der klassische Faschismus gehörte jedenfalls zu den eifrigsten Nutzern neuer Technologien wie Massenpresse, Film und Radio. Und auch heute ist es unverkennbar, dass sich die extreme Rechte digitale Medientechnologien wie die sozialen Medien, Messenger-Dienste und bildbasierten Foren gezielt zunutze macht, um ihre Mythen der nationalen Bedrohung zu verbreiten und sich gegenseitig in ihnen zu bestärken. Mehr noch: Es zeigt sich sogar, dass die medialen Möglichkeiten, mit denen diese Mythen die größte Wirkungsmacht entfalten können, auch die Organisationsform des Faschismus bestimmen.

Wie sich das im Detail in einen digitalen Faschismus übersetzt, möchten wir in diesem Buch nachvollziehen. Doch bevor wir uns den konkreten Praktiken dieser Variante des Faschismus widmen, gilt es zu klären, welche Schwachstellen sich mit der Digitalisierung im demokratischen Gefüge aufgetan haben, in die rechtsextreme Akteure derzeit erfolgreich stoßen. Daran anschließend erläutern wir genauer, warum gerade Bedrohungsmythen wichtig sind, um faschistische Dynamiken zu verstehen – ganz allgemein und speziell im digitalen Kontext. Um die Herausforderungen zu diskutieren, die einer Konfrontation mit dem digitalen Faschismus innewohnen, müssen wir daher einerseits ermitteln, was Faschismus als soziales Phänomen ausmacht, und andererseits, wie er sich mit den sozialen Bedingungen verträgt, die etwa durch die sozialen Medien geschaffen wurden. Beides zusammengenommen bietet den Rahmen für unsere Überlegungen dazu, wie gegenwärtige Erscheinungsformen des Faschismus durch eine digitalisierte Welt bedingt sind.

Das Netz, die Demokratie und die extreme Rechte

Es steht mittlerweile außer Frage, dass die Digitalisierung liberale Demokratien vor große Herausforderungen stellt. Neue Probleme ergeben sich etwa als Folge der Automatisierung des Arbeitslebens und der Anhäufung privater Daten, aber auch mit der Möglichkeit von Cyberangriffen und Maßnahmen zur Wählerbeeinflussung aus dem Ausland. Und eben nicht zuletzt mit der digitalen Propaganda durch Gegner der offenen Gesellschaft. Immerhin bietet das Internet auch für Extremisten ein kostengünstiges Werkzeug, mit dem sie ihren politischen

Vorstellungen eine größere Reichweite verschaffen können. Sowohl der zwischenzeitliche Hype um den Islamischen Staat als auch das Wiedererstarken rechtsextremer Bewegungen wären ohne die politische Tragweite der sozialen Medien nicht denkbar gewesen. Vorbei ist es mit der einstigen Illusion, das Internet sei seinem Wesen nach ein Mittel der Demokratisierung und des gesellschaftlichen Fortschritts. Wie der Politikwissenschaftler Thorsten Thiel treffend schreibt, ist es bereits zu einem »Kanon unserer Zeit« geworden, »dass man sich im ersten Abschnitt eines Textes zu Internet und Digitalisierung von [solchen] naiven Utopien zu verabschieden habe«.[6] Wie konnte es dazu kommen?

Zunächst einmal besitzen neue Kommunikationstechnologien immer das Potenzial, die politische Kultur einer Gesellschaft von Grund auf zu verändern. Denn mit ihnen wandelt sich die »gesamte Daseinsweise der menschlichen Kollektiva«, wie der Sozialtheoretiker Walter Benjamin einst schrieb.[7] Die digitale Revolution steht für eine solche Veränderung, die die Menschen in neue Beziehungen zueinander und zur Welt setzt. Sie reiht sich ein in eine historische Abfolge von bahnbrechenden Medieninnovationen: Buchdruck, Massenpresse, Radio, Fernsehen – und nun eben das Internet. Letzteres bot dabei zunächst durchaus Anlass für progressive Hoffnungen, ließ die Möglichkeit, sich auf Augenhöhe global miteinander austauschen zu können, doch viele von einer freieren, kreativeren und inklusiveren Gesellschaft träumen. Gerade freie Rede und Meinungsvielfalt waren seit der Jahrtausendwende gern gehörte Versprechungen der Digitalisierung, von denen man sich eine Stärkung demokratischer Debattenkultur erhoffte. Beflügelt wurden diese Hoffnungen etwa durch die Tatsache, dass bis dahin marginalisierte Gruppen nun ein Sprachrohr hatten, um ihre Belange mit einer breiteren Öffentlichkeit zu teilen. Zugleich schienen die Bürger gegenüber dem Staat gestärkt, der sich kein Unrecht mehr erlauben sollte, ohne dass es im Netz dokumentiert würde.

Ein weiterer Grund für den anfänglichen technologischen Enthusiasmus in Bezug auf das Internet lag in der vermeintlichen Befreiung des Wissens, das nun für jeden Einzelnen zugänglicher ist. Heute braucht es nur wenige Mausklicks oder Swipes, um Informationen über die gesamte Geschichte der Menschheit jederzeit und überall abzurufen. Offen zugängliche Enzyklopädien wie Wikipedia haben dabei nicht nur die Art revolutioniert, wie wir Wissen aufnehmen, sondern auch, wie sich dieses Wissen weiterentwickelt. Beispielsweise kann dort potenziell jeder an der kollaborativen Erstellung von Artikeln mitwirken, über Inhalte debattieren oder eigene Einträge vorschlagen. Ein ausgeklügeltes System von Evaluationsprozessen sichert dabei die Qualität der Inhalte und soll garantieren, dass keine politischen Interessen in die Wissensproduktion eingreifen. Das Beispiel Wikipedia zeigt, wie sich zentrale Elemente von Bildung, Unterhaltung und Kultur aus den Händen professioneller Unternehmen und staatlicher Institutionen in die partizipativen Formate verlagern können, die das Internet für die Selbstorganisation von Nutzern bereithält.

Unter dem Gesichtspunkt der Selbstorganisation muss auch der gegenwärtige Wandel der Medienlandschaft verstanden werden. Immerhin ist es durch die digitalen Technologien zu einer neuen Norm geworden, dass man Inhalte jederzeit und überall selbst veröffentlichen kann, ohne einer Kontrolle durch Dritte zu unterliegen. Mit dieser Freiheit, sich ohne große Voraussetzungen einer Öffentlichkeit mitteilen zu können, stieg natürlich die Menge an zugänglichen Informationen ebenso wie die Zahl ihrer Sender, die in verschiedensten Formaten um die Aufmerksamkeit der Nutzer buhlen. Der Medientheoretiker Clay Shirky hat diese Popularisierung von Informationstechnologien schon früh als »massenhafte Amateurisierung des

Publizierens« bezeichnet.[8] Sie erfuhr noch einmal einen deutlichen Schub mit der Einführung des Web 2.0, das mit seinen interaktiven Elementen die medialen Ausdrucksmöglichkeiten stark erweiterte. Seitdem setzen Tech-Unternehmen darauf, aus Konsumenten Produzenten zu machen, die die Kultur der Plattformen mitgestalten. »Broadcast Yourself« war der Slogan, mit dem etwa YouTube eine ganze Generation köderte. Dieses Versprechen digitalen Ruhms, gepaart mit monetären Anreizen, brachte schließlich die berüchtigten Influencer hervor, die zunächst Schleichwerbung für Firmen und später mitunter auch für politische Parteien und Bewegungen machten.

Die Plattformen waren aber auch eine Einladung, Teil einer globalen Community zu werden, die das digitale Interaktionsangebot für Aufrufe, Absprachen und Antworten in sozialen Fragen nutzt. Es dauerte nicht lange, bis diese Möglichkeiten von vielen wahrgenommen wurden, um sich politisch zu organisieren und Prozesse der gesellschaftlichen Veränderung anzustoßen. Insbesondere die Protestbewegungen, die sich Ende der 2000er-Jahre rund um den Globus formierten, wären hier zu nennen. Man denke etwa an die Occupy-Bewegung in den USA oder an die Platzbesetzungen in Spanien und Griechenland, deren Mobilisierungsdynamik vor allem durch die sozialen Medien ermöglicht wurde. Mit den verschiedenen Aufständen in der islamischen Welt wurden manche Plattformbetreiber gar zu Geburtshelfern von Revolutionen erklärt. So wurden die Proteste 2009/10 im Iran als »Facebook-Revolution« und die Revolution in Tunesien 2010/11 als »Twitter-Revolution« bezeichnet. Insgesamt gilt der Arabische Frühling, der mit den tunesischen Ereignissen ausgelöst wurde, als Beleg dafür, wie die Kraft der Plattformen demokratische Impulse in autoritären Staaten fördern kann.

Doch sehr bald schon erhielt die Romanze zwischen Demokratie und sozialen Medien einen Dämpfer. Nicht nur weil die digital organisierten Proteste und Aufstände Gegenreaktionen hervorriefen, die demokratische Perspektiven erstickten, sondern auch weil autoritäre Kräfte, wo sie nicht die sozialen Medien ohnehin beschränkten, sich diese zunutze machten, um gegen demokratischen Widerstand vorzugehen. Infolge der Gezi-Proteste 2013 in der Türkei etwa wurde es üblich, Oppositionelle über Mitteilungen in den sozialen Medien zu identifizieren und zu verfolgen. Zugleich gelangten seither vielerorts autoritäre Politiker in höchste Staatsämter – beispielsweise Donald Trump in den USA oder Jair Bolsonaro in Brasilien –, deren Wahlerfolge ohne finanzstarke Kampagnen in den sozialen Medien ebenso wenig denkbar gewesen wären wie die Brexit-Entscheidung im Vereinigten Königreich. Das Zusammenspiel aus Beschleunigung, Personalisierung und Emotionalisierung der öffentlichen Kommunikation hilft offenbar jenen Kräften, die einfache und schnelle Antworten auf komplexe Probleme liefern, während die neuen Möglichkeiten der Desinformation es zugleich einfacher machen, der Öffentlichkeit Sündenböcke für ebendiese Probleme zu präsentieren. Ein besonders trauriges Beispiel hierfür ist der Völkermord an den Rohingya in Myanmar 2017, an dem die gezielte Verbreitung von Hass und Hetze in den sozialen Medien einen entscheidenden Anteil hatte.

Aber auch ein weiterer »Strukturwandel der Öffentlichkeit«, wie es der Philosoph Jürgen Habermas nennt,[9] folgte der Digitalisierung auf dem Fuß. Denn die zunehmende Konzentrierung von Internetnutzern auf bestimmte Plattformen führte dazu, dass sich neue Teilöffentlichkeiten bildeten, die nach den Regeln der Tech-Unternehmen funktionieren. So sind gerade die sozialen Medien darauf ausgerichtet, Reaktionen hervorzurufen, die eine Positionierung verlangen. Plattformen wie Facebook geben gar einen Katalog aus Emotionen vor, mit denen Nutzer auf Inhalte reagieren können und sollen: Liebe, Lachen, Überraschung, Traurigkeit und Wut sind neben dem

Like-Button Indikatoren für Akzeptanz, Beliebtheit oder Ablehnung. Die öffentliche Relevanz von Themen und Statements leitet sich nicht selten aus dieser ständigen Vermessung von Inhalten ab. Zugleich werden Nutzerdaten so aufbereitet, dass sie sowohl von Unternehmen als auch politischen Parteien dazu genutzt werden können, Zielgruppen mit maßgeschneiderten Informationen zu beeinflussen. Die Folge eines solchen Mikrotargetings, bei dem Nutzer scheinbar individuell angesprochen werden, ist eine besonders drastische Fragmentierung von Öffentlichkeit. Sie untergräbt eine wichtige Grundlage der Demokratie, nämlich die, dass die Bürger möglichst gleich und ausgewogen informiert werden, um in freiem Willen eine rationale Entscheidung zu treffen.

Generell gehört es zu den Interaktionsdynamiken sozialer Medien, dass sich Nutzer Gemeinschaften suchen, deren Ansichten und Werte sie grundsätzlich teilen. Dieses Phänomen, das häufig mit dem – umstrittenen – Begriff der »Filterblase« in Verbindung gebracht wird, ist nicht unbedingt neu. Auch vor dem Internet haben es Menschen vorgezogen, an Orten ihre Zeit zu verbringen, wo sie sich respektiert fühlen und Interessen mit anderen teilen. In den Gruppen und Newsfeeds sozialer Medien wird allerdings die selektive Wahrnehmung des Weltgeschehens dermaßen durch Algorithmen mitgesteuert, dass zwei Menschen, die in derselben Nachbarschaft leben, ihre Umgebung völlig anders wahrnehmen können, weil sie unterschiedlichen Informationssystemen ausgesetzt sind. Andererseits kommen Menschen über die sozialen Medien eher mit Ideen in Kontakt, von denen sie in einer analogen Welt vielleicht nie gehört hätten. Denn über die leicht zu produzierenden und konsumierenden Publikationsformate können zuvor randständige Akteure – wie nicht zuletzt auch die extreme Rechte – leicht ein großes Publikum erreichen. Mit der richtigen Facebook-Story einen Nerv zu treffen oder mit einem viralen

Hashtag eine Debatte auszulösen, sind so auch zentrale Motive politischen Handelns geworden. Um in diesem beschleunigten Informationsfluss jedoch mithalten zu können, ist Sichtbarkeit der entscheidende Faktor, weswegen politische Akteure zunehmend mit spektakulären Inszenierungen um die Aufmerksamkeit der Nutzer kämpfen. Die prinzipielle Zugänglichkeit der Informationen findet am Ende dort ihre Grenzen, wo ihre Dramatik nicht mehr ausreicht, um in die jeweilige »Echokammer« der potenziellen Rezipienten vorzudringen.

Kein Wunder also, dass sich nicht nur faktenbasierte Informationen im politischen Segment der sozialen Medien gut verbreiten. Politische Halbwahrheiten, Falschmeldungen, Desinformationen und Hassbotschaften sind zu einem bedeutenden Teil der digitalen Kommunikation geworden, auch weil das Geschäftsmodell der sozialen Medien sie nicht nur zulässt, sondern regelrecht danach verlangt. Denn den Betreibern der Plattformen, deren Kapital aus dem Traffic von Informationen erzeugt wird, geht es primär darum, dass Inhalte – egal welcher Art – möglichst schnell und weit Verbreitung finden, ohne auf ihren Wahrheitsgehalt geprüft zu werden. Dank der beschleunigten Verbreitung spektakulärer Inhalte können daher auch Akteure mit extremen oder bizarren Weltanschauungen ihre Inhalte viral gehen lassen, indem sie diese nur hartnäckig genug wiederholen. Was zuvor aus der medial vermittelten Öffentlichkeit ausgegrenzt wurde, weil es journalistischen und wissenschaftlichen Standards nicht genügte, findet somit nun doch ein größeres Publikum. Die sozialen Medien sind insofern für weltanschauliche Richtungen, deren Annahmen mit den Prinzipien einer aufgeklärten Gesellschaft kollidieren, eine unverhoffte Gelegenheit, um einen antiaufklärerischen »Informationskrieg« wieder aufleben zu lassen, wie es die extreme Rechte nennt.

Das eigentliche Problem ist dabei nicht, dass falsche Dinge

behauptet werden. Auch aufgeklärte Zeitgenossen können sich irren. Und im Grunde dürfte es kaum einen politischen Akteur geben, der nicht schon mal Abstriche an der Wahrheit gemacht hätte – sei es nun aus Opportunismus oder gerade auch aus Verantwortungsbewusstsein. Denn Wahrheit ist in einer komplexen Welt auch immer eine Frage der Vermittelbarkeit, nicht zuletzt, weil demokratische Akteure das Mandat der Massen benötigen, um aufgeklärte Politik machen zu können. Da kann es durchaus im Sinne einer solchen Politik sein, eine komplexe Wahrheit, die nicht verstanden würde, durch zumindest eine einfachere Wahrheit zu ersetzen. Ob man sich damit bereits im Bereich der Lüge bewegt, ist objektiv ebenso schwer zu sagen, wie es unmöglich ist, Wahrheiten endgültig zu bestimmen. Was die sozialen Medien aber über dieses Grauzonenproblem hinaus plagt, ist die schiere Masse an zweifelhaften Inhalten, die nicht nur dazu beitragen, sondern deren Zweck es teilweise sogar ist, das, was als Wahrheit gilt, vollständig zu relativieren. Damit ihre kontrafaktischen Behauptungen verfangen können, benötigen gerade rechtsextreme Akteure ein »postfaktisches« Klima – so das deutsche Wort des Jahres 2016, in welchem Trumps Wahlkampfmanagerin Kellyanne Conway die »alternativen Fakten« erfand. Mithilfe der sozialen Medien können sie nun gezielt Lügen streuen, um genau solch eine Kultur des »Bullshits« zu fördern. Mit »Bullshit« bezeichnet der Philosoph Harry G. Frankfurt eine substanzlose Geisteshaltung, welcher der Unterschied zwischen Wahrheit und Lüge grundsätzlich egal sei – und die deshalb eine größere Gefahr für die Wahrheit darstelle als die Lüge selbst.[10]

Wo Wahrheit beliebig wird, wo sie allein als Frage der subjektiven Meinung empfunden wird, geht das verloren, was der Sozialanthropologe Richard Reich als eine »extrakonstitutionelle Voraussetzung« der Demokratie erkannt hat.[11] Diese steht und fällt mit der Fähigkeit zur gegenseitigen Verständigung und lebt somit von gemeinsam geteilten Wahrheiten, zumindest aber von gemeinsamen Kriterien der Wahrheitsfindung. Andernfalls droht das Band der sozialen Übereinkunft von den Fliehkräften der Polarisierung zerrissen zu werden. Wohl wissend, dass es ein Leichtes ist, dieses Band zu strapazieren, verbreiten extremistische Akteure zweifelhafte Informationen im Dauerfeuer, um demokratische Prozesse per se zu delegitimieren. Das ließ sich besonders gut zu Beginn der Corona-Krise beobachten, als sich Teile der extremen Rechten als Retter des Grundgesetzes aufspielten – wobei sie mit ihren Parolen doch deutlich machten, dass sie die dort verbrieften Rechte wohl kaum jemandem außerhalb der eigenen Denkweise zugestehen. Denn frei – und damit schützenswert – ist für sie stets nur die eigene Meinung, während andere Ansichten Teil der Meinungsdiktatur seien. Verstärkt wurden solche Tendenzen dadurch, dass sich viele Menschen über die sozialen Medien ihr eigenes Expertenwissen über das Virus zusammenreimten. Nicht selten war dieses »Wissen« dann von den dort kursierenden Verschwörungstheorien zur Pandemie beeinflusst, wie die Digitalexpertin Katharina Nocun und die Psychologin Pia Lamberty in ihrem viel beachteten Buch *Fake Facts* genauer aufzeigen.[12]

Die postfaktischen Informationen, die sich über die digitale Vernetzung breitmachen, wirken also toxisch auf den demokratischen Zusammenhalt. Insofern hat gerade das digitale Zeitalter, das als Krönung der Informationsgesellschaft angekündigt wurde, eine »epistemische Krise« der Demokratie hervorgerufen.[13] Immerhin hat es selbst Verschwörungstheorien Auftrieb gegeben, die wie im Fall der »Theorie« der flachen Erde geradezu mittelalterlich erscheinen. Indem sie in der Regel die Welt in Gut und Böse einteilen, leisten sie der gesellschaftlichen Polarisierung Vorschub. Dabei werden die eigenen Meinungen und Weltanschauungen zum Maßstab für die Überprüfung von Fakten erhoben, während alles, was die »gefühlten Wahrheiten« nicht bestätigt, als Verschwörung gegen den »gesunden Menschenverstand« empfunden wird. Eine solche Grundhaltung, die Widersprüche nicht mehr reflektiert, verbindet die hermetisch geschlossenen Weltbilder von Verschwörungstheoretikern seit jeher mit denen der extremen Rechten. In beiden Denkweisen braucht es nämlich Sündenböcke, mit denen sich erklären lässt, warum die Welt nicht so funktioniert, wie man meint, dass sie es sollte. Oder wie es der Amerikanist Michael Butter zusammenfasst: »Alles ist geplant« und »nichts ist, wie es scheint«.[14]

Damit haben wir nun ausgewählte Aspekte der digitalen Transformation benannt, vor deren Hintergrund sich ein politischer Kulturwandel vollzieht. Sie finden in unterschiedlichem Maße Beachtung in der mittlerweile breit gefächerten Literatur zu der Frage, wie die sozialen Medien die Demokratie verändern und zur Radikalisierung beitragen. Insbesondere die Forschung zur extremen Rechten – einem offensichtlichen Profiteur der Digitalisierung – sieht sich mit der Frage konfrontiert, inwiefern die virtuellen Formen politischen Engagements den Gegnern der offenen Gesellschaft nutzen. Dabei machen rechtsextreme Akteure nicht erst seit gestern von digitalen Mitteln Gebrauch, um ihre politische Botschaft zu verbreiten und neue Anhänger zu rekrutieren. Tatsächlich gehörten sie zu den Ersten, die mit Webseiten, Foren und Diskussionsplattformen technologisch versierte Aktivisten hervorbrachten. Aus diesen zunächst randständigen Communities sollten sie schon bald ausbrechen, um sich die »partizipative Architektur des Internets« zunutze zu machen.[15] Sie verzichteten dabei – zumindest nach außen hin – häufig auf das einschlägige, von Rassismus und Ultranationalismus getränkte Vokabular und machten so rechtsextreme Inhalte einem breiteren Publikum zugänglich.

Diesen Imagewandel darf man sich allerdings nicht als einen von oben gesteuerten Prozess vorstellen. Denn nicht nur veränderte die extreme Rechte mit dem Marsch durch die Plattformen die Diskussionskultur im Internet; die inhärente Logik der Online-Kommunikation veränderte auch den Rechtsextremismus selbst. Als Bewegung, die sich zunehmend globalisierte, schließt sie nun schon eine Weile verschiedene Sprachmuster und kulturelle Milieus ein, deren Dynamiken sich nicht einfach von formalen Organisationen kanalisieren lassen. Vielmehr haben diese digitalen Subkulturen neue Gegenöffentlichkeiten hervorgebracht, die nicht nach der hergebrachten Logik rechtsextremer Organisationen funktionieren. Sie bilden einen Flickenteppich an Überzeugungen, die in der niedrigschwelligen Propaganda von rechts außen einen gemeinsamen Nenner finden, und erweitern durch ihr interaktives Wirken in den digitalen Netzwerken den Resonanzraum auch für rechtsextreme Organisationen. Insofern sind die Erneuerung des Rechtsextremismus und seine Raumgewinne nicht ohne die Bedeutung der sozialen Medien zu verstehen.

Ein erstes Gespür für dieses Verhältnis bekommen wir, wenn wir die digitalen Aneignungsstrategien des Rechtsextremismus betrachten. So wies die Soziologin Jessie Daniels bereits 2009 darauf hin, dass sich das Internet zum wichtigsten Betätigungsfeld der extremen Rechten entwickle, die das Ziel verfolge, dort einen Meinungsumschwung in rechtsextremen Kernfragen – etwa im Umgang mit Minderheiten – zu bewirken. Dieser »Cyberrassismus« verschleierte schon damals seine eigentliche Agenda hinter einer ambivalenten Rhetorik und modernen Darstellungsformen, mit denen sich rechtsextreme Propaganda ansprechend präsentieren ließ.[16] Dazu zählte auch, unverdächtige Pseudonyme zu verwenden, mit denen man in Foren die politische Ideologie als persönliche Meinung tarnte. Jedenfalls fand die extreme Rechte im Internet eine neue Möglichkeit des Aktivismus, mit dem sich Menschen aus ihrer Lebenswelt abholen und schrittweise an die rechtsextreme Denkweise heranführen lassen. Diese unverblümt auszudrücken, war wiederum den Szeneforen vorbehalten, in denen man sich offen über Gewaltfantasien und rassistische Verschwörungstheorien austauschte. Das berüchtigte Internetforum *Stormfront* etwa wurde im Jahr 1995 gegründet und dient seither militanten Rechtsextremen als globaler Umschlagplatz für Informationen und Materialien.

Tatsächlich haben viele Rechtsextreme schon bald das Potenzial eines digitalen Aktivismus erkannt. Insbesondere US-amerikanische Neonazis zogen sich deswegen nach dem Jahrtausendwechsel zunehmend aus »realen« politischen Gruppen zurück, um sich in der virtuellen Parallelwelt neu zusammenzufinden. Die Möglichkeiten, die sie dort vorfanden, waren vielfältig. Wie die Journalistin Karolin Schwarz ausführlich beschreibt, bauten sich auch deutsche Rechtsextreme schon früh ein eigenes System von Webseiten, Online-Versandhandel und Diskussionsforen auf, das nicht nur dem Zusammenhalt und der internationalen Vernetzung diente, sondern auch der Planung von Angriffen auf politische Gegner.[17] Mit dem Siegeszug sozialer Medien erreichten die Hassbotschaften aus diesen randständigen Foren dann schlagartig ein größeres Publikum, konnten sie doch jetzt durch Verlinkungen in digitalen Öffentlichkeiten weithin sichtbar gemacht werden. Zugleich ergriff der Rechtsextremismus die Möglichkeit, seine zuvor von den Medien ausgeschlossenen Botschaften ungefiltert in der Öffentlichkeit verbreiten zu können. Indem er nun mit eigenen Nachrichtenformaten eine Gegenöffentlichkeit zu den verhassten »Systemmedien« aufzubauen versuchte, erfand er sich gar als Medienaktivismus neu. Rechtsextreme von heute inszenieren sich daher häufig als politische Influencer, die sich der Verbreitungslogik aller ihnen zugänglichen Plattformen anpassen, um politisch sichtbar und attraktiv zu werden.

Ein weiterer Aspekt im Verhältnis des Rechtsextremismus zu den sozialen Medien ist seine Verschmelzung mit digitalen

Gaming- und Trolling-Kulturen. Sie machen es zunehmend schwierig, zwischen kollektivem und individuellem Handeln, zwischen privater Äußerung und politischer Botschaft, zwischen Spaß und Ernst zu unterscheiden. Hier trifft eine Netzkultur, die rassistisch, homophob und antifeministisch geprägt ist, auf politische Vorstellungen von kultureller Überlegenheit und autoritären Sozialstrukturen, die nun in spielerischer Weise neu formuliert werden. Aus diesem politisch-kulturellen Amalgam ging etwa die US-amerikanische Alt-Right-Bewegung hervor, die weltweit Einfluss auf die extreme Rechte nahm. Als wichtigste Zutat in ihrem Erfolgsrezept kann, wie der Journalist David Neiwert betont, insbesondere das profane Mittel der Ironie gelten.[18] Damit konnte sie die Öffentlichkeit lange an der Nase herumführen, etwa wenn sie Gewaltfantasien als schlechte Scherze tarnte. Erst seit den Anschlägen von Christchurch, El Paso und Halle, die als gewaltsame Konsequenz dieser digitalen Kulturen nicht mehr zu leugnen sind, wird diese amorphe Form des rechtsextremen Aktivismus ernst genommen. Dabei zeigt sich an den jeweiligen Täterprofilen, dass rechtsextreme Organisationen für den heutigen Rechtsterrorismus kaum mehr eine Rolle spielen. Vielmehr geraten nun Foren wie das bildbasierte Forum *4Chan* in den Fokus, die ein Eigenleben als Orte der Radikalisierung entwickelt haben.

Was diese digitalen Kulturen aber mit den formalen Organisationen des Rechtsextremismus teilen, sind ähnliche Erzählungen von Untergang, Verschwörung und Verrat. Sie mögen in verschiedenen Online-Angeboten, die eine Vielzahl von Milieus abdecken, variieren, unterscheiden sich aber oftmals nur in ihren Handlungsperspektiven. Im deutschen Kontext gibt in diesem Konzert mittlerweile die AfD den Ton an, die einen Großteil ihrer Kapazitäten auf die politische Kommunikation in den sozialen Medien verwendet. Zugleich sind ihre Mitglieder dazu angehalten, durch Online-Aktivitäten die Stimmungsmache der Partei zu unterstützen. Im Ergebnis kann keine Partei in Deutschland mit den Interaktionsraten mithalten, welche die AfD etwa auf Facebook erzielt. Und da viele ihrer Mitglieder, Anhänger und Sympathisanten, die fleißig für die Sache interagieren, auch in digitalen Subkulturen unterwegs sind, verbinden sich ihre Erzählungen häufig mit extremeren oder absurderen Elementen aus randständigen Foren. Dabei werden sie in der digitalen Öffentlichkeit durch Schwarmaktivitäten unterstützt, die in jenen Subkulturen vorbereitet werden.

Die Extremismusforscherin Julia Ebner beschreibt in ihrem Buch *Radikalisierungsmaschinen* zum Beispiel plastisch, wie sich rechtsextreme Online-Netzwerke zur fünften Kolonne des AfD-Wahlkampfs in der Bundestagswahl 2017 aufspielten.[19] Ähnlich hatte bereits die Alt-Right bei den US-amerikanischen Präsidentschaftswahlen von 2016 einen nicht unerheblichen Anteil daran, dass Trumps Prominenz in den digitalen Medien beträchtlich wuchs und sich seine Botschaften in Windeseile verbreiteten. Wie Vertreter der Alt-Right selbst bekräftigen, geht es rechtsextremen Online-Aktivisten wie ihnen nicht nur darum, die Öffentlichkeit digital zu manipulieren, sondern auch darum, das Bewusstsein von breiteren Massen langfristig zu beeinflussen.

Auch in der Fachliteratur zum Rechtsextremismus häufen sich Darstellungen darüber, *wie* rechtsextreme Akteure erfolgreich im Netz vorgehen. Die Frage, *warum* sie damit so erfolgreich sind, bleibt jedoch weitgehend ausgespart. Es ist ja nicht einfach Cleverness, die ihren digitalen Erfolg begründet – als machten sie sich die neuen Gelegenheiten nur besser zunutze als andere. Im Gegenteil steht zu vermuten, dass die extreme Rechte sich sogar weniger als andere politische Richtungen an die digitale Umwelt anpassen muss, um in dieser Raumgewinne zu erzielen. Wie bereits angesprochen, verändern neue Medientechnologien stets auch die menschliche Daseinsweise, da sie, wie Benjamin sagt, eine neue »Organisation der Wahrnehmung« hervorbringen.[20] Der daraus resultierenden Erleuchtung muss allerdings nichts Kluges folgen. Schon im späten Mittelalter hatte etwa die Druckpresse zur Folge, dass viele Menschen angesichts all der Informationen, die nun eine Welt jenseits des eigenen Dorfes erfahrbar machten, ihren emotionalen Kompass verloren. Bezeichnenderweise war dies die Stunde der »Wutbauern«, die ein neues »großflächiges Wir« gegen das damalige »Establishment« von Kirche und Adel beschworen, wie der Kulturwissenschaftler Sebastian Dümling es beschreibt.[21] Entsteht der gegenwärtige rechtsextreme Tumult also womöglich gerade aus der neuen Wahrnehmungsorganisation, die die sozialen Medien mit sich bringen?

So ließe sich zumindest ein Argument des Historikers Antoine Acker ausdeuten. Ihm zufolge gründen illiberale Entwicklungen im digitalen Zeitalter mehr darauf, dass sich die Massen über die sozialen Medien selbst manipulieren – und weniger auf den Propagandatechniken einer autoritären Partei.[22] Dieses Argument, das Acker vor dem Hintergrund der Massenunterstützung Bolsonaros in Brasilien entwickelt hat, spiegelt nicht nur die Vorstellung wider, dass die sozialen Medien für rechtsextreme Bewegungen besonders vorteilhaft sind. Es geht auch davon aus, dass aus neuen Kommunikationsstrukturen *faschistische* Entwicklungen resultieren können. Immerhin kommt den Medien in Demokratien die Funktion zu, zwischen den komplexen Anforderungen der Politik und der begrenzten Urteilsfähigkeit der Masse zu vermitteln – basierend auf gemeinsamen Standards der Realitätsabbildung. Die Tatsache, dass die Masse ihre Medien als Folge der Digitalisierung nun selbst organisiert und rechtsextreme Akteure sie unmittelbar mit postfaktischen Inhalten beeinflussen können, stellt indes ein Einfallstor für faschistische Dynamiken dar, die stets auf der Manipulation der Realität basieren.

Rechtsextreme Bedrohungsmythen im digitalen Kontext

Der Begriff des Faschismus ist freilich selbst Gegenstand von Kontroversen. Immerhin handelt es sich dabei um einen Kampfbegriff par excellence, der links wie rechts verwendet wird, um politische Gegner als Feinde der Freiheit zu stigmatisieren. Ja, tatsächlich auch von rechts. Diese merkwürdige Karriere des Begriffs lässt sich gut an einem Zitat des Schriftstellers Ignazio Silone verdeutlichen: »Wenn der Faschismus wiederkehrt, wird er nicht sagen: ›Ich bin der Faschismus.‹ Nein, er wird sagen: ›Ich bin der Antifaschismus.‹« Der angeblich 1944 in die Welt gesetzte Lehrspruch des italienischen Sozialisten erfreut sich heute großer Beliebtheit in rechten Kreisen. Dort führt man ihn gerne an, um antifaschistische Aktivitäten, insbesondere »der Antifa«, als freiheitsfeindlich zu entlarven und sich selbst so als wahrer Antifaschismus zu gerieren. Es entbehrt nicht einer gewissen Ironie, dass sich in dieser rechten Instrumentalisierung des Zitats genau jene perfide Wendung zeigt, vor der das Zitat warnte.[23] Hier soll uns der Umgang damit aber vor allem als Beispiel dafür dienen, welch widersprüchliche Lesarten dem Begriff anhaften.

Vor dem Hintergrund ebendieser Widersprüche ist immer wieder zu hören, dass der Begriff des Faschismus für sachliche Debatten nutzlos geworden sei. Denn dass er polemisch genutzt wird, um zwischen politischen Gegnern und historischen Ereignissen irreführende Parallelen zu ziehen, scheint eher die Regel als die Ausnahme zu sein. Zumindest aber wird er häufig unpräzise verwendet. Auch Acker ist davon nicht ganz frei, wenn er den Eindruck erweckt, unter Faschismus seien allgemein illiberale oder rechtsextreme Entwicklungen zu fassen. Genauer nehmen es da schon Definitionen aus der Faschismusforschung, wenngleich sich auch hier tiefe Gräben zwischen unterschiedlichen Denkschulen feststellen lassen. Da wäre etwa die marxistische Perspektive, die Faschismus vorwiegend als eine Herrschaftstechnik zur Unterdrückung der Arbeiterklasse analysiert. Andere Betrachtungsweisen machen das Phänomen an ideologischen Merkmalen fest oder definieren es anhand seiner politischen Kultur und seiner sozialen Praktiken.

Die zahlreichen Definitionen von Faschismus stehen nicht unbedingt im Widerspruch zueinander, setzen aber unterschiedliche Schwerpunkte, die sich nicht alle ins Gleichgewicht bringen lassen. Da sie verschiedenen Theorien folgen, interessiert sie jeweils etwas anderes an dem Phänomen. Entsprechend lässt sich nur schwer eine Bedeutung von Faschismus finden, die von allen Seiten als analytisch hilfreich angesehen wird. Der Faschismusforscher Roger Griffin beispielsweise hat sich Anfang der 1990er-Jahre an solch einer »konsensualen« Definition versucht, die auf Basis einer eingehenden Analyse faschistischer Grundlagentexte eine möglichst große Schnittmenge der verschiedenen Sichtweisen bieten soll.[24] Seinen Vorschlag, Faschismus als eine revolutionäre Form des Nationalismus zu begreifen, lehnen einige Forscher jedoch ab. Sie erkennen darin eine zu starke Ausrichtung auf ideologische Merkmale, die man ihrer Meinung nach – je nach Schwerpunkt – um diskursive, kulturelle oder psychologische Aspekte erweitern müsste. Insofern besteht auch in der Wissenschaft nach wie vor kein einheitliches Verständnis von Faschismus.

Die Vielgestaltigkeit des Faschismusbegriffs macht diesen aber nicht automatisch nutzlos. Entscheidend ist allerdings, deutlich zu machen, in welchem Sinne man ihn verwendet. Und das hängt wiederum vom konkreten Erkenntnisinteresse ab. In unserem Falle kreist dieses darum, wie die sozialen Medien politische Praktiken fördern, die der Dynamik des Rechtsextremismus zugutekommen. Für diesen Zweck bietet sich ein Verständnis an, das vom Faschismusforscher Robert Paxton entwickelt wurde. Er untersuchte verschiedene Bewegungen der Zwischenkriegszeit, die gemeinhin als faschistisch angesehen werden, und leitete aus ihren Gemeinsamkeiten drei Merkmale des Faschismus ab. Auf zwei davon werden wir später noch zu sprechen kommen. Hier ist zunächst einmal jenes von Interesse, das Paxton als Hauptmerkmal der untersuchten Bewegungen ausmachte: ein politisches Verhalten, »das sich durch eine obsessive Beschäftigung mit dem Niedergang, der Demütigung oder Viktimisierung der Gemeinschaft [...] auszeichnet« und diesen wahrgenommenen Zustand durch einen »Kult von Einheit, Stärke und Reinheit« zu kompensieren versucht.[25]

Paxton beschreibt damit keine spezifische Ideologie, sondern ein Muster der Selbstrechtfertigung, in dem sich die Psychologie, die Kultur und die Politik des Faschismus bewegen. Zentral dafür ist demnach, dass dieser seinen überbordenden Nationalismus aus der Wahrnehmung einer nationalen Bedrohung heraus begründet. Ebendieses Muster hatte auch schon Griffin als bedeutenden Wesenszug des Faschismus ausgemacht. Er spricht von einem »palingenetischen Ultranationalismus«, der vom Mythos einer Nation lebt, die im Untergang begriffen sei und ihre Wiedergeburt (Palingenese) durch außergewöhnliche Anstrengungen erzwingen müsse.[26] An anderer Stelle bezeichnet Griffin dieses Muster auch als das »faschistische Minimum«, was bedeutet: Faschismus kann noch andere Merkmale aufweisen, aber ohne das Leitbild vom Erwachen einer bedrohten Nation gibt es keinen Faschismus.[27] Diesem Muster, das wir als *faschistische Logik* bezeichnen möchten, soll im Folgenden unsere Aufmerksamkeit gelten. Denn wenn die wahrgenommene Bedrohung der Nation als Herzstück faschistischer Dynamiken dient, dann stellt sich heute die Frage, wie entsprechende Mythen im digitalen Kontext Verbreitung finden, sodass illiberale oder autoritäre Perspektiven um sich greifen können.

Wir verstehen Faschismus demnach nicht einfach als etwas, das sich auf das Programm politischer Akteure reduzieren ließe, sondern vielmehr als soziales Phänomen. Es besteht in der Wahrnehmung einer nationalen Bedrohung, die von Menschen geteilt wird und in gemeinschaftsbildenden Handlungen zum Ausdruck kommt. Gleichzeitig verstehen wir Faschismus als wandelbares Phänomen, das sich ebenso wie andere politische Erscheinungen zu modernisieren vermag. Oder wie es der italienische Holocaustüberlebende Primo Levi bereits 1974 formulierte: »Jedes Zeitalter hat seinen eigenen Faschismus.«[28] Paxtons aus der Geschichte abgeleitetes Verständnis von Faschismus begreifen wir als Idealtyp, in dessen Zentrum das Kernmerkmal der faschistischen Logik steht: die Beschwörung eines nationalen Untergangs zur Rechtfertigung autoritärer und illiberaler Praktiken. Davon ausgehend sind, wie es der Philosoph Ludwig Wittgenstein nannte, »familienähnliche« Varianten des Faschismus denkbar, in denen zwar das faschistische Minimum erhalten ist, die sich aber in anderen Merkmalen vom klassischen Faschismus unterscheiden.[29] Der *digitale* Faschismus ist eine solche Variante.

Insofern lässt sich der Rechtsextremismus auch nicht pauschal als faschistisch beschreiben. Entscheidend ist vielmehr, welche Wahrnehmungen er transportiert, die für das faschistische Minimum grundlegend sind. Gerade der klassische Faschismus, der sich in der Zwischenkriegszeit entfaltete, war ja augenfällig darum bemüht, im öffentlichen Diskurs eine nationale Krise zu konstruieren. In Deutschland etwa behauptete er einen Überlebenskampf des deutschen Volkes: erniedrigt vom Ausland, geknechtet vom Judentum und verraten durch »Dolchstoß«. Auf diese Weise sollte ein Ausnahmezustand herbeigeredet werden, der nach autoritären und illiberalen Maßnahmen verlangt. Dieses Verhalten – die Philosophin Hannah Arendt nannte es »organisiertes Lügen«[30] – ist im Zusammenhang mit dem zweiten Merkmal zu sehen, das Paxton dem Faschismus zuschreibt: ein radikaler Pragmatismus, der sich nicht an »ethische oder rechtliche Beschränkungen« gebunden fühlt, wenn es um das Erreichen politischer Ziele geht.[31] Die Wahrheit kann demzufolge jederzeit gebeugt werden, wenn man damit Einfluss und Macht erlangen kann. Inwiefern dieses faschistische Merkmal im heutigen Rechtsextremismus fortwirkt, wird später noch genauer zu sehen sein.

Das faschistische Minimum war im Rechtsextremismus jedenfalls nie wirklich verschwunden. Immerhin versuchte er über Jahrzehnte Ängste vor dem Fremden und Anderen zu schüren, um für ein nationalistisches Revival zu trommeln. Doch zweifellos haben in Zeiten sozialer Medien und globaler Migrationsbewegungen solche Bemühungen zugenommen, die von der Politikwissenschaftlerin Ruth Wodak als »Politik der Angst« bezeichnet werden.[32] Damit setzt der Rechtsextremismus verstärkt auf eine emotionale Ressource, deren Wirkmacht einst Mussolini zu seiner Wandlung vom Sozialisten zum Faschisten bewogen haben soll. Denn Angst, so soll er erkannt haben, sei eben ein effektiveres Mittel der Politik als Hoffnung. Was das heute konkret bedeutet, zeigt sich beispielsweise in den Erzählungen, die der globale Rechtsextremismus im Kontext von Migrationsfragen verbreitet. Seine Aktivisten bringen insbesondere den Mythos in Umlauf, die jeweilige Nation sei Opfer eines »großen Austauschs«, wie es etwa die Identitären formulieren, auf die sich auch der Attentäter von Christchurch berief. Dass sich die extreme Rechte in vielen Ländern erfolgreich als Schutz- und Ordnungsmacht empfehlen konnte – dafür stehen ihre Erfolge auf den Straßen und an den Wahlurnen –, basiert nicht unwesentlich auf diesem Mythos, den sie in verschiedenen Erzählvarianten in die Köpfe zu bringen versucht.

Während unter rechtsextremen Aktivisten in den USA vor allem von einem »weißen Genozid« die Rede ist, spricht die extreme Rechte in Deutschland von »Bevölkerungsaustausch«, »Umvolkung« oder gar »Volkstod«. Diese Vorstellungen stammen aus der Mottenkiste der alten völkischen Bewegungen, überlebten in den Nischen des militanten Rechtextremismus und wurden mit der Flüchtlingskrise 2015 aufgefrischt und popularisiert, vor allem durch sogenannte Rechtspopulisten. Oft kleiden sie sich in Parolen über eine »Islamisierung des Abendlands« oder die »Abschaffung Deutschlands«, durch die sie ihren Weg in die breitere Öffentlichkeit finden. Die Rede vom »besorgten Bürger«, der den Verlust seiner Kultur fürchte, zeugt von dieser Normalisierung, die nicht selten mit Verschwörungstheorien einhergeht. So zum Beispiel, wenn die AfD behauptet, der Migrationspakt der Vereinten Nationen – eine unverbindliche Erklärung für einen global einheitlichen Umgang mit Migration – sei ein »verstecktes Umsiedlungsprogramm«.[33] Oder wenn der »Posterboy der modernen Rechten« – wie der identitäre Aktivist Martin Sellner häufiger genannt wird – hinter jenem Pakt einen »heimtückischen« Plan vermutet, der »den Untergang der europäischen Völker« besiegele. In jedem Fall aber wird der »Lügenpresse« und dem »linksgrünversifften Establishment« vorgeworfen, die Bedrohung zu verschweigen und Einwanderung gegen den Willen des Volkes zuzulassen.

Solche Narrative bilden die kognitive Grundlage für das, was Griffin »palingenetische Fantasien« nennt.[34] Denn in ihrer logischen Konsequenz verlangen sie nach Helden, die die Geschichte hin zu einem nationalen Happy End fortschreiben. Wo auf den Staat kein Verlass mehr ist, gilt es, die Sache selbst in die Hand zu nehmen, um die Gemeinschaft vor den Eindringlingen zu schützen und mit Verrätern aufzuräumen. Dafür stehen nicht nur Drohungen gegen Journalisten und Angriffe auf Kommunalpolitiker, sondern auch die Ermordung des CDU-Politikers Walter Lübcke, der aufgrund flüchtlingsfreundlicher Äußerungen auf etlichen Todes- und Feindeslisten der extremen

Rechten stand. Auch die jüngste Welle des Rechtsterrorismus muss unbedingt in diesem Kontext gesehen werden. Ob Christchurch oder El Paso, ob Halle oder Hanau – all diesen Terrorakten ist gemeinsam, dass die Täter davon überzeugt waren, ihre Gemeinschaft stünde vor dem Untergang. Ähnliches lässt sich auch über die Welle von Angriffen auf Flüchtlingsunterkünfte oder die Gründung von Bürgerwehren sagen, an der auffällig viele Menschen ohne typische rechtsextreme Biografie beteiligt sind. Die Bedrohungssituation, die der »besorgte Bürger« als Tatsache betrachtet, mag objektiv gar nicht gegeben sein, ist eben aber – wie das berühmte Thomas-Theorem besagt – »in ihren Konsequenzen real«.[35] Diese Grundannahme der Soziologie geht davon aus, dass Menschen nämlich nicht auf Grundlage objektiver Gegebenheiten handeln, sondern je nachdem, wie sie diese Gegebenheiten subjektiv wahrnehmen.

Gerade mit Blick auf die wachsende Bereitschaft vermeintlich normaler Bürger, Gewalt gegen Fremde und Andersdenkende anzuwenden, wurde die Rolle des Internets bereits vielfach diskutiert. In der Regel ist dann von dem Hass die Rede, den rechtsextreme Akteure in den sozialen Medien verbreiten. Er zeige sich in einer Verrohung und Enthemmung der Sprache, die sich schließlich in eine physische Brutalität übersetze. Nun ist es zwar plausibel, davon auszugehen, dass das rhetorische Klima zur Gewaltbereitschaft beiträgt, allein schon, weil sich Einzelne dadurch ermuntert fühlen können, den vermeintlichen Volkszorn auszuleben. Als Erklärung für den rechten Terror, der zumeist als Vigilantismus – also Gewalt durch selbst ernannte Beschützer und Ordnungshüter – in Erscheinung tritt, greift Hassrede aber zu kurz. Sie mag zwar häufig mit Gewaltaufrufen einhergehen, liefert aber für sich genommen keine überzeugende Begründung für die Anwendung von Gewalt. Die Juristin Susan Benesch verweist stattdessen auf die Bedeutung von »gefährlicher Rede«, um den Wirkungszusammenhang von behaupteten Bedrohungen und Gewaltlegitimation zu erklären.

Gefährliche Rede findet insbesondere dann statt, wenn einer Gruppe schlimme Grausamkeiten zugeschrieben werden. Wo dieser etwa unterstellt wird, sie bedrohe die Existenz der eigenen Gruppe, scheint es opportun zu sein, drastisch gegen sie vorzugehen. Immerhin geht es ums eigene Überleben. Und Notwehr ist bekanntermaßen der einzige Grund, der es unbestritten erlaubt zu töten: Wer anderen das Leben nehmen will, darf dieser Norm zufolge unschädlich gemacht werden. Für die Legitimation von Gewalt eignet sich daher kaum etwas besser als der »Spiegelungsvorwurf«: Indem man einer Gruppe unmenschliche Eigenschaften zuschreibt, lassen sich ihre Menschenrechte suspendieren. Die Entmenschlichung des Anderen rechtfertigt also die eigene Brutalisierung. Explizite Gewaltaufrufe sind dafür gar nicht nötig. Im Gegenteil, gerade die Selbstdarstellung als Opfer, das zivilisatorisch überlegen sei, verleiht dem Narrativ der Bedrohung Glaubwürdigkeit und weckt Verständnis für diejenigen, die irgendwann – und sozusagen notgedrungen – zu drastischen Mitteln der Selbstverteidigung greifen. Bisher steht die gefährliche Rede im Schatten der viel zitierten Hassrede, obwohl sie – auch ohne Gewaltrhetorik – wohl grundlegender für Gewalt ist als etwa unverblümte Hetze. Denn schließlich ist es laut Benesch gerade das Gerede von einer »tödlichen Bedrohung durch eine verhasste […] Gruppe, das Gewalt nicht nur angemessen, sondern notwendig erscheinen lässt«.[36] Das macht die Rede von der Gefahr so gefährlich.

Insofern kann die gefährliche Rede als entscheidend für faschistische Dynamiken angesehen werden. Die kompromisslose Kraftanstrengung, die die Nation für ihre Wiedergeburt vollziehen soll, ist schließlich in besonderem Maße rechtfertigungsbedürftig, verlangt sie von den Massen doch sowohl grausam als auch moralisch überlegen zu sein. Bedrohungsmythen sind das geeignete Instrument für diesen Spagat – und daher zentral in der faschistischen Logik. Nahezu in Reinform lässt sich diese etwa beim AfD-Rechtsaußen Björn Höcke nachvollziehen, dessen Fantasien von einer nationalen Wiedergeburt besonders weit fortgeschritten sind. So fordert er in dem bereits erwähnten Gesprächsband angesichts des drohenden »Volkstods durch Bevölkerungsaustausch« eine Säuberung Deutschlands von »kulturfremden« Menschen. Dabei müsse »eine neue politische Führung« – natürlich ein alleinherrschender »Zuchtmeister« – »Maßnahmen ergreifen, die ihrem eigentlichen moralischen Empfinden zuwiderlaufen«. Denn: »Existenzbedrohende Krisen erfordern außergewöhnliches Handeln«, wobei die Verantwortung für diese »Politik der wohltemperierten Grausamkeit« letztlich bei denen liege, »die die Notwendigkeit dieser Maßnahmen mit ihrer unsäglichen Politik herbeigeführt haben«. Auch ein »Aderlass« sei dafür nötig, da »wir leider ein paar Volksteile verlieren werden, die zu schwach oder nicht willens sind«.[37]

Dass es sich bei Höcke um einen Faschisten handelt, ist nicht bloß eine Behauptung, die sich auch ohne Gerichtsbeschluss kaum als Polemik abtun lässt, sondern dem Politikwissenschaftler Hajo Funke zufolge »nachzulesen in seinen eigenen Worten«.[38] In diesen Worten zeigt sich genau jene krude Dialektik, die bereits in Paxtons und Griffins Beschreibungen der faschistischen Logik aufschien: Eine überlegene Kultur, die barbarischen Kräften zu weichen droht, soll sich barbarisieren, um ihre Überlegenheit zu bewahren. Diese Gleichzeitigkeit von Opfer- und Täterschaft spiegelt sich auch heute in der eigentümlichen Mischung aus Jammern und Hetzen wider, die in der extremen Rechten zu beobachten ist. Obwohl scheinbar ein Widerspruch, lässt sich gerade das Wechselspiel beider Aspekte als Treibstoff der palingenetischen Fantasien verstehen. Paxton spricht in diesem Kontext von Leidenschaften, die Faschisten antreiben. Diese lehnen rationale Entscheidungsfindungen ab und nehmen große Opfer in Kauf, um einer höheren Sache zu dienen – einschließlich des Selbstbetrugs. Denn wie einst Adorno erkannte, können gerade Überzeugungen, die »durch die objektive Situation nicht mehr recht substantiell sind«, große Leidenschaften hervorrufen. Ihr zweifelhafter Gehalt verlange nämlich danach, diesen »zu überspielen, damit man ihn sich selbst und anderen gleichsam einredet«.[39]

Während also der palingenetische Ultranationalismus im rechtsextremen Denken sehr lebendig ist, scheint sich jedoch die Rolle rechtsextremer Organisationen bei seiner Entfesselung verändert zu haben. Laut Paxtons drittem Merkmal zumindest zeichnete sich der klassische Faschismus durch eine »massenbasierte Partei engagierter nationalistischer Militanter« aus, üblicherweise hierarchisch und zentralistisch organisiert.[40] Ihr und ihren Nebenarmen kam die Aufgabe zu, die faschistische Logik in den Massen zu verankern, etwa indem sie manipulative Propaganda verbreitete und gemeinschaftsbildende Praktiken wie Aufmärsche und Kulturevents, aber auch Saal- und Straßenschlachten organisierte. Natürlich gibt es heute immer noch rechtsextreme Organisationen, die auf diese Weise funktionieren. Die Goldene Morgenröte (Chrysi Avgi) in Griechenland oder die slowakischen Kotlebianer (L'SNS) wären hier als Beispiele zu nennen. Dennoch lässt sich beobachten, dass eine große Zahl von Rechtsextremisten die organisierte Szene verlassen hat, um soziale Stigmatisierung zu vermeiden. Stattdessen sind sie nun in Online-Foren aktiv, wo sie, wie der Extremismusforscher Mark Potok schreibt, »ihre Meinungen anonym darbieten und leicht andere finden können, die ihnen zustimmen«, und das »ohne die Probleme, Kosten und schlechten Anweisungen, die in den meisten Gruppen mit einer Mitgliedschaft verbunden sind«.[41]

Allerdings bietet die digitale Sphäre der extremen Rechten nicht nur bequemere Möglichkeiten des Aktivismus, sondern auch der organisatorischen Erneuerung. War sie organisatorisch in der analogen Welt lange Zeit gescheitert, kann sie sich mit der Politur des Digitalen neuen Glanz verleihen. Insbesondere die amerikanische Alt-Right steht für so eine erfolgreiche Erneuerung. Obwohl – oder gerade weil – sich diese im digitalen Kontext entstandene Bewegung durch einen Mangel an ideologischer Kohärenz, strategischer Führung und materieller Kooperation auszeichnet, ist es ihr gelungen, faschistische Traditionen salonfähig zu machen. Vor allem wandte sie sich Internetkulturen zu, die darauf aus sind, Menschen größtmöglichen Schaden zuzufügen. So verbanden sich Online-Subkulturen mit Lust auf Provokation mit rechtsextremen Online-Aktivisten, die eine informellere und weniger hierarchische Form politischen Engagements befürworteten. Die Alt-Right unterscheidet sich daher – ebenso wie verwandte Erscheinungen der globalen Neuen Rechten – deutlich vom Faschismus der Zwischenkriegszeit. Das gilt nicht nur in Bezug auf ihre Organisationsstrukturen, sondern auch für die Art und Weise, wie sie mit ihren Vorstellungen die Gesellschaft strategisch durchdringt.

Diese Wandlung wirft die Frage auf, wie genau das Revival der faschistischen Logik durch die Digitalisierung bedingt ist. Generell müssen wir natürlich im digitalen Zeitalter aufs Neue darüber nachdenken, wie soziale Interaktionen funktionieren – einschließlich der Manipulation von Massen. Digitale Plattformen sind zu einem zentralen Marktplatz nicht nur für Handelsgüter, sondern auch für Ideen geworden. Sie stellen damit eine Arena des politischen Wettbewerbs und Konflikts dar, die kollektives Handeln – darunter die Protest- und Organisationsweisen sozialer Bewegungen – grundlegend verändert hat. So haben sie die Netzwerkfähigkeit politischer Akteure, ihre Mobilisierungsreichweite und die Geschwindigkeit des transnationalen Austauschs erhöht. Neue Formen der Artikulation von politischen Forderungen machen zudem eine Unterscheidung zwischen Online- und Offline-Politik hinfällig. Politische Akteure passen ihr Verhalten zunehmend an die Funktionsweise digitaler Plattformen an, wobei sie, wie der Bewegungsforscher Paolo Gerbaudo schreibt, »die Logik von Unternehmen wie Facebook und Amazon [nachahmen] und die datengesteuerte Logik sozialer Netzwerke in [ihre] eigentliche Entscheidungsstruktur integrieren«.[42]

Diese Verschiebungen haben nicht nur den organisatorischen Kern des Rechtsextremismus verändert, sondern auch dessen Umfeld: also seine Anhängerschaft und das potenziell interessierte Publikum. Während ein Teil der extremen Rechten bereits im vordigitalen Zeitalter den vom US-Neonazi Louis Beam ausgerufenen »führerlosen Widerstand« im Bereich des bewaffneten Kampfes propagierte, wurde diese Vorstellung mit den rechtsextremen Online-Kulturen ganz allgemein zur politischen Realität. Heute bringt sich die Bewegung viel stärker als virtuelle Gemeinschaft zum Ausdruck, in der die Grenzen zwischen organisierten Aktivisten und individuellen Unterstützern verschwimmen. Bei diesen vernetzten Bewegungen verlieren Organisationen ihre ordnende Rolle. Genauer gesagt lässt sich nunmehr schwer bestimmen, was und wer eigentlich organisiert ist oder nicht. Sie stellen unser Verständnis von individuellem und kollektivem Handeln grundsätzlich infrage, da alle Mitglieder in diesen Netzwerken in einer direkten Beziehung zueinander stehen. Auf der anderen Seite jedoch, so stellt die Internetsoziologin Zeynep Tufekci fest, bemühen sich organisierte Gruppen sehr wohl darum, »die Führerlosen zu führen«.[43] Indem etwa rechtsextreme Akteure manipulativ und lenkend auf den Schwarm einwirken, geben sie dem scheinbar verstreuten Zorn, der die verschiedenen Ebenen der sozialen Medien überflutet, eine Richtung. Dabei mögen sich die Mitglieder dieser »digitalen Hasskulturen«, wie sie der Medienforscher Bharath Ganesh nennt, nicht einmal bewusst sein, dass sie Teil einer faschistischen Dynamik sind.[44]

Damit stellt sich aber auch die Frage, inwieweit diese Dynamik von rechtsextremen Akteuren strategisch vorangetrieben wird und inwiefern sie das Ergebnis von Impulsen ist, die durch die sozialen Medien selbst gesetzt werden. Zwar ist es offensichtlich – und durch zahlreiche Studien belegt –, dass die extreme Rechte unter den digitalen Bedingungen gedeiht. Doch es ist längst nicht klar, *warum genau* sie dermaßen von den sozialen Medien profitiert. Eine erste Hypothese wäre, dass die Funktionsweisen sozialer Medien die Wahrnehmung von Bedrohungen und damit genau jene kognitive Grundlage verstärken, auf der die faschistische Logik aufbaut. Für diese Vermutung gibt es unterschiedliche Erklärungen. Sie hängen aber definitiv alle mit der Tatsache zusammen, dass sich die Art, wie Informationen zugeteilt und ausgewählt werden, in Zeiten sozialer Medien radikal verändert hat. Dabei spielt auch hinein, dass die digitalen Plattformen zu einer Erosion gemeinsam geteilter Wahrheiten beigetragen haben. Der Raum für manipulative Informationen und sogenannte postfaktische Inhalte hat sich dadurch erweitert. Und dieser Umstand scheint sich wiederum gut mit dem radikalen Pragmatismus des Faschismus zu vertragen, der mit Wahrheit auf höchst instrumentelle Weise umgeht.

An dieser Stelle setzen unsere Überlegungen zum digitalen Faschismus an. Sie folgen dem theoretischen Argument, dass die gegenwärtige Konjunktur des Rechtsextremismus als soziales Phänomen zu verstehen ist, das zwar durch das strategische Handeln des organisierten Rechtsextremismus gelenkt wird, seine Dynamik aber aus Wahrnehmungen speist, die durch die sozialen Medien gefördert werden. Wie bereits dargelegt, sind Mythen der nationalen Bedrohung der Treibstoff für die palingenetischen Fantasien, die faschistische Dynamiken auszeichnen. Im klassischen Faschismus war es die Aufgabe einer autoritär geführten Partei, die Massen an einen drohenden Untergang der Nation glauben zu lassen. In Zeiten der sozialen Medien aber manipulieren sich die für Bedrohungsmythen empfänglichen Massen in ihrer Wahrnehmung viel stärker selbst, sodass faschistische Parteien als treibende Kraft faschistischer Dynamiken zumindest teilweise obsolet werden. Um herauszufinden, inwieweit die sozialen Medien nun als neuer Motor dieser Dynamiken fungieren, werden wir uns im Folgenden genauer anschauen, wie rechtsextreme Akteure online agieren und wie ihre Handlungen mit den Strukturen sozialer Medien zusammenwirken. Wo diese nämlich dazu beitragen, dass rechtsextreme Bedrohungsmythen besser verfangen, nimmt der digitale Faschismus Gestalt an.

3 Das rechte Panikorchester

Oder: Wie die sozialen Medien Ängste verstärken

Eigentlich würde man denken, dass die extreme Rechte mit der alten Leier vom nationalen Untergang heute keinen Stich mehr machen könne. Schließlich hat sich mit dem Siegeszug der Demokratien und der Globalisierung die raue Atmosphäre imperialistischer Weltpolitik verzogen, in der Faschisten einst bündig behaupten konnten, von äußeren Feinden umgeben zu sein. Zwar verwiesen sie dabei sehr wohl auch auf innere Feinde, doch war dies stets eingebettet in Vorstellungen von einem Überlebenskampf, einem Fressen und Gefressenwerden in der internationalen Arena. Demokraten und Kommunisten, Minderheiten und Randständige galten in diesem Kampf als Ballast oder gar als Komplizen des Feindes. Heute, wo sich nationalstaatliche Grenzen etwas verflüssigt haben, insbesondere innerhalb Europas, und kosmopolitische Lebensentwürfe im medialen Mainstream allgegenwärtig sind, erscheint das Aufleben solch ultranationaler Tendenzen fast schon aus der Zeit gefallen. Als bräche die längst überwunden geglaubte »Kinderkrankheit« der Menschheit wieder aus, wie Albert Einstein einst den überbordenden Nationalismus nannte.

Auch sollte man meinen, dass in Zeiten der Selbstentfaltung, wie sie die moderne Konsumgesellschaft ermöglicht, der Nationalstolz nicht mehr für den von Arthur Schopenhauer festgestellten »Mangel an individuellen Eigenschaften« herhalten kann, um ein als sinnlos empfundenes Leben mit Identität zu füllen. Und doch gelingt es der extremen Rechten erstaunlich gut, den Anachronismus des bereits vorgestellten palingenetischen Ultranationalismus wiederzubeleben. Die Bewegung des nationalen Erwachens erwacht sozusagen, wobei sie die imaginierte Schicksalsgemeinschaft erneut mit Mythen der nationalen Bedrohung wachrüttelt.

Ein gutes Beispiel hierfür ist die Pegida-Bewegung, mit der ab 2014 der »besorgte Bürger« die mediale Bühne betrat. Obwohl zunächst ein überschaubares Lokalphänomen, erfuhren die »Patriotischen Europäer gegen die Islamisierung des Abendlandes« aus Dresden eine beachtliche Aufmerksamkeit in den Medien, in deren Sog sich zahlreiche Gida-Ableger im Bundesgebiet bildeten. Die Bewegung trug durch die breitenwirksame Darstellung ihrer »Sorgen« erheblich zur Normalisierung rassistischer Diskurse bei, wobei ihr mediales Auftreten als Prototyp der AfD-Propaganda gesehen werden kann. Denn wie die seit ihrer Gründung kontinuierlich nach rechts außen driftende Partei setzten auch die Initiatoren von Pegida gezielt auf das Schüren von Ängsten, um ihren aggressiven Politikvorstellungen Legitimität zu verleihen, während sie sich zugleich als »normale« Menschen inszenierten. Und wie bei anderen Bewegungen von rechts in der jüngeren Zeit formierte sich Pegida zunächst in den sozialen Medien. So ging der Bewegung eine geschlossene Facebook-Gruppe voraus, in der Lutz Bachmann, das spätere Aushängeschild von Pegida, Gleichgesinnte um sich scharte. Aus ihren Reihen ging dann das zentrale Organisationsteam hervor. Noch bevor die ersten Montagsdemos in Dresden stattfanden, debattierten sie online über die nächsten Schritte. Vieles war zu dem Zeitpunkt noch ungeklärt: die Namensgebung, die politische Zielsetzung und das Auftreten nach außen, wozu auch Fragen der Kooperation mit rechtsextremen Strukturen und deren alternativen Medien zählten. Dabei soll auch der Vorschlag im Raum gestanden haben, gegen die Amerikanisierung des Abendlandes ins Feld zu ziehen.

Man entschied sich schließlich doch für »das drängendere und greifbarere Problem« der Islamisierung, »mit dem das Volk besser zu mobilisieren« sei.[1]

Dass die Truppe um Bachmann damit tatsächlich erfolgreich mobilisieren konnte, kann man durchaus erstaunlich finden. Immerhin würde man annehmen, dass in einem Bundesland, in dem der muslimische Bevölkerungsanteil weniger als ein Prozent beträgt, die Dringlichkeit des Problems nicht so recht von der Bevölkerung mitempfunden wird. Für die meisten Menschen in Sachsen ist der Islam im Alltag kaum sichtbar, womit sich ihnen wenig Gelegenheiten bieten, überhaupt schlechte Erfahrungen mit Muslimen zu machen. Leider aber entwickelt der Mensch gerade Vorurteile gegen das, was er *nicht* kennt. So lautet der Umkehrschluss aus der berühmten »Kontakthypothese« des Psychologen Gordon Allport, wonach die Nähe zu etwas Fremdem Vorurteile abbaut. Ebendiese Vorurteile regten die Initiatoren von Pegida gezielt an, indem sie – in Zeiten des aufstrebenden Islamischen Staats – das aus den Medien bekannte Bild militanter Islamisten mit dem Islam und schließlich generell mit Migration nach Europa verknüpften. Dramatische Erzählungen sollten Ängste davor schüren, dass der Zuzug von Migranten aus islamisch geprägten Ländern den eigenen Lebensstil, ja das eigene Leben selbst gefährden würde. »Gegen Glaubenskriege auf unseren Straßen« lautete eine der ersten Forderungen von Pegida. Sie implizierte, dass Zustände wie in Kriegsgebieten drohten, wenn der Einwanderung aus anderen Kulturkreisen kein Einhalt geboten werde. Nötig sei daher Widerstand sowohl gegen den äußeren Feind, vor allem »den Islam«, als auch gegen den inneren Feind, die Regierung, der man damals wie heute vorwirft, einen »Bevölkerungsaustausch« durchzuführen oder zumindest zuzulassen.

Am Beispiel von Pegida zeigt sich deutlich, wie sehr die Konstruktion einer nationalen Bedrohung weiterhin als Treibstoff rechtsextremer Mobilisierung dient. Als Rechtfertigungsmuster, das aus einem Opfermythos die Berechtigung zum radikalen Handeln ableitet, steht es für die faschistische Logik, die wir im Kapitel zuvor beschrieben haben. Diese Logik ist auf Drama angewiesen, denn nur ein Ausnahmezustand vermag die Gewalt und die Ausgrenzung zu rechtfertigen, die der Ultranationalismus der Welt – also auch den eigenen, andersdenkenden Landsleuten – antun will. Und je weiter die Realität von einem solchen Ausnahmezustand entfernt ist, desto mehr muss sie zurechtkonstruiert werden. Den Untergang als ständigen Fixpunkt vor Augen, suchen Rechtsextreme daher gezielt nach Ereignissen, die ihre Weltsicht bestätigen. Anders als in der Zwischenkriegszeit, wo der Faschismus die äußere Gefahr vor allem in nationalen Erz- und Todfeinden fand, gilt diese Obsession nun einem vermeintlichen »Kampf der Kulturen«, mit dem man Migrationsbewegungen zu Invasionsbestrebungen dramatisiert. Dabei wird etwa konkret der Eindruck vermittelt, dass sich Deutschland im Würgegriff von »Ausländergewalt« befinde, vom politischen Islam terrorisiert werde und überhaupt seines Volkes verlustig gehe. Die alte völkische Vorstellung vom »Volkstod« wurde so mit zeitgemäßen Erzählungen wiederbelebt, die davon handeln, dass »Migration tötet« – sprichwörtlich und wortwörtlich.

Doch auch wenn die extreme Rechte ihre Bedrohungsnarrative aktualisiert hat, bleibt die Frage, warum sie damit heute so erfolgreich ist. Denn was sie da in ihren Erzählungen behauptet, hat verblüffend wenig mit der aktuellen Wirklichkeit zu tun. Immerhin zeichnet sie ein Lagebild, das dramatischer kaum sein könnte. Neben absurden Darstellungen des politischen Systems, die die Bundesrepublik als eine zweite DDR ausmalen, betrifft das vor allem die Mär von angeblich bürgerkriegsähnlichen Zuständen. Eingebrockt habe uns das alles Kanzlerin Angela Merkel (daher: »Danke, Merkel!«), die in ihrer langen, quasidiktatorischen Regentschaft nicht nur der CDU die Landesliebe ausgetrieben, sondern auch geltendes Recht gebrochen und das Volk verraten habe. Alles sei hin, hin, hin, was von den Eltern und Großeltern aufgebaut wurde, seit »Merkels Goldstücke« durch das einst geruhsame Deutschland marodieren. Der Hinweis, dass die Kriminalitätsstatistik solche Behauptungen eines dramatischen Niedergangs in keiner Weise bestätigt, ficht die extreme Rechte freilich nicht an. Vielmehr schafft sie mit ihrem Gerede von unsicheren Zuständen überhaupt erst Zustände der Unsicherheit, regt sie damit doch die Gewaltfantasien derer an, die ihren Erzählungen Glauben schenken.

Es mag zutreffen, dass Migranten und Menschen mit Migrationshintergrund im Vergleich zur Gesamtbevölkerung öfter straffällig werden. Dafür gibt es aber durchaus andere Erklärungen als die Herkunft und Kultur der Täter – einschließlich gesellschaftlicher Rassismen selbst, die soziale Deklassierung und behördliche Diskriminierung bedingen. Und von einem explosionsartigen Anstieg von Brutalität kann schon gar keine Rede sein. Denn allen rechtsextremen Erzählungen zum Trotz waren schwere Gewaltverbrechen in der vermeintlich guten alten Zeit viel verbreiteter. Von den 1970er- bis zur Mitte der 1990er-Jahre lag ihre Zahl laut den Statistiken des Bundeskriminalamts pro Kopf konstant um ein Vielfaches höher.[2] Erst ab der Jahrtausendwende setzte ein merklicher Rückgang von Mord und Totschlag ein, der sich auch in der Ära Merkel lange fortsetzte. Dagegen kann der leichte Anstieg solcher Gewaltverbrechen ab 2015, den die extreme Rechte als zivilisatorische Zäsur hinstellt, nicht anders als geringfügig eingestuft werden. Gerade aber rechtsextreme Gewalt, die man zuvor etwa mit den zahlreichen rassistischen Morden seit der Wiedervereinigung in Verbindung brachte, hat wieder stark zugenommen, wie eine regelrechte Welle von Angriffen auf Flüchtlingsunterkünfte und Kommunalpolitiker zeigt. Ihren vorläufigen Höhepunkt hat sie in dem Lübcke-Attentat und den Anschlägen von Halle und Hanau gefunden.

Während wir also in ziemlich sicheren Zeiten leben, in denen soziale Gewalt historisch niedrig ist, beobachten wir zugleich eine Zunahme politischer Gewalt, die insbesondere von denen ausgeht, die diese Tatsache leugnen. Entsprechend wird der militante Rechtsextremismus, der lange von den Behörden vernachlässigt wurde, nun auch als bedrohlicher für die Sicherheitslage der Bundesrepublik eingestuft als der Islamismus, wie bereits eingangs dargelegt. War hierzulande die Wahrscheinlichkeit, Opfer von islamistischen Terrorakten zu werden, trotz al-Qaida und IS ohnehin geringer, als es die extreme Rechte behauptete, so erweist sich nun für viele Schutzsuchende und Bürger der rechte Terror als größte Gefahr. Und erst recht für Menschen mit sichtbarem Migrationshintergrund. Damit zeigt der Rechtsextremismus genau die kriminelle Energie, die er seinen Feinden zuschreibt. Deutlich zeigt sich hier das Wirken des im vorigen Kapitel erwähnten Spiegelungsvorwurfs, der in der faschistischen Logik eine zentrale Rolle spielt: Indem man barbarische Feindbilder schafft, wird die eigene Barbarei gerechtfertigt.

Angesichts solch offensichtlicher Scheinheiligkeit verwundert es umso mehr, wie es die extreme Rechte schafft, ihre Version der Realität erfolgreich in den Köpfen so vieler Menschen zu verankern. Zweifellos versucht sie das Thema Migration im gesellschaftlichen Diskurs zu besetzen, wobei ihr jemand wie Horst Seehofer in den Hände spielt, wenn er Migration als »die Mutter aller Probleme« bezeichnet.[3] Anhand dieses Themas lassen sich besonders gut Ängste erzeugen, die seit jeher ein probates Mittel in der Politik sind, um Menschen ihrer rationalen Urteilskraft zu berauben. Schließlich wecken Ängste, die zu Recht als »schlechte Ratgeber« gelten, den emotionalen Wunsch nach einer Wiederherstellung von Sicherheit, selbst auf Kosten der Empathie für andere – und nicht selten gegen die Vernunft. Dramatische Erzählungen liefern der extremen Rechten daher jene »moralische Rechtfertigung«, die sie laut Martin Sellner »viel dringender« brauche »als einen Beweis ihrer faktischen Richtigkeit«.[4] Sie sind der Schlüssel rechtsextremer Erfolge, da sie die selbstgerechten Leidenschaften entfesseln, die für einen blindwütigen Ansturm auf die offene Gesellschaft vonnöten sind. Die Frage ist allerdings, wie genau die extreme Rechte heute ihre Realitätsversion erzählerisch konstruiert – und wie das durch digitale Strukturen ermöglicht oder gar verstärkt wird.

Die Technik des dramatischen Erzählens

Um zu verstehen, wie die extreme Rechte ihre dramatischen Erzählungen vor allem an den Mann bringt, müssen wir uns zunächst vergegenwärtigen, in welche Form sie ihre kommunikative Überzeugungsarbeit einbettet. Dabei richtet sie, wie auch andere politischen Akteure, ihre Darstellungsformen an dem Publikum aus, das sie erreichen will – ganz so, wie es Werbetreibende tun. Tatsächlich orientiert sich der politische Wettbewerb schon seit einer Weile an den Marketingkonzepten großer Unternehmen, was durch die sozialen Medien nochmals verstärkt wurde. Denn über dieselben Online-Plattformen, die einst zum Austausch unter Freunden gedacht waren, konkurrieren nun kommerzielle und politische Akteure um Kunden und Anhänger. Das hat selbstverständlich auch die extreme Rechte verstanden. Wie eine Marke verkaufen die bewegungsnahen Organisationen und Gruppen ihre jeweilige Weltanschauung, wobei sie der Form nicht selten den Vorrang gegenüber dem Inhalt geben. Die Identitäre Bewegung agiert beispielsweise fast schon wie ein Start-up-Unternehmen: Mit auffallendem schwarz-gelben Branding, wiedererkennbaren Symbolen und

Themen, hippen Influencern auf den Kanälen sozialer Medien und zeitgemäßen Inszenierungsaktionen ist alles auf eine effektive Selbstvermarktung zugeschnitten. Selbst ihre Organisationsstruktur gleicht dem eines Franchiseunternehmens. So gründeten sich mit der Unterstützung internationaler Aktivisten in verschiedenen Ländern Ableger, die zwar autonom sind, aber dennoch ein einheitliches Image teilen, das von der Mutterorganisation in Frankreich übernommen wurde.

Mit eingängigen Formaten soll die Aufmerksamkeit keineswegs nur junger Menschen erregt werden, die sich von der konventionellen Politik nicht vertreten fühlen. Politische Inhalte werden daher nicht in einem professionell-sachlichen Stil dargeboten, sondern über Erzählungen transportiert, die Menschen über ihre alltagskulturellen Präferenzen ansprechen. Wie einige PR-Agenturen haben nämlich auch rechtsextreme Aktivisten und Organisationen das Storytelling als effektives Mittel der Überzeugung entdeckt, wobei sie sich – wie sie zum Teil selbst offenlegen – sogar einschlägige wissenschaftliche Erkenntnisse zu eigen machen. So ist man sich in der sogenannten Persuasionsforschung einig, dass gerade erzählerische Überzeugungstechniken Inhalte greifbarer und attraktiver machen, weil sie die emotionalisierenden Schicksale von (tragischen) Alltagshelden mit politischen Symbolen und Metaphern verbinden. Im digitalen Zeitalter ist ein erfolgreicher Rechtsextremist folglich vor allem ein guter Geschichtenerzähler. Zu seinen ersten Pflichten gehört es, Vertrauen zum Publikum aufzubauen, indem er dessen Affekte anspricht. Im Idealfall werden die Konsumenten auf diese Weise auch dazu gebracht, die Inhalte zu teilen, und wirken so an der Geschichtenproduktion mit.

Eine Geschichte ist dabei nur so gut, wie sie sich verbreitet. Das wiederum hängt davon ab, wie sehr sie Emotionen weckt und Identifikation ermöglicht, aber auch davon, wie sie einen aus der Realität zu entführen vermag. Im Kern jeder starken

Erzählung steckt daher ein Mythos, der uns die Welt mit anderen Augen sehen lässt. Der Mythos überzeugt nicht mit rationalen Argumenten, sondern durch seinen Bund mit übernatürlichen Kräften und tieferen Wahrheiten. Ganz ähnlich verhält es sich seit jeher mit der faschistischen Logik: Die Wirklichkeit muss sich dem mythischen Imperativ der nationalen Wiedergeburt unterordnen. Und um die Wirklichkeit dem Mythos anzunähern, hatten Faschisten schon immer ein probates Mittel parat: die ständige Wiederholung. Je öfter einem dieselben ideologischen Sprachbilder im Alltag begegnen, so das Kalkül, desto vertrauter und plausibler erscheinen sie – und desto mehr prägen sie die Wahrnehmung der Masse, was diese empfänglicher für die eigentliche politische Agenda der Manipulatoren macht. Die Propaganda der Nationalsozialisten war beispielsweise darauf ausgelegt, wenige Punkte andauernd zu wiederholen und durch diese Beharrlichkeit ihren apodiktischen Behauptungen Wirkmacht zu verschaffen.

Nun liegt es auf der Hand, dass politische Agitatoren immer dann am erfolgreichsten sind, wenn sie Menschen ganz persönlich bewegen und wenn diese sich als Teil von etwas Größerem fühlen können. »Wie denkst du darüber?« und »Was würdest du tun?« sind ganz profane Alltagsfragen, die in Zeiten sozialer Medien neue Bedeutung erlangen. Auch rechtsextreme Influencer und Organisationen stellen sie standardmäßig. Durch solche Interaktionsangebote erzeugen sie nicht nur Aufmerksamkeit für ihre dramatischen Erzählungen, sondern binden Menschen auch an bestimmte Profile in den sozialen Medien – und damit an die transportierten Inhalte. Zugleich bietet sich mit den rechtsextremen Opfermythen noch eine ganz spezielle Möglichkeit der Teilhabe, stellen Mythen doch immer auch »Ausdrücke von Wollungen« dar, wie einst der Sozialphilosoph Georges Sorel schrieb.[5] Heute bauen etwa rechtsextreme Akteure gezielt einen moralischen Handlungsdruck auf, indem sie in verschiedensten Erzählungen die Sicherheitslage dramatisieren. Angesichts der Tatsache, dass es in Deutschland heute wesentlich weniger Kapitalverbrechen gibt als vor 20, 30 oder auch 40 Jahren, bedarf es allerdings schon einiger kreativer Stunts, um Menschen wirklich von der ultranationalen Rettungsmission zu überzeugen. Für das Gelingen der rechtsextremen Mobilisierung ist es daher entscheidend, eine Ausnahmesituation zu suggerieren, die emotional so aufwühlend ist, dass die Zweifel in den Hintergrund gedrängt werden.

Zu diesem Zweck verfolgt die extreme Rechte eine Medienstrategie, die bestimmte Ereignisse als Fanal einer gescheiterten Migrationspolitik oder gar des verhassten interkulturellen Zusammenlebens schlechthin zu inszenieren versucht. Gezielt wird dabei nach dem Skandalisierungspotenzial von Nachrichten gesucht, etwa von Meldungen über eine Vergewaltigung, eine Messerstecherei oder auch nur eine körperliche Auseinandersetzung, bei der Menschen mit nichtdeutscher Herkunft – und liegt diese auch Generationen zurück – eine Rolle gespielt haben (könnten). Gerade wenn die Lage noch unklar ist, wenn über Täter und Motiv wenig bis gar nichts bekannt ist, schlägt die Stunde der rechten Alternativmedien und von AfD & Co. Nach der Devise »Wer zuerst schreit, hat recht« versuchen sie, die eigene Deutung von Ereignissen der Gesellschaft aufzudrücken. Dabei genießen sie auch deswegen einen Vorteil gegenüber anderen Akteuren, weil sie mit ihrem radikalen Pragmatismus – man könnte auch von politischer Ruchlosigkeit sprechen – bereit sind, tendenziöse Titel und reißerische Aufmachungen zu verwenden, aber auch allerlei Unwahrheiten zu behaupten, wie wir im folgenden Kapitel noch sehen werden. Inzwischen hat die extreme Rechte ein eigenes Nachrichtensystem aufgebaut, das auf narrative Überzeugungsmethoden spezialisiert ist. Diese regen die Empfänger der Botschaften dazu an, sich mit den Opfern von Verbrechen zu identifizieren, die mit Migranten und Muslimen in Verbindung gebracht werden. Mit der selektiven Betonung und kreativen Auslegung von dafür relevanten Fakten und Gerüchten will man letztlich eine Empörungswelle auslösen, die lokalen Ereignissen eine überregionale, zum Teil sogar transnationale Bedeutung zukommen lässt und sich in politischen Kampagnen verstetigen kann.

Im Idealfall gelingt es der extremen Rechten mit ihrem dramatischen Storytelling, bestimmte Begebenheiten zu einem »transformativen Ereignis« hochzustilisieren. So werden in der Bewegungsforschung Geschehnisse genannt, die eine Zäsur im politischen Diskurs zur Folge haben. Als solch ein Ereignis kann zweifellos die Silvesternacht 2015/16 in Köln gelten. Es war die Feuertaufe einer fast schon professionalisierten Empörungsindustrie der extremen Rechten, die in Gang kam, nachdem in jener Nacht knapp 500 Frauen Anzeige erstattet hatten, weil sie Opfer sexueller Übergriffe geworden waren, ausgeübt insbesondere von Migranten oder Flüchtlingen. Ähnliche Vorfälle wurden auch aus anderen Städten Westdeutschlands berichtet. Die Vorkommnisse lösten eine gesellschaftliche Debatte über die Sicherheit von Frauen in deutschen Großstädten aus, auch weil Politik und Behörden mehrere Tage lang schwiegen. Stattdessen übernahmen rechtsextreme Hassprediger das Wort, die einen »Kontrollverlust« der Politik beklagten und so plumpe Angstmache betrieben. »Szenen wie im Krieg«, titelte etwa das muslimfeindliche Blog *PI News*, »Feiern wie in Aleppo« das Hetzblatt *Compact*. Auch in den sozialen Medien schäumte die Wut, die sich in rassistischen Wortmeldungen ausdrückte. So wurden in den Wochen nach der Silvesternacht fünf Mal mehr muslimfeindliche Posts über Twitter und Facebook abgegeben als üblich – weit mehr als nach jedem islamistischen Terroranschlag.[6]

Auch die AfD zog aus dem Ereignis, das sogar über die deutschen Grenzen hinweg von der extremen Rechten ausgeschlachtet wurde, großen Nutzen. Bis dahin eine politische Mitbewerberin, die Probleme mit der Fünf-Prozent-Hürde bekommen könnte, erlebte die Partei nun ihren ersten großen Höhenflug mit zeitweise 15 Prozent in manchen Umfragen. Was aber einschneidender war: Damit ging eine Diskursverschiebung einher, die Sprache und Sprachbilder der extremen Rechten so geläufig machte, dass sie von da an bei vielen inhaltlich anschlussfähiger war. Plötzlich war viel von »Nafris« die Rede – eine zynisch von Rassisten übernommene Polizeibezeichnung für »Nordafrikaner« –, und auch der »übergriffige Fremde« geisterte nun in vielen Köpfen herum. Gerade die letzte Figur, die auf die NS-Propaganda zurückgeht, potenzierte nicht nur die Wirkung rechtsextremer Bedrohungsmythen beträchtlich, sondern kann auch als Sargnagel der sogenannten »Willkommenskultur« gelten, insofern die Rede von einer gescheiterten und überhaupt volksfeindlichen Flüchtlingspolitik deutlich an Bedeutung gewann. Für die AfD erwies sich dabei die Verknüpfung solch lokaler, meist realer Episoden mit ihrer großen Erzählung vom nationalen Untergang als dermaßen profitabel, dass sie fortan das Thema »Ausländergewalt« fast schon monothematisch abspulte.

Dabei hatte es die extreme Rechte zuvor noch schwer gehabt, die Menschen von der Gefahr zu überzeugen, die angeblich von Flüchtlingen ausging. Zwar hatte bereits der völkische Sozialdemokrat Thilo Sarrazin mit seinen »Thesen« zur Abschaffung Deutschlands der faschistischen Logik eine Lanze gebrochen und hatte die NPD mit ihrer »Nein zum Heim«-Kampagne in ein ähnliches Horn gestoßen, doch erst der durch Köln ausgelöste massive Stimmungswandel im öffentlichen Diskurs verlieh der extremen Rechten einen bedeutenden Schub. Mit der Figur des übergriffigen Fremden konnte sie, die mit ihrer »Gutmenschen«-Rhetorik gegen flüchtlingsfreundliche Positionen zunächst wie der nörgelnde Verlierer der Geschichte aussah, nun endlich einen Kronzeugen auffahren, der ihrer Ansicht nach bewies, dass sie die ganze Zeit recht gehabt hatte. Auf viele Menschen wirkte sie damit als die glaubwürdigere Erzählerin der Geschichte, als die, die weiß, was wirklich Sache ist. Gleichzeitig erlebten die herkömmlichen Medien, denen vorgeworfen wurde, sie hätten die Vorfälle verschwiegen, einen beträchtlichen Vertrauensverlust, was der rechtsextremen Erzählung von der »Lügenpresse« weiteren Auftrieb gab.

Das Bild vom Fremden, der über schutzbedürftige – deutsche – Frauen herfällt, haftet sich an die faschistische Logik an, die den Kern der rechtsextremen Bedrohungserzählungen mit patriarchalem Kleister ummantelt. So wird die Nation im rechtsextremen Denken traditionell als Mutter personifiziert, deren oberste Pflicht der Schutz vor äußeren Feinden sei. Um sicherzustellen, dass sich das eigene Volk reproduziert – dass es also nicht dem »Volkstod« zum Opfer fällt –, sind kulturfremde Männer, insbesondere solche mit anderer Hautfarbe, als potenzielle Gefahr für den deutschen »Volkskörper« zu behandeln (ein Begriff aus dem Nationalsozialismus, der heute von Björn Höcke oder auch Alexander Gauland wieder aufgewärmt wird). Dass da tief in der Mottenkiste des Rassismus gekramt wird, zeigen auch solche Slogans wie »Rapefugees not welcome« – ein Neologismus aus dem Pegida-Kosmos, der Flüchtlinge untrennbar mit dem Vorwurf von (Massen-)Vergewaltigungen verknüpft. Dabei entlarvt gerade die manische Fixierung auf Übergriffe, die sich als »Ausländergewalt« einordnen lassen, dass es der extremen Rechten gar nicht um den Schutz von Frauen, sondern um die Beschwörung eines Kulturkampfs geht. Denn umgekehrt schenken sie den vielen sexuellen Übergriffen und Gewaltakten gegen Frauen in biodeutschen Zusammenhängen kaum Aufmerksamkeit, und schon gar nicht, wenn diese im häuslichen Bereich geschehen. Entsprechend wird in der extremen Rechten die Kultur oder Nationalität eines Täters immer nur dann thematisiert, wenn dieser in ihren Augen nicht astrein deutsch ist. Das wirkt fast so, als spräche man sich selbst von Verfehlungen frei, indem man die Missetaten anderer anprangert. Dass ein Serienkrimineller wie Lutz Bachmann »kriminelle Asylanten« ausweisen will, bringt die ganze Ruchlosigkeit der rechtsextremen Hetzer auf den Punkt.

Deutlich wird die verlogene Haltung zu Gewalt an Frauen besonders dann, wenn die extreme Rechte etwa US-Präsident Trump für seine politisch unkorrekten Worte bejubelt, man solle Frauen doch einfach in den Schritt greifen. Mit der Empörung über genau ein solches übergriffiges Verhalten während der Silvesterereignisse in Köln lässt sich das gewiss nicht in Einklang bringen. Ähnlich verhält es sich mit der Tatsache, dass die offenbar durch die Modernisierung der Geschlechterverhältnisse verunsicherten Männer, die sich in der extremen Rechten tummeln, häufig Frauen ins Visier ihrer Wutanfälle nehmen – wo sie doch angeblich deren Beschützer sein wollen. Neben Kanzlerin Merkel, der SPD-Politikerin Sawsan Chebli oder der Grünen-Politikerin Renate Künast sind es vor allem junge, progressive Frauen, die den Hass abbekommen – im Internet und auf der Straße. Der Männlichkeitsforscher Michael Kimmel weist in diesem Kontext darauf hin, dass »die wütenden weißen Männer« ihren Privilegien nachtrauern und ein »gemeinsames Gefühl der kränkenden Enteignung« teilen, für die sie wahlweise den Feminismus, die politische Korrektheit oder die »Homolobby« verantwortlich machen. Darin drückten sich Orientierungslosigkeit und Überforderung aus, die im Angesicht einer fortschrittlicheren Welt entstünden und gezielt in eine aggressive Richtung gelenkt würden: »Was als Kummer, Angst, Schmerz und Sorge beginnt, wird durch sorgfältige Manipulation in politische Wut umgewandelt.«[7] Es verwundert dann auch nicht, wenn – wie häufig in den sozialen Medien zu beobachten – Frauen, die die extreme Rechte nicht als Beschützer anerkennen wollen, von Rechtsextremen »gewünscht« wird, sie mögen von Flüchtlingen vergewaltigt und misshandelt werden. Diese Niveaulosigkeit erinnert doch eher an das archaische Verhalten, vor dem die extreme Rechte ständig warnt.

Als ein praktisches Beispiel rechtsextremer Beschützer-Politik kann der Diskurs um einen tragischen Vorfall im rheinland-pfälzischen Kandel gelten, bei dem ein jugendliches Mädchen von einem jungen Flüchtling erstochen wurde, mit dem sie zuvor eine Beziehung führte. Der Vorfall, der sich Ende 2017 ereignete, entwickelte schnell eine überregionale Brisanz. Denn neben der Anteilnahme an dem Schicksal der 15-jährigen Mia war vor allem eine energische Politisierung des Vorfalls zu beobachten. Über Monate hinweg versuchten diverse Akteure aus der extremen Rechten, die Tat als Folge einer volksfeindlichen Migrationspolitik darzustellen. Zugleich wurde mit Kundgebungen, Demonstrationen und massiver Online-Präsenz daran gearbeitet, die Kleinstadt zu einem Symbol des Widerstands gegen Migration und »Islamisierung« zu machen. Gleich zwei Protestgruppen buhlten dabei um die Gunst des dramabegierigen Publikums: zum einen das »Frauenbündnis Kandel«, das nur zur Minderheit aus Frauen bestand und teilweise von Neonazis angeführt wurde. Zum anderen die aus der AfD heraus initiierte Gruppe »Kandel ist überall«, die mit der Parole »Deutschland zuerst« gleich deutlich machte, dass es ihr nicht um den traurigen und empörenden Verlust eines jungen Lebens ging. Genau genommen markierte bereits der Name der Gruppe den plumpen Versuch, hier ein Ereignis zu instrumentalisieren und so zu tun, als wäre eine Art Femizid an deutschen Frauen im Gange.

Die Behauptung, dass Flüchtlinge sich quasi ständig an jungen Frauen, ja sogar Kindern vergingen, ist seitdem zu einem bedeutenden Erzählstrang in der extremen Rechten geworden, der mit den Ereignissen in der Kölner Silvesternacht seinen Anfang nahm. Er ist eingebettet in ein Narrativ der Unsicherheit, die, so die rechtsextreme Botschaft, mit der deutschen Migrations- und Flüchtlingspolitik um sich greife: insbesondere in Form von »Ausländergewalt« – und ganz besonders in Form von Messerangriffen. Gerade das Motiv des Messers hatte es der AfD zeitweilig doch sehr angetan. So orchestrierte sie im Sommer 2018 unter dem Slogan »Masseneinwanderung heißt Messereinwanderung« eigens eine Kampagne, die die Verbindung von Migration mit einem Anstieg an Messerattacken im Land in den Köpfen verankern sollte. Auf einer Webseite präsentierte sie dafür eigens eine »Karte des Schreckens«, auf der über 500 Vorfälle verzeichnet waren – jeder Tatort natürlich mit einem roten Messer versehen. Dabei sollte durch die voreingestellte Skalierung, die die Landkarte Deutschlands unter einem Meer von Messern versinken ließ, wohl der Anschein erweckt werden, dass man kaum mehr vor die Tür gehen könne, ohne von Migranten angegriffen zu werden, die hinter jeder Ecke lauern.

Mit der Realität hatte die Karte freilich wenig zu tun. So zeigen Recherchen der Faktenfinder-Seite *Volksverpetzer*, dass in 87 Prozent der genannten Fälle entweder kein Messer eingesetzt wurde oder die Täter gar keinen Migrationshintergrund hatten. Die betreffende Webseite der AfD wurde denn auch bald wieder vom Netz genommen. Doch gerade in der Zeit, als die rechtsextreme Mobilisierung rund um Kandel lief, trug das ebenso manisch vorgetragene Messergerede sicher nicht unwesentlich zur Wut bei, die so manche auf die Straßen der Kleinstadt trieb, die für Monate zu einer Art »Wallfahrtsstätte« der extremen Rechten wurde, wie es die Journalistin Simone Rafael damals bezeichnete.[8] Schließlich meinte man am Beispiel Kandels nun zeigen zu können, dass die Behauptungen nicht vollkommen aus der Luft gegriffen waren. Diese Mobilisierung steht deshalb exemplarisch für eine emotionale Aufschaukelung, mit der tragische Lokalereignisse zu nationalen Tragödien aufgeblasen werden.

Die Liste solcher Vorfälle, die rechtsextreme Akteure auszuschlachten versuchen, ist endlos. Doch ein paar, die es ins nationale Rampenlicht geschafft haben, bleiben der Öffentlichkeit in besonderer Erinnerung. Allen voran der terroristische Anschlag auf den Weihnachtsmarkt am Berliner Breitscheidplatz, der als logische Konsequenz der Merkel'schen Flüchtlingspolitik dargestellt wurde, wobei man den Flüchtlingsstatus des Angreifers besonders betonte (was übrigens dem Kalkül des IS entsprach, der mit genau diesem Umstand eine Stimmung gegen Muslime im Westen provozieren wollte, damit diese sich besser radikalisieren lassen). Oder der tragische Vorfall am Frankfurter Hauptbahnhof, bei dem ein geistig kranker Mann aus Eritrea ein Kind vor einen einfahrenden Zug stieß. Die AfD-Fraktionschefin Alice Weidel sah darin eine weitere Folge der »grenzenlosen Willkommenskultur« (während sie sich nach dem rechtsextremen Anschlag von Hanau darüber beklagte, dass die Tat eines Geistesgestörten politisch gegen die AfD instrumentalisiert werde). Oder die Tötung von Daniel H. in Chemnitz bei einem Streit mit irakischen und syrischen Flüchtlingen, eine Tat, die einen mehrwöchigen Ausnahmezustand in der Stadt auslöste, weil ein rechtsextremer Mob seine »Trauer« zum Ausdruck bringen wollte (um einen Deutsch-Kubaner wohlgemerkt, der wegen naheliegender Erfahrungen mit Neonazis der rechten Sache nicht gerade wohlgesinnt war). Oder der Tod eines Feuerwehrmanns in Augsburg, der durch den Faustschlag eines 17-Jährigen am Rande eines Weihnachtsmarkts ums Leben kam und daraufhin für die lautstarke Forderung nach einer Wende in der Flüchtlingspolitik herhalten musste (obwohl der Täter ein Deutscher mit »nur« italienischem Migrationshintergrund war).

Ergänzt werden solche Trigger-Ereignisse noch durch islamistische Anschläge in anderen Ländern, die man für sich zu instrumentalisieren versucht, auch wenn die Terroristen primär eine linksliberale, tolerante Lebensweise angriffen, wie sie auch die extreme Rechte verachtet. So etwa in Paris die Redaktion des Satiremagazins *Charlie Hebdo* oder das Vergnügungsetablissement Bataclan. Während hier aber zumindest die Täterprofile noch zur üblichen Leier der rechtsextremen Dramamaschine passen, versucht man andererseits auch Vorfälle für die eigenen Zwecke zu vereinnahmen, die keine Beziehung zu den rechten Stereotypen haben, aber medial aufsehenerregend sind. Immerhin lässt sich damit zumindest assoziativ das Klima des gefühlten Kontrollverlusts anheizen. Man denke an den (kriminell motivierten) Anschlag auf den Mannschaftsbus von Borussia Dortmund, der durch die rechtsextreme Kommentierung in die Ecke des islamistischen Terrorismus gestellt werden sollte. Oder an die (suizidal motivierte) Amokfahrt eines 48-Jährigen in Münster, die etwa die AfD-Politikerin Beatrix von Storch auf Twitter mit dem Merkel'schen »WIR SCHAFFEN DAS« plus wütendem Emoji kommentierte. Diese Manie geht sogar so weit, dass zuweilen Stimmen von rechts außen zu vernehmen sind, die sich, wie der AfD-Politiker Arvid Immo Samtleben, offen »ein paar islamistische Anschläge« wünschen, weil das einen Aufschwung in den Umfragen bringen würde.[9] Es herrscht eine regelrechte Gier nach Vorfällen, die sich in politische Erfolge ummünzen lassen. Wie wir im nächsten Kapitel noch zeigen werden, scheinen sie für Menschen im ultranationalen Fieber sogar so verlockend zu sein, dass man Fälle auch mal kurzerhand selbst fabriziert, wenn die Realität nicht ausreichend Nachschub liefert.

Als entscheidend in der rechtsextremen Erfolgsrezeptur kann das Zusammenspiel solcher Erzählungen von Unsicherheit mit der großen Erzählung vom nationalen Untergang gelten. Immerhin ist die Vorstellung vom Volkstod – bei aller Körperlichkeitsrhetorik – eine recht abstrakte. Denn im Grunde handelt es sich ja um ein demografisches Problem: um einen mittel- oder langfristigen Wandel der kulturellen Zusammensetzung einer Gesellschaft. Zwar lässt sich die Paranoia davor, Minderheit im eigenen Land zu werden, mit allerlei auch tagesaktuellen Geschichten pflegen. Etwa mit statistischen Ausschnitten zu Kindernamen in Deutschland, die belegen sollen, dass bald alle Mohammad heißen werden. Oder mit Verweisen auf migrantenlastige Orte wie bestimmte Wohnbezirke, Shisha-Bars oder urbane Freibäder, die quasi als deutschenfeindliche No-go-Zonen stilisiert werden, in denen die »Umvolkung« voranschreite. Die Gefahr bleibt aber insofern abstrakt, als es »nur« um den Verlust einer kollektiven Identität geht, um das Verschwinden einer imaginierten Gemeinschaft. An dieser Schwachstelle helfen die Erzählungen der Unsicherheit weiter, geben sie den Vorstellungen vom Volkstod doch einen ganz konkreten Nährboden. Sie liefern Gesichter von Tätern, die man hassen, und Schicksale von Opfern, mit denen man fühlen kann. Aufgrund dieser Erregungen und Rührungen lassen sie sich gut als Vorboten des Untergangs empfinden, der dem Volke blühe, wenn »Ausländergewalt« und »Messereinwanderung« kein Einhalt geboten werde. Die abstrakte Gefahr wird mit einer Gefahr für Leib und Leben verknüpft und erhält so eine emotionale Grundlage, auf der die Nation sich als existenziell bedroht erfahren kann – und auf der Fantasien des nationalen Erwachens blühen können.

Die dramatischen Erzählungen der extremen Rechten haben daher eine handlungsmotivierende Funktion, die nur im Kontext der palingenetischen Logik des Faschismus Sinn ergibt. Sie bieten Einzelnen die Möglichkeit, Teil einer Geschichte zu werden und durch heroisches Handeln den nationalen Albtraum in ein Happy End zu verwandeln. Die angebotene Heldenrolle wiegt umso mehr, als es auch noch um die Bekämpfung eines übermächtigen Komplotts geht. Ein solches findet sich zum Beispiel in der Verschwörungserzählung vom »großen Austausch«, wonach eine globale Elite gezielt die Migrationsbewegungen steuere, um die »europäischen Stammvölker« mit »kulturfremden Elementen« zu ersetzen. Unter Bezug auf das gleichnamige Buch des neurechten Philosophen Renaud Camus[10] werden dabei Migranten als bloße Schubmasse verstanden, mit der der Wille des Volks zum Widerstand gegen die liberale Demokratie gebrochen werden soll. So wahnwitzig dieses Konstrukt erscheint, das etwa in der rechtsextremen Propaganda gegen den UN-Migrationspakt im Herbst 2018 stark bemüht wurde (natürlich mit ständigen Verweisen auf »Ausländergewalt«) – als Erzählung ist es tatsächlich so beliebt, dass es als *das* verbindende Element der extremen Rechten gelten kann. Diese Erzählung wird von neurechten Vordenkern wie Götz Kubitschek ebenso geteilt wie von der AfD und der Identitären Bewegung, aber auch von den rechtsterroristischen Tätern von Halle und Hanau. Genau genommen beziehen sich die meisten Täter der neuesten rechten Gewaltwelle auf diese Geschichte, einschließlich der Angriffe auf Flüchtlingsunterkünfte (als direkte Abwehr der Bedrohung), aber auch des Lübcke-Attentats und verschiedener Attacken auf Lokalpolitiker (als indirekte Abwehr der Bedrohung): Gewalt gegen die angeblichen »Invasoren« und »Volksverräter« soll den nationalen Niedergang aufhalten.

Die Verschwörungserzählungen ziehen eben unweigerlich Vorstellungen von Verrat nach sich. Denn wo man ihnen Glauben schenkt, drängt sich die Frage auf, warum die Politik das zulässt und warum die Medien es verheimlichen. Im Bunde mit den Eindringlingen stünden dabei jedoch nicht nur das »Establishment« und die »Lügenpresse«, sondern auch andere politische Kräfte, einschließlich der Opposition und der linksradikalen Antifa, die sich alle in einem großen politischen Kartell gegen Deutschland verschworen hätten. Dabei sei die geringe Geburtenrate, die den ethnokulturellen Kollaps begünstige, auch ein Produkt von »Femi-Nazis«, »Genderwahnsinn« und »sexueller Umerziehung«. Nichts dürfe man als Patriot mehr sagen, ständig werde man durch ein Regime der politischen Korrektheit gegängelt, und auch seine Männlichkeit dürfe man nicht mehr ausleben. Es sind solche theatralischen Verknüpfungen, die die dramatischen Erzählungen der extremen Rechten zu wahrlich »gefährlicher Rede« machen. Denn in ihnen ist man ständig Opfer, auf allen Ebenen. Und wie der Historiker Herfried Münkler es formuliert: »Je eindringlicher das Opfernarrativ, desto größer der Anspruch auf Ausgleich.«[11] Man könnte in diesem Sinne sagen, dass durch die multiplizierte Opferrolle die Dialektik der faschistischen Logik, die grundsätzlich aus der Opferschaft eine Täterschaft spinnt, eine besonders explosive Kraft erhält: Dank ihr gilt das Gebot der Notwehr, das den Geschichten von Unsicherheit und Untergang folgt, auch gegenüber den inneren Feinden.

Allerdings ist die narrative Dynamik der extremen Rechten jüngst ins Schlingern geraten. Denn mit Corona hat sich eine neue Bedrohung ins öffentliche Bewusstsein gedrängt, die das Gerede vom Bevölkerungsaustausch – zumindest zeitweilig – in den Schatten stellt. Zumal mit den Maßnahmen zur Pandemiebekämpfung Migrationsbewegungen nahezu versiegt und Grenzen zu noch größeren Hürden geworden sind. Was die extreme Rechte lange forderte, hat Corona sozusagen realisiert. Doch statt aufzuatmen, weil man dem »Volkstod« vorerst von der Schippe gesprungen ist, lässt sie Entzugserscheinungen erkennen. Mit dem Wegfall ihrer dramatischen Nachrichten verliert nämlich auch die faschistische Logik an Substanz. Hatte zu Beginn der Krise etwa die AfD-Parteiführung noch strikte Maßnahmen gegen Corona begrüßt, drängte sie ihre Basis schon bald zu einer ablehnenden Haltung. Womit es zu der absurden

Situation kam, dass auf einmal die extreme Rechte nach der Öffnung von Grenzen verlangte.

Verfangen im verschwörungstheoretischen Denken, schienen die Parteianhänger lieber eine neue Bedrohung konstruieren zu wollen, mit der sie ihre Sucht nach Drama befriedigen können: ein Komplott der Eliten mit dem Ziel, grundlegende Freiheiten abzuschaffen, indem angeblich bewusst Ängste in der Bevölkerung geschürt würden. Anstelle der Panik vor dem Fremden trat sozusagen die Panik vor einer angeblichen Corona-Panik. Für die faschistische Logik ist das nicht unbedingt von Vorteil, weicht dieser Bedrohungstyp doch vom semantischen Kern des Ultranationalismus ab, der auf ein *völkisch-reproduktives* Bedrohtsein abhebt, während es doch hier um eine *politisch-rechtliche* Bedrohung geht. Wieder auf die richtige Spur gebracht wurde das Ganze schließlich über einen vermeintlichen Impfzwang, der sozusagen den »Volkskörper« von innen heraus zerstören soll. Es bleibt abzuwarten, ob diese neuesten verschwörungstheoretischen Spins, die nun der Gegenseite eine Politik der Angst zur Faschisierung der Gesellschaft vorwerfen, die faschistische Logik unterspülen, oder ob die extreme Rechte auch jenseits der »Volkstod«-Rhetorik punkten kann.

Die digitale Vermittlung von Angst

Aber warum genau verfangen die dramatischen Erzählungen der extremen Rechten gerade im digitalen Zeitalter wieder so gut? Bis hierher haben wir vorwiegend nur geschildert, wie ihre Erzählungen aufgebaut sind und wie sie verbreitet werden. Warum sie aber solch eine Wirkungsmacht erzielen und von so vielen Menschen aufgesogen werden, ist damit noch nicht beantwortet. Gewiss, ihre emotionale Bezugnahme auf konkrete Opfer einer »Deutschenfeindlichkeit« bietet schon mal einen

Einstieg in die nationale Identität, der niederschwelliger ist als der schwulstige Kult um eine abstrakte Herrenrasse, wie ihm beispielsweise die Neonazis in Bomberjacken der 1990er-Jahre frönten. Ungenierte Überlegenheitsparolen sind auch schlichtweg zu plump, um breiten Anklang zu finden. Insofern ist die Konstruktion eines Opfermythos, in dem der Feind entmenschlicht wird, der entscheidende Dreh, mit dem die extreme Rechte ihre Überlegenheitsvorstellungen durch die Hintertür in die Gesellschaft trägt. Auch der Faschismus muss erst einmal Herzen erobern, etwa durch die Schilderungen tragischer Schicksale. Dass diese Emotionalisierung der Propaganda aber ausreichen soll, um die groteske Diskrepanz zwischen rechtsextremen Erzählungen der Unsicherheit und der rational fassbaren, realen Sicherheitslage zu übertönen, bleibt ebenso verblüffend wie der Umstand, dass damit die extreme Rechte in den Jahren vor Corona größere politische Raumgewinne erzielen konnte als alle anderen politischen Akteure. Fast wie von selbst stellt sich daher die Frage, warum dies gerade jetzt geschehen konnte: in Zeiten sozialer Medien.

Mit dieser Frage soll nicht gesagt sein, dass die rechtsextreme Erfolgswelle allein auf digitale Faktoren zurückgehe. Gleichzeitig mit der Digitalisierung vollziehen sich schließlich auch andere gesellschaftliche Veränderungen, die die Resonanzbedingungen des Rechtsextremismus verbessert haben. Allerdings ist aufgrund der Komplexität sozialer Interaktionen die Frage nach den Hauptursachen des rechtsextremen Erfolgs notwendigerweise umstritten. Manche Arbeiten interpretieren ihn zum Beispiel als regressive Antwort auf die Globalisierung, deren Versprechungen nicht eingelöst wurden. Dabei wird die zu beobachtende Ablehnung des Establishments und seiner liberalen Ordnung gern mit Abstiegserfahrungen in Verbindung gebracht. Es scheint immerhin naheliegend, dass im Angesicht sozialer Verwerfungen der Weg nach rechts kürzer ist als der nach links. So beschrieb auch Adorno das Problem, dass Modernisierungsverlierer häufig eher Sündenböcke suchen, als den Ursachen ihrer Misere auf den Grund zu gehen.[12] Dem widerspricht allerdings, dass sich der rechtsextreme Erfolg – zumindest in Deutschland – auch in Zeiten der Prosperität vollzog. Tatsächlich findet etwa die AfD, die vor ihrem Wechsel von der »Euro-Kritik« zur »Migrationskritik« manchen als »Professorenpartei« galt, ihr stärkstes Wählersegment bei Männern aus der gehobenen Mittelschicht. Zu neuen Höhen gelangt damit die vom Extremismusforscher Wilhelm Heitmeyer festgestellte »rohe Bürgerlichkeit«,[13] die sich auch in Umfragen spiegelt, wonach gerade AfD-Wähler wenig wirtschaftliche Sorgen umtreiben – die Vorurteile gegenüber Migranten aber umso mehr.

Solche Widersprüche schließen jedoch nicht aus, dass sich die rechtsextreme Dynamik auch mit materiellen Faktoren erklären lässt. So ließe sich etwa argumentieren, dass die Entfesselung der Marktwirtschaft mehr Lebensbereiche der demokratischen Mitsprache und öffentlichen Kontrolle entzogen und dadurch Ohnmachtsgefühle verstärkt habe. Wie sich das aber in eine Empfänglichkeit für rechtsextreme Opfermythen übersetzt, verlangt noch weitere Erklärungen. Ähnlich verhält es sich mit Betrachtungen, die den rechtsextremen Aufschwung in den Kontext einer »Gesellschaft der Singularitäten« einordnen, wie es der Soziologe Andreas Reckwitz nennt.[14] Dass dort, wo die tradierten Identitätsbindungen zerfallen und verwirrend viele Lebensentwürfe um Geltung konkurrieren, Sicherheiten verloren gehen und – rückwärtsgewandte – Wünsche nach Ordnung und Homogenität aufkeimen, klingt nach einer plausiblen Theorie. Wie damit aber die von Rechtsextremen geschürte Angst zusammenhängt, Opfer von Gewaltverbrechen zu werden, bleibt ebenso ein Rätsel. Zielführender erscheinen daher Betrachtungen, die sich direkt mit dem Problem des gesellschaftlich vermittelten Sicherheitsempfindens befassen –

und warum dieses häufig im Widerspruch zu den objektivierbaren Gefahren steht. Auch hierfür sind die Gründe vielfältig und existieren teilweise unabhängig von der Digitalisierung. So kann grundsätzlich von einem Sicherheitsparadox ausgegangen werden, das darin besteht, dass gerade sichere Zustände das Potenzial für Angst steigern. Unsere Gesellschaft ist schlicht auch sensibler geworden, und das nicht nur, weil sich sanftere Erziehungskonzepte durchgesetzt haben. Während für frühere Generationen Erfahrungen von Krieg, Tod und Gewalt noch sehr präsent waren, empfinden viele Menschen heute schon kleine Unsicherheiten als beunruhigend.

Diese Sensibilisierung findet ihren Ausdruck darin, dass sich der Sicherheitsbegriff dem Politikwissenschaftler Christopher Daase zufolge auf quasi alle Lebensbereiche ausgedehnt hat, womit an ihn theoretische Ansprüche gestellt werden, die praktisch nicht zu erfüllen sind.[15] Tatsächlich nimmt das Thema Sicherheit schon seit einer Weile einen größeren Raum in politischen Programmen ein, stößt es doch bei vielen Wählern auf empfängliche Ohren. Nicht von ungefähr ist es für karrierebewusste Politiker eine große Versuchung, sich mit Sicherheitsthemen zu profilieren. All das verstärkt allerdings das erwähnte Sicherheitsparadox nur weiter, »verschlechtert [doch] die fortlaufende Thematisierung der Sicherheit […] das subjektive Sicherheitsgefühl der Menschen«, wie der Journalist Markus Reuter schreibt: »Denn wenn über ein Thema so viel geredet wird, dann scheint es ja wirklich ein Problem zu geben.«[16] Auch entsprechende Sicherheitsmaßnahmen rufen zumindest gemischte Gefühle hervor. Wenn zum Beispiel nun uniformierte Soldaten in der Bahn Präsenz zeigen, dann kann man sich davon beschützt fühlen – oder zu dem Schluss kommen, dass Züge, die beschützt werden müssen, offenbar ein Gefahrenort sind.

In diese sensible Gemengelage fällt jedenfalls der digitale

Wandel, der den Blick auf die Realität ganz grundsätzlich verändert – und somit den beschriebenen Tendenzen im Sicherheitsempfinden einen neuen Spin verleiht. Wie wir bereits von Walter Benjamin gelernt haben, organisieren neue Medientechnologien stets die Wahrnehmung neu, sodass sich ein anderes Empfinden der Welt einstellt – einschließlich der Sicherheitslage. Insofern liegt die Vermutung nahe, dass die Diskrepanz zwischen wahrgenommener Unsicherheit und objektiver Gefährdung auch durch die Digitalisierung verstärkt werden dürfte. Immerhin treten die sozialen Medien zunehmend an die Stelle der herkömmlichen Medien, die die Realitätsvermittlung in einer bewährten Weise organisiert haben. Auch deren Verhältnis zur Demokratie musste sich erst einspielen, zumal nach der schmerzhaften Erfahrung der Zwischenkriegszeit, in der Faschisten die damals neuen Medien erfolgreich nutzen konnten, um die Massen in Paranoia zu versetzen. Nicht von ungefähr hegte man sie nach dem Zweiten Weltkrieg durch journalistische und ethische Standards, aber auch durch öffentliche Kontrolle ein. Die Existenz des öffentlich-rechtlichen Rundfunks etwa basiert auf dem Gedanken, dass es in Demokratien der Allgemeinheit verpflichteter Medien bedarf, die die Bevölkerung ausgewogen und auf Grundlage rationaler Auswahlkriterien informieren – und Nachrichten nicht danach ausrichten, ob sie die größte Aufmerksamkeit erzeugen.

Dabei waren die Ausschnitte von der Realität, die sich medial abbilden ließen, vor der Digitalisierung vergleichsweise überschaubar. Die Informationsvermittlung bedurfte zudem einer kostspieligen Infrastruktur, über die nur große Unternehmen verfügten. Allein schon der Produktionsaufwand setzte der Menge an darstellbaren Ereignissen enge Grenzen. Eine Zeitung musste ebenso wie eine Radio- oder Fernsehshow außerdem stets abwägen, welche Nachrichten relevant genug waren. Immerhin wurde jeder redaktionelle Inhalt in der Regel nur einmal ausgeliefert oder gesendet, um danach in den Archiven zu verschwinden. Das förderte einerseits eine gewisse Vielfalt bei den Nachrichtentypen, da dem Publikum im begrenzten Rahmen ein möglichst breiter Überblick geboten werden sollte. Andererseits waren die Medien dadurch gezwungen, klare Prioritäten in der Informationsauswahl zu setzen, sodass sich beispielsweise das Nachrichtenangebot in lokale, regionale und landesweite Medientypen auffächerte. Viele Ereignisse – auch der dramatischen Art – blieben so der lokalen Ebene vorbehalten. Was etwa für ein Dorf oder eine Kleinstadt eine außergewöhnliche und erschütternde Tat sein mochte, war im nationalen Kontext betrachtet meist ein alltägliches Verbrechen, das über keinen besonderen Nachrichtenwert verfügte. Insofern erweiterten die Massenmedien zwar den Blick auf die gesellschaftliche Realität, dieser fiel aber durch vielfältige Filter, die durch die eingespielten Mechanismen und Normen der Informationsauswahl geschaffen wurden.

Vor allem aber war dadurch die medial vermittelte Realität eine für alle gleichermaßen nachvollziehbare, der sich der Einzelne kaum entziehen konnte – im Guten wie im Schlechten. Denn nicht nur blieben ihm zu dem geordneten Nachrichtensystem kaum Alternativen, ihm war in der Regel auch die Teilhabe an der Gestaltung öffentlicher Meinung an sich verschlossen. Wer sich mit welchem Anliegen an die Öffentlichkeit richten durfte, lag in der Macht der Medien. Um sich Gehör zu verschaffen, mussten politische Akteure sich auf die Logik und die Arbeitsweise der Medien einlassen – wenn auch nur aus taktischen Gründen – und diese ein Stück weit mit reproduzieren. Das war zwar nicht sonderlich demokratisch und erschwerte es alternativen Blickwinkeln, eine gewisse Wirksamkeit zu entfalten. Allerdings sorgte diese Ordnung auch für eine Art allgemeines Grundverständnis, das für demokratische Stabilität nötig ist. Das bedeutet nicht, dass damit kein Meinungspluralismus gegeben wäre, wie es die extreme Rechte mit ihrer Rede von der »Meinungsdiktatur« suggeriert. Vielmehr sorgt es dafür, dass die verschiedenen Meinungen auf einem ähnlichen Bild der Realität basieren. Die politische Kontroverse dreht sich also um die Ausdeutung dieses Bildes – und nicht darum, ob das Bild überhaupt existiert.

Mit der Digitalisierung vollzieht die Öffentlichkeit nun fast schon einen Quantensprung, mit dem sich die Abbildung der Realität beträchtlich erweitert. So sprach der Organisationspsychologe Peter Kruse bereits 2010 vor der Enquete-Kommission »Internet und digitale Gesellschaft« von einer »grundlegenden Machtverschiebung vom Anbieter zum Nachfrager«.[17] Diese ergebe sich aus der enormen »Vernetzungsdichte«, die das Internet gebracht habe und die dank Web 2.0 von einer hohen »Spontanaktivität« begleitet werde. Zusammen mit den »kreisenden Erregungen«, die die Interaktionsökonomie der sozialen Medien erzeuge (zum Beispiel durch Kommentare und Retweets), nehme »eine Tendenz zur Selbstaufschaukelung« an Fahrt auf. Kruse beschrieb damit ein sich selbst organisierendes Kommunikationssystem, das innerhalb der digitalen Matrix entsteht und ohne Vermittlungsinstanzen funktioniert, die die komplexe Realität filtern und ordnen. Die Politik spricht deswegen auch von »Intermediären«, um die janusköpfige Funktion sozialer Medien zu beschreiben. Medium sind sie nämlich nur insofern, als sie Öffentlichkeit für Inhalte herstellen, die von anderen er- und eingestellt werden. Sie vermitteln also in erster Linie neue Informationsbeziehungen und damit indirekt – wenngleich nicht weniger wirksam – eine neue Realität. Diese wird nun unmittelbar von unzähligen individuellen und kollektiven Akteuren selbst abgebildet – in ganz vielen flackernden Versionen. Wer jetzt nach Informationen fragt, sucht sich daraus die passenden aus.

Wir werden später noch sehen, wie sehr diese Unmittelbarkeit die tradierten Prozesse der politischen Meinungsbildung auf den Kopf stellt. Hier ist aber zunächst von Interesse, was das für die Ängste heißt, die die extreme Rechte mit ihren dramatischen Erzählungen anspricht. Dass es nicht unbedingt Sonnenschein bedeutet, wenn nun stärker die Instinkte die Realitätsvermittlung mitprägen, lässt sich bereits erahnen, wenn wir die sogenannte Negativitätsneigung in Betracht ziehen, die Sozialpsychologen der menschlichen Wahrnehmung attestieren: die Tendenz, negative Nachrichten stärker zu bewerten als positive. Dramatische Inhalte brennen sich eben ins Gedächtnis ein – und das umso mehr, wenn man sich mit den Betroffenen identifizieren kann. Generell wecken solche Inhalte ein stärkeres Interesse und werden dort, wo verschiedene Nachrichtentypen zur Auswahl stehen, bevorzugt konsumiert. Wie sich diese negative Neigung wiederum auf das Sicherheitsempfinden auswirkt, hing bereits in der vordigitalen Zeit von der jeweiligen Medienlandschaft ab. Es kommt schließlich nicht von ungefähr, dass private Nachrichtenanbieter sich häufig mit dramatischen oder dramatisierten Berichten zu überbieten versuchen. Sie spielen bewusst mit der Negativitätsneigung, indem sie der unterbewussten Faszination am Drama Futter geben. Dass ein solcher Sensationalismus neben Profit zuweilen auch aufgepeitschte Stimmungen verursacht, ist eine geläufige Kritik am absatzorientierten Krawalljournalismus.

Durch die sozialen Medien wird nun die negative Neigung vollends von der Leine gelassen. Wie eine Forschungsgruppe um den Kommunikationswissenschaftler Stuart Soroka festgestellt hat, reagieren in den sozialen Medien die Nutzer viel stärker auf schlechte Nachrichten und sorgen so dafür, dass sie viral gehen.[18] Generell hat so der Trend zu Nachrichten, die ein schlimmes Bild von der Welt zeichnen, zugenommen und schwappt sogar, wie andere Studien zeigen, auf die herkömmlichen Medien über, die zunehmend von den Stimmungen in den sozialen Medien mitgeprägt werden. Möglich ist das grundsätzlich deswegen, weil nun Unmengen dramatischer Inhalte offen zugänglich im Internet liegen und so viel leichter ihre Abnehmer finden. Durch das Internet haben sich die Rezeptionskanäle für Informationen beträchtlich erweitert. Davor erhielt man Nachrichten in einer gebündelten Weise, der übergeordnete Auswahlkriterien zugrunde lagen. Es waren Sets von verschiedenen Nachrichtentypen, die meist nur zu einem bestimmten Zeitpunkt an einer bestimmten Stelle abrufbar waren. Nun aber bieten Intermediäre wie Google, YouTube, Facebook oder Twitter eine universale Oberfläche, auf der man sich die Nachrichten (vermeintlich) selbst ordnet. Die Informationen stehen umfassend, jederzeit und überall zur Verfügung; sie sind günstig im Unterhalt und potenziell mit jedem vernetzt. Die negative Neigung muss daher nicht erst in Bibliotheken und Archiven stöbern, um sich zu entfalten – sie wird in der Vernetzungsdichte der digitalen Welt stets bestens bedient.

Bestärkt werden solche Tendenzen auch dadurch, dass verschiedenste Akteure versuchen, sich diese Neigung zunutze zu machen. Dazu zählen die Intermediären selbst, deren algorithmische Präsentation von Inhalten jene begünstigt, die Klicks versprechen – und dramatische Inhalte sind dafür nun mal der beste Köder (*clickbait*). Es zählen dazu aber auch selbst ernannte Influencer und politische Akteure, die schlechte Nachrichten gezielt im Wettbewerb um Aufmerksamkeit einsetzen. Dabei sind es häufig gar keine erfundenen Nachrichten, die als Köder fungieren, sondern solche, die es früher erst gar nicht ins nationale Rampenlicht geschafft hätten. Da heute aber auch Lokal- und Regionalmedien ihre Inhalte ins Netz stellen und in den sozialen Medien teilen, lassen sich nun unzählig viele dramatische Ereignisse aufgreifen und im Rahmen einer eigenen Erzählung neu anordnen. Genau dieses Prinzip nutzt die extreme Rechte, um eine Collage der Realität zu erstellen, die ihrer Obsession für den nationalen Untergang entspricht. Die Facebook-Seiten der AfD etwa liefern ebenso wie die Programme rechter Influencer und Alternativmedien regelmäßig Nachrichten, die sich ausschließlich um Probleme mit vermeintlichen Ausländern drehen. Was vor wenigen Jahrzehnten in keiner seriösen Medienanstalt eine Chance auf Ausstrahlung erhalten hätte, ist heute ein stark frequentiertes Angebot, das nicht nur negative Neigungen, sondern auch rassistische Vorurteile bestärkt. Gezielt arrangiert und präsentiert es lokale Ereignisse so, dass daraus eine nationale Bedrohung konstruiert werden kann.

Wie genau die Präsenz dramatischer Inhalte zu einem verstörten Sicherheitsempfinden beiträgt, ist empirisch freilich schwer nachzuvollziehen. Wie soll man auch beweisen, dass Menschen ohne das Internet weniger verunsichert wären? Und schließlich gibt es ja auch das berechtigte Argument, wonach die Digitalisierung der Verunsicherung vielleicht sogar entgegenwirke, da sich etwa Gerüchte nun schneller verifizieren oder falsifizieren ließen. Ein Widerspruch muss das allerdings nicht sein. Immerhin müssen wir annehmen, dass Menschen nicht nur unterschiedlich stark zu negativen Nachrichten neigen, sondern diese auch unterschiedlich stark reflektieren. Den einen hilft das Internet, Vorurteile zu überwinden, den anderen, sich in ihnen zu bestärken – abhängig von den konkreten Präferenzen und Eigenschaften der Nutzer, die sich ihr Nachrichtenangebot nun selbst ordnen. Dabei informieren sich die einen bewusst ausgewogen, während sich andere mehr von ihren Affekten leiten lassen. Dass es jedenfalls nicht spurlos an vielen Menschen vorübergehen dürfte, wenn heute überall dramatische Inhalte auf sie einprasseln, die sie kommerziell oder politisch ködern wollen, klingt intuitiv logisch. Würde das Internet für eine Weile ausfallen, würde die Welt sicher vielen friedlicher erscheinen. So erging es zumindest einer Reportage der *New York Times* zufolge Bewohnern des Berliner Ortsteils Schmargendorf, der im Herbst 2018 zeitweilig von der digitalen Welt abgeschnitten war. Ohne die provokativ aufgemachten oder eingebetteten Nachrichten in den sozialen Medien, berichteten sie, wirkte die Welt gleich weniger bedrohlich.[19]

Die zahlreichen Fälle von Gewaltverbrechen, die heutzutage von der extremen Rechten über alle Kanäle bekannt gemacht werden (sofern daran vermeintliche Migranten beteiligt sind), gab es natürlich früher auch schon – und sogar noch mehr. Sie blieben allerdings unter dem Radar der meisten Bundesbürger, weil sie zumeist nur in der Lokalpresse auftauchten. Allenfalls begegneten sie einem als Zahl in einer Kriminalstatistik, die in ihrer Abstraktheit kein individuelles Schicksal erkennen lässt. Um die konkreten Geschichten dahinter mit ihrem emotionalen Gehalt zu hören, hätte man sich schon regelmäßig durch die Lokalzeitungen des Landes wühlen müssen. Heute aber sind diese Geschichten für alle zugänglich, denn sie finden über die Online-Auftritte von Lokalzeitungen ihren Weg in die sozialen Medien, wo sie einfach zu konsumieren und zu reproduzieren sind. Man kann sie gezielt ansteuern oder sich von ihnen verlocken lassen. In beiden Fällen kann man sie einfach weiterverbreiten – oder zumindest ihre Sichtbarkeit durch irgendeine Form der Reaktion verbessern. Vor allem aber lassen sie sich auf Knopfdruck immer wieder aufwärmen.

Diese »produktive« Seite der sozialen Medien nutzen rechtsextreme Akteure systematisch aus, um eine regelrechte Parallelwelt aufzubauen, ganz besonders auf den vielen Seiten, die fast nur Nachrichten von vermeintlicher »Ausländergewalt« und »Überfremdung« reproduzieren oder neu aufbereiten. Wer auch nur kurz – und zu unkritisch – entsprechende Nachrichtenkollektionen konsumiert, muss den Eindruck gewinnen, Deutschland versinke im Chaos. Welche mentale Schwere einen beschleicht, wenn man – selbst aus kritischer Perspektive –

derlei Seiten regelmäßig besucht, davon können Extremismusforscher ein Lied singen. Anders, als es die vielen Programme gegen Radikalisierung im Internet vermitteln, ist es aber nicht unbedingt die junge und vermeintlich naive Generation, die sich von der Düsterkeit der rechtsextremen Erzählungen beeindrucken lässt. Vielmehr sind es gerade ältere Menschen, die noch in der vordigitalen Zeit sozialisiert wurden, für die die neue Sichtbarkeit von Gewaltverbrechen einem Realitätsschock gleichkommen muss. Immerhin haben sie ihr Sicherheitsempfinden noch unter einer anderen Wahrnehmungsorganisation entwickelt, um es mit Benjamins Worten zu sagen. Mit dem Aktivwerden in den sozialen Medien betreten sie jedoch eine neue Wahrnehmungsorganisation, in der die eingeübten Maßstäbe irreführend sind. Im Vergleich zu der zuvor sichtbaren Gewalt erscheint das, was plötzlich zu sehen ist, als Explosion der Gewalt, obwohl die Verhältnisse in Wirklichkeit sogar sicherer geworden sind. Zumindest könnte das erklären, warum vor allem Menschen über vierzig für die Masche der extremen Rechten empfänglich sind.

Die Frage nach der Verfänglichkeit rechtsextremer Erzählungen ist also auch eine Frage des Wahrnehmungswandels, der mit der Entgrenzung von Informationen einhergeht. Denn wie jede medientechnologische Innovation verändert auch die Digitalisierung die Geografie der Wahrnehmung. Und zwangsläufig erzeugt sie damit eine (mitunter verunsichernde) Horizonterweiterung, aus der sich neue Potenziale der Gemeinschaftsbildung ergeben. Die Erfindung der Druckpresse um 1500 ermöglichte es beispielsweise Menschen in Hamburg und Augsburg, zeitnah von den Ungerechtigkeiten zu erfahren, die in beiden Orten herrschten – und machte so neue Maßstäbe in der Bewertung der Welt erforderlich. Oder wie Sebastian Dümling den damaligen kognitiven Wandel durch diese »neuen« Medien beschreibt: Sie »bringen die eingeübten Kategorien durcheinander und schaffen neue. Was ein ›Volk‹, ›Untertan‹, die ›Obrigkeit‹, ja, was ein ›Deutscher‹ überhaupt sein soll, wird hier erstmals thematisiert, erdacht und vor allem *erfühlt.*«[20] Auch der überbordende Nationalismus des frühen 20. Jahrhunderts ist ohne die weitere Modernisierung der Medien nicht denkbar, da durch die feinere Ausleuchtung der Gesellschaft die abstrakte Vorstellung der Nation noch mehr zu einer »emotional erfahrenen Gemeinschaft« gerinnen konnte, wie es der Nationalismusforscher Rudolf Speth nennt.[21] Mit der Digitalisierung, so könnte man sagen, tritt dieser Prozess in ein neues Stadium ein. Denn um die Emotionen zu schüren, durch die sich die nationale Gemeinschaft erfährt, lassen sich nun viele neue Realitätsausschnitte zu einem Opfermythos verweben.

In den sozialen Medien trifft nicht nur eine menschliche Neigung zu negativem Nachrichtenkonsum auf eine Oberfläche, die die Sichtbarkeit dramatischer Inhalte verstärkt. Dort finden auch Akteure, die mit solchen Inhalten Ängste schüren wollen, viele Möglichkeiten vor, um diese Sichtbarkeit weiter zu erhöhen. Beide Seiten suchen sich und werden in der Vernetzungsdichte der sozialen Medien effektiv miteinander verkuppelt. Dabei warten nicht nur negative Nachrichtenkollektionen auf ihre Nutzer, die dramatischen Inhalte werden auch spontanaktiv in Online-Debatten eingebracht, wo sie wiederum auf Reaktionen stoßen, die ihre Sichtbarkeit abermals verstärken. Darin zeigt sich zum einen jene Tendenz der Selbstaufschaukelung, von der Kruse sprach, zum anderen ein gewisses Steuerungsmoment, insofern rechtsextreme Akteure diese Tendenz gezielt befeuern. So betrachtet fungieren die sozialen Medien als Motor des Rechtsextremismus, der in seinen Bedrohungsnarrativen einen Treibstoff gefunden hat, um in Fahrt zu kommen. Seine erzählerischen Überzeugungstechniken bilden dabei mit den Überzeugungstechnologien der sozialen Medien eine dynamische Symbiose.

Mit dem Begriff der Überzeugungstechnologien, den der Stanford-Professor B. J. Fogg bereits 2002 einführte, wird wiederum beschrieben, wie Technologien die Einstellungen von Menschen beeinflussen können.[22] Heute, in Zeiten von Smartphones und anderen Wearables, beobachten wir zum Beispiel, wie Apps mit attraktiven Nutzeroberflächen dazu beitragen, die Emotionen und Handlungen von Menschen zu steuern. Kleine Motivationsschübe – sogenannte Nudges – werden hier gezielt eingesetzt, um Nutzer regelmäßig zu belohnen, sodass sie viel Zeit mit der App oder auf der bevorzugten Plattform verbringen. Der Einsatz solcher Mechanismen durch die Tech-Unternehmen ist von zentraler Bedeutung für den Siegeszug der sozialen Medien. Dabei hat ihre Plattformarchitektur, die Wortbeiträgen anhand von Likes, Shares und Kommentaren einen Wert zumisst, auch zur Folge, dass echauffierende Inhalte algorithmisch begünstigt werden – und so an Sichtbarkeit und Überzeugungskraft gewinnen. Ein Post auf Facebook etwa, der Empörung – und somit Interaktionen – auslöst, verbreitet sich in der Regel stärker als politisch-sachliche Inhalte, was letztlich zu einer tendenziösen Berichterstattung führt. Gerade auch weil die Informationsdichte so hoch ist, dringen eher dramatische Inhalte durch.

Indem auf diese Weise Affekte und Emotionen an Bedeutung gewinnen, wird der Prozess der politischen Meinungsbildung, der traditionell medial vermittelt wird, förmlich auf den Kopf gestellt. Es sind jetzt nicht mehr ausgeklügelte Kriterien, die bestimmen, welche Nachrichten wie, wann und wo einer heterogenen Masse präsentiert werden. Diese Leitplanken des öffentlichen Diskurses wurden mit der Digitalisierung eingerissen. Anstelle einer Wahrnehmungsorganisation, die versucht, der Masse ein ausgewogenes Bild von der komplexen Realität zu geben, haben wir es nun mit einer zu tun, die polarisiert. Denn sie liefert unterschiedliche Versionen der Realität, die ganz unterschiedliche Ecken ausleuchten – und so unterschiedliche Grundannahmen schaffen, die nicht mehr zueinander passen. Das Ganze geht einher mit der Aktivierung von zuvor politikfernen Gruppen, die auffälligerweise die politische Kultur des heutigen Rechtsextremismus prägen. Die Brexit-Kampagne etwa setzte ganz wesentlich auf eine Affektpolitik, die erfolgreich traditionelle Nichtwähler mobilisierte. Auch die AfD erzielte bei ihren verschiedenen Wahlerfolgen in dieser Gruppe die größten Zugewinne. Hier zeigt sich, dass die sozialen Medien plötzlich Gruppen politisch erschließen können, die mit Politik zuvor nichts am Hut hatten. Gerade rechtsextreme Akteure mobilisieren erfolgreich in diesem Segment, das für Politik fast nur affektiv zugänglich ist.

Mit der gezielten Ballung und Streuung von Nachrichten, die Vorurteile bestärken und Ängste schüren, betreibt die extreme Rechte eine subtile Massenmanipulation, die durch die Leitplanken der demokratischen Medien zumindest erschwert wurde. Deren Relevanzkriterien boten auch Schutz vor einer Auswahl und Anordnung von Nachrichten, in der Minderheiten als schockierende Problemgruppe erscheinen. Die fortgeschrittene Mediendemokratie wusste und weiß um das Problem, wie einseitige Darstellungen Menschen zum Handeln gegen Minderheiten treiben können. Das kann sich zum Beispiel in einer »moralischen Panik« äußern. So nennt der Kultursoziologe Stanley Cohen Formen des öffentlichen Aufruhrs, die sich gegen eine als störend empfundene (Sub-)Kultur richten.[23] Eine solche »Panik« kann dazu führen, dass Bürger den Schutz der Ordnung vor unliebsamen Gruppen selbst in die Hand nehmen (der schon erwähnte Vigilantismus) oder gar Pogrome und Völkermorde begehen. Als Mittel der sozialen Kontrolle sind solche Phänomene nicht mit Massenhysterien zu verwechseln, obgleich sie häufig irrationale, wenn nicht sogar wahnhafte Züge tragen, die sich ohne mediale Verblendungstechniken kaum massenhaft herstellen ließen. Wenn Minderheiten als Sündenböcke unter Beschuss geraten, geht dem meist im Kommunikationsgeschehen eine Dichte an Informationen voraus, die von negativen Nachrichten über die betreffende Gruppe handeln.

In den sozialen Medien findet die extreme Rechte nun ein Werkzeug vor, mit dem sie Meldungen über verhasste Gruppen permanent ins Zentrum der Aufmerksamkeit rücken kann. Dabei reizt sie das öffentliche Sicherheitsempfinden so konsequent, dass sich die moralischen Standards verschieben. Das zeigt sich spätestens daran, dass inzwischen auch die herkömmlichen überregionalen Medien zunehmend von lokalen Gewaltverbrechen mit migrantischer Beteiligung berichten – und dabei vermehrt die Nationalität des vermeintlichen Täters nennen. Was sich in der digitalen Welt aufgeschaukelt hat, reißt so auch die Leitplanken der alten Wahrnehmungsorganisation ein. Die faschistische Dynamik, in deren Zentrum rechtsextreme Opfermythen stehen, entfaltet sich entlang einer Kette von taktischen und strategischen Angstverstärkern. Sie speist sich grundsätzlich aus dem Eigenleben der sozialen Medien, wird aber von rechtsextremen Akteuren gezielt befeuert. Wie wir in den folgenden beiden Kapiteln zeigen wollen, stehen ihnen dabei noch mehr Steuerungsknöpfe zur Verfügung als das obsessive und einseitige Thematisieren bestimmter dramatischer Ereignisse.

4 Das rechte Spiel mit der Wahrheit

Oder: Wie die sozialen Medien zur Verwirrung beitragen

»Es war das größte Publikum, das je einer Amtseinführung beigewohnt hat«, verkündete Sean Spicer bei seinem ersten Auftritt als Pressesprecher des Weißen Hauses im Januar 2017. Am Tag zuvor war Donald Trump als 45. Präsident der Vereinigten Staaten vereidigt worden. Und was er auf den Bildern von seiner Antrittsrede zu sehen bekam, schien ihm gar nicht zu gefallen. Denn die Menge, die seine Präsidentschaft zelebrieren wollte, war deutlich kleiner als jene bei der ersten Amtseinführung Barack Obamas im Jahr 2009. Ausgerechnet Obama, dem Trump eine Zeit lang – und fälschlicherweise – andichtete, nicht in den USA geboren und damit nicht zur Präsidentschaft berechtigt zu sein. Also ließ Trump den Fotografen die offiziellen Bilder bearbeiten, um die Menge größer wirken zu lassen. Spicer fiel wiederum die Aufgabe zu, die gewünschte Botschaft auch verbal zu verbreiten. Wie zu erwarten, wurde sie von der Presse nicht wirklich geschluckt. Vielmehr hatte die Trump-Administration so ihren ersten Skandal, begann sie ihre Regierungszeit doch gleich mit einer offensichtlichen Lüge. In der Folge sah sich Trumps persönliche Sprecherin genötigt, den Pressesprecher zu verteidigen. Spicer, so erklärte Kellyanne Conway in einer NBC-Sendung, habe lediglich »alternative Fakten« dargestellt.[1] Es war der Auftakt zu einer Reihe von bizarren Unwahrheiten, die man fortan aus dem Weißen Haus zu hören bekam.

Was heute fast normal erscheint, wurde vor wenigen Jahren noch als Bruch in der politischen Kultur liberaler Demokratien wahrgenommen. Man gewöhnte sich an die seltsamen Betrachtungen des notorischen »Twitter-Präsidenten« ebenso wie an die Anhänger, die Trump applaudierten, und das nicht obwohl, sondern gerade weil er die Fakten mit Füßen trat. Sicher, vor Trump war man es gewohnt, dass Autokraten wie Wladimir Putin in Russland oder Recep Tayyip Erdoğan in der Türkei es nicht so genau mit der Wahrheit nehmen. Dass aber der »Anführer der freien Welt«, wie die Stellung des US-Präsidenten häufig bezeichnet wird, so ungeniert Unwahrheiten und ein fragwürdiges Wahrheitsverständnis verbreitet beziehungsweise verbreiten lässt, war dann doch außergewöhnlich. Und verstörend. Denn immerhin schien damit nun jene Wahrheitsverachtung in die höchsten Staatsämter vorzudringen, die man in Demokratien sonst eher an ihren extremistischen Rändern vermutet. Zwar war es auch vor Trumps Präsidentschaft nicht mehr zu übersehen, dass der sogenannte Rechtspopulismus und die extreme Rechte weltweit auf dem Vormarsch waren. Dass man mit deren Methoden aber wirklich Mehrheiten gewinnen kann, galt vielen bis zuletzt als unvorstellbar. Selbst Trump soll bekanntlich nicht an seinen eigenen Wahlsieg geglaubt haben. Indessen haben sich auch andere Demokratien als nicht immun erwiesen, wie die Wahlerfolge von Jair Bolsonaro in Brasilien oder Boris Johnson im Vereinigten Königreich zeigen.

Allerdings hegten manche schon vor diesen Wahlsiegen den Verdacht, dass sich eine neue politische Kultur breitmacht, in der massenhaft eklatante Unwahrheiten geäußert und von einem großen Teil der Masse auch noch geglaubt oder übernommen werden. Bereits 2005 hatte der US-amerikanische Komiker Stephen Colbert den Neologismus *truthiness* (in etwa: »Wahrheitsscheinlichkeit«) in die Welt gesetzt, um damit jene Wahrheit zu bezeichnen, die wahr sein muss, weil sie sich wahr anfühlt.[2] Spätestens mit Pegida und AfD, mit Alt-Right und Trumps Wahlkämpfen, mit dem Brexit-Referendum und den rechtsextremen Wahlerfolgen in der EU setzte sich dann die Befürchtung fest, dass auch politisch eine Klientel an Bedeutung gewinnt, die ihre »wahrheitsscheinlichen« Gefühle für unanfechtbare Wahrheiten hält. Zu frappierend war deren Gebaren, das nur wenig mit der Sachlichkeit und Dialogbereitschaft zu tun hat, die man von der politischen Kultur in Demokratien gewohnt ist. Von »postfaktischer Politik« war angesichts dieses ungewohnten Betragens bald so oft die Rede, dass die Redaktion des *Oxford English Dictionary* den Begriff des Postfaktischen (*post-truth*), der seit den späten 1990er-Jahren durch die sozialwissenschaftliche Literatur geistert, zum internationalen Wort des Jahres 2016 kürte.

Hatte zuvor schon Kanzlerin Angela Merkel den Begriff aufgegriffen, um damit die Politik der damals an Fahrt aufnehmenden AfD zu bezeichnen, folgte schließlich die Gesellschaft für deutsche Sprache dem Oxford-Votum und erklärte »postfaktisch« ihrerseits zum deutschen Wort des Jahres. Sie attestierte dabei – vor dem Hintergrund des wachsenden Einflusses sozialer Medien – einen tief greifenden Wandel in der politischen Meinungsbildung: Immer mehr Menschen, so die Fachgesellschaft, seien »in ihrem Widerwillen gegen ›die da oben‹ bereit, Tatsachen zu ignorieren und sogar offensichtliche Lügen zu akzeptieren«.[3] Wir werden noch darauf zu sprechen kommen, wie ein Widerwille gegen das Establishment überhaupt mit der Unterstützung ziemlich mächtiger oder zumindest privilegierter Männer zusammenpasst, die den Rechtsruck häufig repräsentieren. Hier ist zunächst aber von Interesse, dass das Zusammenfallen von digitalem und postfaktischem Zeitalter kaum einem Zeitdiagnostiker entgeht. So stellte auch Sacha Baron Cohen in seiner viel beachteten Kritik an den sozialen Medien fest: »Demokratien, die auf geteilten Wahrheiten beruhen, sind auf dem Rückzug, während sich Autokratien, die auf geteilten Lügen beruhen, auf dem Vormarsch befinden.«[4] Tatsächlich sind die Debatten über den postfaktischen und rechtsextremen Doppelboom mittlerweile eng verzahnt mit Debatten über die sozialen Medien. Allein schon, weil die extreme Rechte Letztere ebenso eifrig nutzt wie Trump, Bolsonaro oder Johnson, die mit ihnen direkt zu den Massen kommunizieren, vorbei an allen faktenprüfenden Instanzen sowohl der Presse als auch der eigenen Pressestellen.

Nun könnte man meinen, dass koordinierte Bemühungen zur Richtigstellung von Sachverhalten dazu beitragen, die Gefahr von irreführenden Fehlinformationen zu mindern und letztlich diejenigen, die sogar manipulative Tricks anwenden, nachhaltig zu diskreditieren. Das wären zumindest die Selbstschutzmechanismen, die man von einer vitalen Demokratie erwarten würde. Insofern sind die zahlreichen Faktenchecker-Dienste, die mittlerweile online den Wahrheitsgehalt von zweifelhaften Nachrichten prüfen, eine naheliegende Antwort auf die rechtsextremen Manipulationsversuche im Netz. Ähnliches lässt sich auch vom Umgang der herkömmlichen Medien mit den zweifelhaften Argumenten rechtsextremer Akteure sagen. Dort hält man es augenscheinlich für eine gute Idee, die Manipulatoren im öffentlichen Diskurs – am besten vor laufender Kamera – bloßstellen zu wollen. Von der Kraft des besseren Arguments überzeugt, glauben einige Politik-Talkshows, in einem demokratischen Diskussionsrahmen werde sich die Wahrheit schon durchsetzen. Doch abgesehen davon, dass allein die Notwendigkeit regelrechter Aufklärungskampagnen bereits ein Zeichen demokratischen Raumverlusts darstellt, ist auch das Ideal des »kommunikativen Handelns« ins Hintertreffen geraten. So nannte Jürgen Habermas die Praxis demokratischer Interaktion, bei der man sich um Verständigung bemüht und aufeinander bezieht.[5]

Es wird weithin verdrängt, dass der Erfolg rechtsextremer Parteien und Bewegungen nicht gerade von der Stichhaltigkeit ihrer Positionen abhängt. Vielmehr besteht begründeter Verdacht, dass ihnen das Entlarven ihrer Falschheiten am Ende sogar zugutekommt, solange damit ein Mehr an Aufmerksamkeit verbunden ist. »Die Lüge taugt nicht mehr als Kriterium für die Güte von Argumenten oder für die Redlichkeit eines Sprechers«, stellte jüngst die Politikwissenschaftlerin Nicole Deitelhoff fest. Sie erinnerte dabei an Boris Johnson, der sogar zugab, in der Brexit-Kampagne gelogen zu haben – und dafür auch noch mit dem Posten des britischen Premierministers belohnt wurde. Die Lüge, so befürchtet Deitelhoff, sei vielmehr »im rechten Lager ein Identitätsmarker geworden: Je mehr sich eine Aussage von dem entfernt, was offiziell gilt, desto glaubwürdiger ist sie – weil Glaubwürdigkeit bedeutet, sich nicht vom Establishment einfangen zu lassen.«[6] So betrachtet dürfte der Versuch, die Propaganda der extremen Rechten durch faktenorientierte Argumente zu zerlegen, zahnlos sein, wenn nicht sogar kontraproduktiv. Denn wenn es bereits eine mächtige Quelle von Glaubwürdigkeit darstellt, die kulturelle Gegenposition zur konventionellen Politik und zu den »Mainstream-Medien« einzunehmen, dann funktioniert die Realitätsvermittlung nicht mehr nach den Prämissen, aus denen demokratische Akteure ihr Vertrauen in das bessere Argument schöpfen.

Die berüchtigten Fake News müssen daher auch als Symptom eines tiefer liegenden Problems gesehen werden, das darin besteht, dass sich mit der Digitalisierung auch die Art verändert, wie wir unsere Welt wahrnehmen. Immerhin finden sich einige Anzeichen für eine Polarisierung, die zwar nicht unbedingt politischer Art ist, aber die politischen Präferenzen beeinflusst. Bei dieser vorpolitischen Verschiebung geht es nicht direkt um Wahrheit oder Lüge, sondern darum, welcher Version der Wirklichkeit, für die jeweils bestimmte Akteure und

Institutionen stellvertretend stehen, man glauben soll. Sie deutet auf einen neuen Kulturkampf hin, in dem ganz grundsätzlich die Auffassungen darüber auseinandergehen, wie die Welt und ihre Verfasstheit zu deuten sind. Das schließt keineswegs aus, dass Akteure in organisierter Weise lügen, um sich machtpolitische Vorteile zu verschaffen. Aber auch so eine Strategie benötigt, um aufzugehen, eine kulturelle Basis, die als breites Resonanzfeld fungiert. Wie sich diese Basis genau formiert hat, gilt es noch zu ergründen, aber einstweilen kann kein Zweifel an ihrer Existenz bestehen. Sie zeigt sich deutlich in Gestalt von Argumentationssystemen, die einander nicht mehr verstehen, ja, die sich gegenseitig jegliche Geltung absprechen. Sinnbildlich hierfür steht, dass der Vorwurf, Fake News zu verbreiten, nicht nur regelmäßig wechselseitig erhoben wird, sondern auch eine Debatte verhindert, in der auf Argumente der Gegner überhaupt noch eingegangen wird.

Für faschistische Dynamiken ist damit eine gute Grundlage gegeben. Denn wie der Historiker Federico Finchelstein herausgearbeitet hat, speist sich die Macht des Faschismus seit jeher daraus, dass er seine eigene Realität konstruiert und gemeinsame Normen bestreitet, die eine verständigungsorientierte Debatte ermöglichten.[7] Ein Liberaler, ein Demokrat oder ein Sozialist können nach der faschistischen Logik per se nicht die Wahrheit sagen, da sie einer falschen Weltanschauung anhängen. Der Wahrheit kommt insofern im Denksystem des Faschismus eine höhere, ja letztlich metaphysische Bedeutung zu: Sie ist nicht mit den Mitteln der Vernunft erfahrbar, sondern nur durch Einsicht in die palingenetische Notwendigkeit. Alles, was der heiligen Mission der nationalen Wiedergeburt widerspricht, muss als Lüge und Verrat diskreditiert werden: Die »Mainstream-Medien« sind »Lügenpresse« – egal, welches Verlagshaus etwas schreibt; die Politiker verraten das Volk – egal, welcher »Altpartei« sie angehören; und das Establishment ist

»linksgrünversifft« – selbst wenn Konservative die Politik dominieren. Schon immer basierte der Faschismus auf solchen Lügen, angefangen bei seinem rassistischen Menschenbild, das wissenschaftlich nicht haltbar ist. Er arbeitet daher stets daran, selektive Wahrnehmungen zu bestärken, die das eigene Weltbild als »gesunden Menschenverstand« erscheinen lassen, der keiner Faktenprüfung – und somit keiner weiteren Legitimation – bedarf. Eine faktische Wahrheit wird so durch eine mythenumwobene ersetzt.

Auch heute versuchen rechtsextreme Akteure, den Blick auf die Wirklichkeit schrittweise auf Ausschnitte und Wissensfragmente einzugrenzen, mit denen sich ein alternatives Universum stricken lässt – ein Universum, in dem die Kriterien für Wahrheit und Lüge neu verhandelt werden. Die selektive Wahrnehmung dient dabei als Türöffner für die faschistische Logik, indem sie Menschen an ihrer eigenen Erfahrung zweifeln lässt und so für die dramatischen Erzählungen empfänglicher macht, aus denen sich die Notwendigkeit des nationalen Erwachens ergibt. Wie sich dieses instrumentelle Verhältnis, das die extreme Rechte zur Wahrheit pflegt, mit den technischen Verbreitungsmöglichkeiten digitaler Propaganda verhält, werden wir auf den kommenden Seiten ausführen. Konkret wollen wir zeigen, wie die extreme Rechte mit der Wahrheit spielt, um Menschen in den Bann ihrer Realitätsversion zu ziehen – und wie dies durch die Funktionsweise der sozialen Medien ermöglicht und verstärkt wird.

Die Technik des Gaslightings

Als Conway den Begriff der »alternativen Fakten« in die Welt setzte, meldeten sich alsbald Psychologen zu Wort, die die politische Kommunikation der Trump-Administration als »Gaslighting« bezeichneten.[8] Der aus der Psychologie stammende

Begriff beschreibt ein Manipulationsverhalten, mit dem Menschen gezielt desorientiert, im schlimmsten Falle sogar in den Wahnsinn getrieben werden – vor allem in Paarbeziehungen. Namensgebend für ihn ist das Drama *Gas Light* von Patrick Hamilton. Das 1938 geschriebene Theaterstück wurde nur wenige Jahre später mit Ingrid Bergmann in der Hauptrolle verfilmt (deutsch: *Das Haus der Lady Alquist*) und handelt von einer Frau, die von ihrem Ehemann wortwörtlich in die Irre geführt wird. Dabei versucht er ihr vor allem einzureden, dass sie nicht mehr Herr ihrer Sinne sei. Wiederholt behauptet er, sie bilde sich verschiedene Dinge, die im Haus geschehen, nur ein. So auch das flackernde Licht der Gasbeleuchtung, die dem Stück seinen Namen gab. Eine solche Verwirrungstechnik sorgt dort, wo sie ihre Wirkung entfaltet, für eine stärkere Abhängigkeit von der manipulierenden Person. Schließlich sind die Betroffenen so verunsichert, dass sie ihrer eigenen Wahrnehmung nicht mehr trauen – und sich umso mehr auf das verlassen müssen, was andere sagen.

Der Begriff ist daher ziemlich treffend, um einen Teil der kommunikativen Praktiken der extremen Rechten zu bezeichnen. Immerhin muss diese ja das Kunststück vollbringen, der Masse etwas in den Kopf zu setzen, das sich weder durch das Studium von Statistiken noch durch Erfahrungen im Alltag als Wahrheit aufdrängt. Zumindest muss man diesen Alltag schon durch eine dicke Paranoiabrille betrachten, um sich in den bürgerkriegsähnlichen Zuständen zu wähnen, die die extreme Rechte behauptet. Gerade in Anbetracht der bereits geschilderten Diskrepanz zwischen rechtsextremen Bedrohungserzählungen und der objektiven Sicherheitslage wäre von ihrer Propaganda jedenfalls ein starker »Pinocchio-Effekt« zu erwarten. So nennt man es in der Werbebranche, wenn die Produktpräsentation nicht so recht mit den erkennbaren Eigenschaften des Gegenstands zusammenpasst, von dem die Rede ist. Tatsächlich aber gelingt es der extremen Rechten erstaunlich gut, jene Diskrepanz in den Hintergrund zu drängen, wie etwa zahlreiche Porträts von AfD-Anhängern zeigen. »Er habe selbst noch keine negativen Erfahrungen mit Asylbewerbern gemacht, aber man höre ja so viel«, heißt es beispielsweise über einen thüringischen AfD-Wähler in einer *ZEIT*-Reportage.[9] Wie so viele wählte er die Partei, die fast ausschließlich mit dem Migrationsthema punktet, obwohl er selbst nach eigener Aussage die drängendsten Probleme bei niedrigen Löhnen, steigenden Mieten und dem Mangel an Bussen sah.

Die Aussage des AfD-Wählers zeigt, wie die extreme Rechte Menschen erfolgreich in einen Wahrnehmungslimbo versetzt, sodass sie das offensichtlich Falsche nicht mehr berührt. Dieser Gaslighting-Effekt wird meistens mit der massenhaften Verbreitung falscher Nachrichten in Verbindung gebracht: Fake News eben. Im engeren Sinne sind damit Meldungen gemeint, die im Stil echter Nachrichten gehalten sind und die Masse in manipulativer Absicht desinformieren. Falsche Meldungen allein machen also noch keine Fake News. Selbst erfahrenen Journalisten können ja unabsichtlich Fehler unterlaufen. Und die Absicht der Manipulation lässt sich auch nicht immer einfach nachweisen. Im Übrigen kommen Fake News natürlich nicht nur aus der rechtsextremen Ecke, wie allein schon der bekannte Fall des einstigen *Spiegel*-Journalisten Claas Relotius zeigt, der sich Teile seiner Reportagen frei ausdachte. Vielmehr hat es in der Geschichte schon immer Fake News gegeben, eingesetzt von politischen Akteuren und Regimen aller Couleur. Zweifellos aber haben in Zeiten sozialer Medien solche Desinformationen beträchtlich zugenommen, allein schon, weil sich nun neue Möglichkeiten bieten, sie überhaupt zu fabrizieren und zu streuen. Die russischen Bemühungen, durch selbst erstellte oder auch nur geförderte Fake News Einfluss auf die Präsidentschaftswahl 2016 in den USA zu nehmen, wären vorher in der Form nicht denkbar gewesen. Genauso undenkbar wäre es gewesen, dass sich etliche Unternehmen in Mazedonien auf die Produktion von Fake News für den amerikanischen Markt spezialisieren, weil sich mit *clickbaits* jede Menge Geld verdienen lässt.

Gerade Fake News eignen sich besonders gut, um Viralität zu erzeugen – ob nun für politische oder kommerzielle Zwecke –, erst recht, wenn sie von Gefahren handeln. Vor allem aber entwickeln sie eine große Dynamik, da auch Nutzer sie weiterverbreiten. So zum Beispiel, als im US-amerikanischen Präsidentschaftswahlkampf 2016 auf alternativen Nachrichtenwebseiten unter der Bezeichnung »Pizzagate« die Meldung kursierte, Hillary Clinton sei in einen Kinderpornoring verwickelt, der von einer Pizzeria aus agiere. Der Fall verdeutlicht, dass Fake News insofern komplex sein können, als sie als Tweet oder Post entstehen, dann von Nutzern und Foren weiterverbreitet werden – und schließlich zur Nachricht werden. Sogar Satire kann es durch die Nutzerpower zur Nachricht schaffen, wenn sie – aufgemacht im Nachrichtenstil, der manchen Satireformaten wie dem *Postillon* eigen ist – ernst genommen und im Ruf einer Nachricht weiterverbreitet wird.[10]

Entsprechend stellen diverse Studien in den sozialen Medien eine massive Dichte von Fake News fest, die zuweilen stärker konsumiert werden als wahre Nachrichten. Nicht von ungefähr haben Faktenchecker-Dienste Konjunktur, die zu verhindern versuchen, dass all die Fake News ihr Ausbreitungspotenzial entfalten. Es ist ein Kampf gegen Windmühlen, der mit dem digitalen Fortschritt noch mühsamer werden dürfte, lässt sich doch mit neuen Bild- und Videobearbeitungstechniken falschen Nachrichten immer mehr Glaubwürdigkeit verleihen. Bei sogenannten *deep fakes* etwa werden Aufnahmen audiovisuell so bearbeitet, dass bestimmte Personen mit Worten und Handlungen gezeigt werden, die sie gar nicht gesagt beziehungsweise begangen haben. Hier fügt sich ein Credo Trumps ein, der in schon fast Orwell'scher Manier verlauten ließ: »Was du siehst und was du liest, ist nicht das, was passiert.«[11]

Daran, dass sich gerade die extreme Rechte Fake News im politischen Wettbewerb zunutze macht, kann kein Zweifel bestehen. Es ist Teil ihrer Strategie, »erst alternative Fakten und dann alternative Realitäten zu entwickeln«, wie der Faktenchecker Patrick Gensing schreibt.[12] Über diese Manipulationsstrategie kann auch nicht hinwegtäuschen, dass die extreme Rechte selbst gerne den Fake-News-Vorwurf an die angebliche »Lügenpresse« richtet. Wie wir noch sehen werden, ist dieser Vorwurf vielmehr sogar Teil ihrer Gaslighting-Praktiken. In jedem Fall sind die zahlreichen Alternativmedien der extremen Rechten eine Größe geworden, in denen sich die Falschheit nicht nur in beabsichtigten Fake News ausdrückt. Denn nicht selten rührt sie auch daher, dass komplexe Probleme oder Zusammenhänge viel zu verkürzt erklärt werden. Sachverhalte, die ihrer Natur nach einfach widersprüchlich sind, werden da zu Produkten von Intrigen hochgespielt: etwa dass die Erderwärmung auch kältere Winter verursachen kann; dass man sich in einer Demokratie gerade deswegen einflusslos fühlt, weil alle Einfluss haben; oder dass gerade wegen Corona und der damit verbundenen Maßnahmen weniger Menschen als üblich in einem Jahreszeitraum sterben.

Dabei haben die in der extremen Rechten kursierenden Nachrichten, die zumeist von ihrem Monothema Migration handeln, oftmals einen wahren Kern, dessen Kontext aber bis zur Unkenntlichkeit verbogen wird. Gerade durch den digitalen Fortschritt ist es ja möglich, sich aus ganz vielen Ausschnitten der Realität zu bedienen und sie ohne ihren Kontext in ein bestimmtes Licht zu rücken. Trotz der Faktenchecker, die gerade solche perfiden Fake News aufzulösen versuchen, verfangen sie doch stark, weil viele Rezipienten bereits die Berührung zu seriöseren Informationsquellen verloren haben. Dies kann sogar meinen, dass gerade der Vorwurf von demokratischer Seite, eine bestimmte Nachricht sei Fake News, einer Information Glaubwürdigkeit verleiht. Aufgrund der Resonanzfähigkeit, die Fake News durch die Aufwertung des Postfaktischen bereits erreicht haben, kann die extreme Rechte sich ermuntert fühlen, sie weiter exzessiv zu nutzen. Und genau das tut sie auch. Wie eine *Spiegel*-Reportage aufgezeigt hat, inszenieren ganze Netzwerke von Fake-Accounts in den sozialen Medien regelrechte Seifenopern, in denen erfundene Charaktere beispielsweise ihr Leid als angeblich von »Ausländergewalt« Betroffene zur Schau stellen.[13] Ähnlich ruchlos ist die ebenfalls zu beobachtende Methode, mit dem Profil eines fiktiven Muslims Beiträge zu verbreiten, die antimuslimische Ressentiments schüren sollen – eine False-Flag-Aktion sozusagen. Wer einen radikalen Pragmatismus pflegt, wie er der faschistischen Logik eingeschrieben ist, dem eröffnen sich in der digitalen Sphäre vielfältige Möglichkeiten der politischen Manipulation.

Noch größer ist der rechtsextreme Output an Falschheiten, die nicht unbedingt durch Fake News im engeren Sinne in Umlauf kommen. Dabei handelt es sich nicht um Nachrichten, sondern eher um Meldungen oder Berichte, häufig aus privater Hand und persönlicher Perspektive. Es sind Tweets und Posts über Gerüchte, die viral gehen und für viele Menschen deshalb Glaubwürdigkeit erlangen, weil sie von gewöhnlichen Menschen kommen und geteilt werden. In solchen Fällen spricht man von Hoaxes. Diese haben massiv an Bedeutung gewonnen, weil sich viele Menschen gar nicht mehr über seriöse Nachrichtenformate informieren. Nicht von ungefähr muss die Polizei häufiger als früher vor falschen Verdächtigungen warnen und kursierende Gerüchte im Kontext einer Straftat entkräften. Besonders gängig im rechtsextremen Dunstkreis sind selbstredend vermeintliche Ausländerstraftaten. Sie werden zu kleinen, manchmal lokalen Kampagnen genutzt, um Ressentiments zu schüren. Da werden Flüchtlingen massive Übergriffe unterstellt, die nicht stattgefunden haben, »südländisch aussehende Männer« verdächtigt, Kinder zu stehlen, oder Situationen in Freibädern so ausgemalt, als ob eine feindliche Invasion stattfände. Nicht selten verwendet man dabei auch Bilder aus anderen Kontexten, um mit ihnen die falschen Behauptungen zu untermauern. Zum selben Zweck werden Statistiken sehr selektiv gefiltert und dargestellt.

Neben solchen noch recht groben Formen des Gaslightings lassen sich auch subtilere Methoden beobachten, die in rechtsextremen Kreisen angewendet werden. Dazu zählt zum Beispiel der Verweis auf ein Hörensagen, der im Kontext der sozialen Medien, wo die Kommunikation zumeist alltagskulturellen Logiken folgt, ohnehin omnipräsent ist. »Viele Menschen sagen ...« ist eine der vagen Formulierungen, die beispielsweise Trump häufig nutzt. Der ist zwar nicht unbedingt als rechtsextrem zu bezeichnen, aber durchaus ein gutes Beispiel für die Nutzung dessen, was man in der Kommunikationstheorie »anekdotische Evidenz« nennt. Sie dient Trump als Mittel, um in unzähligen Tweets eine alternative Sichtweise auf ein Problem aufzumachen oder auch nur von der Substanzlosigkeit eigener Aussagen abzulenken. So rechtfertigte er im Wahlkampf antimuslimische Aussagen damit, dass viele Leute zu berichten wüssten, es würden »schlimme Dinge da draußen passieren«.[14] Hier geht es nicht darum, bestimmte Tatsachen direkt anzufechten, sondern die Menschen mit einem kontrafaktischen Denksystem überhaupt vertraut zu machen. Indem man Sichtweisen der »empirischen Evidenz« einfach links liegen lässt, entfällt auch jeder Hinweis auf Expertisen, mit denen sich die Leute sonst befassen könnten. Die Expertisen müssen auf diese Weise nicht einmal delegitimiert werden, sie existieren schlichtweg nicht.

Die eigene Wahrnehmung wird so zum alleinigen Gradmesser erhoben.

Eine solche Politik umgibt die eigene Position mit einer Aura von Selbstverständlichkeit. Der Hochstapler Jack Manningham, die männliche Hauptfigur in dem erwähnten Stück *Gas Light*, ist auch deswegen so erfolgreich mit seinen Manipulationsversuchen, weil seine Rolle als liebender Ehemann es eigentlich undenkbar macht, dass er seiner Frau dermaßen schaden möchte. Ähnlich verhält es sich mit den selbst ernannten Rettern des Abendlandes. Indem sie sich als diejenigen darstellen, die ihre Nation als Einzige wirklich lieben, haftet ihnen der Ruf an, einer höheren Mission zu folgen, die keiner weiteren Legitimation bedarf. Dabei ist die Figur des »besorgten Bürgers«, dem jene Liebe stellvertretend für die Nation gilt, durchaus analog zu der Rolle zu sehen, die der klassische Faschismus der Masse zuschrieb. Letztere war für ihn hilflos, desorientiert und beschränkt. Tatsächlich begründen rechtsextreme Köpfe ihren autoritären Machtanspruch nicht selten damit, dass »ihr« Volk nicht in der Lage sei, sich selbst zu regieren. Das klingt mindestens zwischen den Zeilen durch, wenn Björn Höcke meint, das Volk bedürfe seiner harten Hand.

Damals wie heute versucht die extreme Rechte, die diffuse Masse dadurch zu lenken, dass sie deren Gefühle aktiviert. Denn wo man ihr Herz berührt, so die Logik, wird sie ihr Vertrauen schenken. Immerhin sind Gefühle etwas, das weithin privat verhandelt wurde. Mit den sozialen Medien aber, wo private Vernetzungen ständig von politischen Diskursen umwoben sind, kann Kritik an der eigenen politischen Intuition nun leicht als Angriff auf die eigene Authentizität empfunden werden. Die extreme Rechte versteht sich jedenfalls gut darin, in ihrem Wirkungskreis das Politische als persönliche Angelegenheit gelten zu lassen. Gezielt verquickt sie die individuelle Besorgnis mit der Sorge um die Nation, wobei sie sich bewusst nicht auf dem

Boden des Faktischen bewegt. Deutlich zum Ausdruck brachte das der AfD-Politiker Georg Pazderski, der im Wahlkampf um den Einzug in das Berliner Abgeordnetenhaus 2016 wiederholt die Formulierung »Perception is Reality« (»Wahrnehmung ist Wirklichkeit«) benutzte. Denn im Zuge der Flüchtlingskrise, so der Vorsitzende der Berliner AfD, habe das Volk nun »das Gefühl, dass hier etwas passiert, das wir nicht mehr kontrollieren können«.[15] Ungeachtet der tatsächlichen Mehrheitsverhältnisse wird dabei einfach vorausgesetzt, dass das wahre Volk dort sei, wo der »gesunde Menschenverstand« walte. Auf diese Weise kann sich jeder, der das angesprochene Gefühl teilt, zum nationalbewussten Adel zählen. In der rechtsextremen Kommunikation steht der gesunde Menschenverstand daher für die Absage an objektive Wahrheitskriterien. Wahrheit ist hier zuvorderst Gefühlssache.

Wie aber schon Bertolt Brecht wusste, hat die (gefühlte) Wahrheit immer auch konkret zu sein. Deshalb wird der vermeintlich gesunde Menschenverstand, obwohl er eigentlich keine argumentative Untermalung benötigen dürfte, eben doch durch eine Vielzahl an aufwühlenden Behauptungen und Verweisen belegt – eine Methode, die Adorno als »Konkretismus« bezeichnete: »Es wird mit Kenntnissen geprotzt, die sich schwer kontrollieren lassen, die aber eben um ihrer Unkontrollierbarkeit willen dem, der sie vorbringt, eine besondere Art von Autorität verleihen.«[16] Behauptungen wie die, dass es den Holocaust aus bestimmten Gründen so nicht gegeben haben könne, dass Deutschland wegen bestimmter Formalien momentan gar keine Verfassung habe oder dass Merkel die Grenzen illegal geöffnet habe, sind Beispiele für solche *running facts*, und wer mit ihnen hantiert, darf sich als scharfsinniger Beobachter fühlen. Die Selbstgewissheit, mit der Rechtsextreme ihr Halb- und Viertelwissen in der Öffentlichkeit präsentieren, spricht da Bände. Zumeist gerieren sie sich so, als hätten sie auf alles eine Antwort. Stets haben sie die passenden Informationen parat; Zweifel ist ausgeschlossen. Insbesondere dadurch, dass sie schnell auf aktuelle Ereignisse reagieren, empfehlen sie sich vielen im Netz als Wissensautorität, ohne eine Überzeugungskraft im eigentlichen Sinne entfalten zu müssen.

Um den vermeintlich gesunden Menschenverstand zu nähren, ist es für die extreme Rechte wichtig, Misstrauen gegen jede Form von Information zu schüren, die aus anderen Quellen als den eigenen stammt. Es ist daher kein Zufall, dass Meldungen aus staatlichen Organen per se der Lüge bezichtigt werden und dass Kampagnen gegen den öffentlich-rechtlichen Rundfunk den gemeinsamen Nenner eines heterogenen Spektrums bilden. Dieses setzt sich zusammen aus organisierten Rechtsextremen, Verschwörungstheoretikern und esoterischen Impfgegnern – eine Querfront, die grundsätzlich in dem Glauben vereint ist, stets von »denen da oben« betrogen zu werden. Man wartet mit Quellen auf, die nicht vom »Staatsfunk« manipuliert seien – und vermittelt so das Gefühl, im Besitz von wahrlich unabhängigem Wissen zu sein oder gar Insiderkenntnisse erlangt zu haben. Vor allem nebulöse Informanten aus der staatlichen Bürokratie und dem Polizeidienst werden gerne als Referenzen hervorgezaubert, um die Darstellungen der demokratischen Dienstherren zu entkräften. Darüber hinaus sind natürlich auch glatte Lügen Teil dieser Praxis, die dem Aufbau einer Gegenöffentlichkeit dient, mit der die geltenden Regeln einer verständigungsorientierten Debatte außer Kraft gesetzt werden sollen. Wie bereits geschildert, spricht die extreme Rechte dabei sogar offen von einem »Informationskrieg«, den man gegen die politische Korrektheit und den liberalen Mainstream führe.

Neben unverhohlenen Lügen, die oft von anderen Medienakteuren aufgedeckt werden, aber dennoch im öffentlichen Diskurs und der individuellen Wahrnehmung verfangen, ist das sogenannte Framing von Themen – also ihre sprachliche und sprachbildliche Darstellung – von ausschlaggebender Bedeutung. Wie das aussehen kann, zeigt sehr anschaulich die Rhetorik zu migrationspolitischen Themen: So werden menschliche Migrationsbewegungen immer wieder – und häufig in Verbindung mit fehlerhaften Zahlen und Grafiken – mit Naturkatastrophen in Verbindung gebracht. Das Gerede von »Fluten« und »Wellen« etwa vermittelt die rechtsextreme Kunde von eindringenden Horden und soll das Gefühl wecken, vom Staat verlassen worden zu sein. Indem die immer gleichen Angstszenarien wiederholt werden, gewinnt dieses orchestrierte Selbstmitleid im Denken der extremen Rechten an Plausibilität, ja es wirkt folgerichtig. So beschreibt es Hannah Arendt mit Blick auf die Durchschlagskraft totalitaristischer Propaganda. Tatsachen machen demnach keinen Eindruck auf die geneigte Masse – auch keine erlogenen: »Auf sie wirkt nur die Konsequenz und Stimmigkeit frei erfundener Systeme.«[17] Auch das verbindet, wie der Historiker Timothy Snyder aufzeigt, den klassischen Faschismus mit der postfaktischen Propaganda der extremen Rechten von heute.[18]

Das alarmistische Dauerfeuer aus Falschheiten und Untergangsrhetorik soll dazu beitragen, eine Situation der Spannung zu erzeugen. Denn wie das Schicksal von Bella Manningham, der weiblichen Hauptfigur in *Gas Light*, zeigt, sind Menschen in Krisensituationen besonders empfänglich dafür, außergewöhnliche Maßnahmen zu akzeptieren oder sich gar zu wünschen. Gerade die Corona-Krise sollte uns vor Augen geführt haben, wie Selbstverständlichkeiten der Demokratie angesichts einer größeren Bedrohung plötzlich verzichtbar erscheinen. Einen solchen Ausnahmezustand – wenngleich mit gänzlich anderen Bedingungen – versucht auch die extreme Rechte herbeizureden, stellt doch derjenige, der über jenen Zustand entscheidet, den wahren Souverän dar, wie der rechte Rechtsphilosoph Carl Schmitt postulierte.[19] Sie möchte die Emotionen vor allem dadurch zum Überkochen bringen, dass sie einen unvermeidlichen Konflikt zwischen den Kulturen oder gar einen Bürgerkrieg beschwört, in dem man gegen die zu Felde zieht, die die Misere angeblich zu verantworten haben. Das sind nicht nur Fantasien von einzelnen Extremisten wie den Attentätern von Hanau oder Halle. Sie werden auch in Kampf- und Trainingsgruppen gesponnen, wo sich militante Rechte auf den »Tag X« vorbereiten, und ebenso in verschiedenen terroristischen Zellen. Nicht zuletzt haben sie einen neuen Vigilantismus angestoßen, der sich in zahlreichen Bürgerwehren äußert, aber auch in den marodierenden Banden, die Chemnitz im Jahr 2018 in die Schlagzeilen brachten. Hier werden testweise Praktiken eingeübt, die im Ernstfall von Nutzen sein sollen.

Es ist kein Zufall, dass eines der drastischsten Hetzblätter der extremen Rechten den Beinamen »Magazin für Souveränität« trägt. Die Rede ist von der Zeitschrift *Compact*, die sich 2015 entschied, explizit als Sprachrohr der AfD zu fungieren. Sie ist trotz – oder gerade wegen – der Verbreitung kruder Verschwörungstheorien und brachialer Hetze ein wichtiger Knotenpunkt im Netzwerk der rechten Medienlandschaft. Herausgeber Jürgen Elsässer bedient damit die rechte Standardverschwörungstheorie, wonach die Bundesrepublik kein souveräner Staat sei. Diese Tatsache, so der Grundtenor des Blattes, spiegele sich auch in der passiven Mentalität der Bundesbürger wider, die aus ihrer Fremdsteuerung resultiere. Ihre Souveränität können sie daher auch nur durch Akteure zurückgewinnen, die bereits Souveränität verkörpern. Und diese zeigt sich, so könnte man sagen, in einer Haltung, die Ruth Wodak als »Arroganz der Ignoranz« bezeichnet.[20] Es ist eine Art Trotz gegenüber der Realität. Ein autoritärer Trotz. Denn er gibt der Masse zu verstehen, dass sie die Kontrolle über ihr Leben verloren habe – und väterliche Hilfe benötige. Auf genau dieser Klaviatur spielte auch die *Leave*-Kampagne während des Brexit-Referendums, als sie *Let's Take Back Control* zu ihrem Leitmotiv machte. Die von Johnson-Berater Dominic Cummings geleitete Kampagne zeigte von Beginn an kein Interesse an sachlichen Argumenten. Ihr einziges Ziel bestand darin, insbesondere bei politikfernen Wählern das Gefühl hervorzurufen, dass die Europäische Union für all ihre Probleme verantwortlich sei – egal mit welchen Behauptungen.

Die schnelle Abfolge immer neuer Anschuldigungen, wechselnder Feindbildkonstruktionen und schleierhafter Beweisführungen, wie sie sich bei den meisten rechtsextremen Akteuren beobachten lässt, entspricht ganz der Flatterhaftigkeit, die dem Soziologen Leo Löwenthal auch schon an der klassisch-faschistischen Agitation aufgefallen war.[21] Nur dass sie sich nun über die sozialen Medien rund um die Uhr, immer und überall austoben kann. Dabei inszenieren sich rechtsextreme Akteure als Propheten – um weiter mit Löwenthal zu sprechen: »falsche Propheten« –, die alle Fehlentwicklungen schon immer vorhergesagt hätten, die richtigen Lösungen natürlich mit im Angebot. Die vermeintliche Prophezeiung wird, wie es Arendt beschreibt, zu einem »nachträglichen Alibi: Es ist nur eingetreten, was vorausgesagt war.«[22] Selbst die verschiedenen Einzeltäter des neueren Rechtsterrorismus verstehen sich nicht einfach nur als heroische Soldaten, sondern auch als Vordenker, die der Welt die Augen öffnen. Entsprechend werden viele rechtsterroristische Anschläge in dem Glauben durchgeführt, eine wichtige Wahrheit erkannt zu haben: zum Beispiel die, dass ein Genozid gegen die »weiße Rasse« im Gange sei und jeder seinen Teil tun müsse, diesen mit allen Mitteln zu verhindern. So war es auch bei dem Massenmörder von El Paso, der im August 2019 insgesamt 22 Menschen erschoss – und wie andere Rechtsterroristen auch ein Manifest hinterließ: »Die unangenehme Wahrheit«.

Das messianische Moment verweist darauf, dass die Verschwörungstheorien der extremen Rechten bei vielen Menschen ein Gefühl der Erleuchtung hervorrufen. Es treibt sie zu jener Rastlosigkeit an, die sie für Selbstermächtigung halten. Vor allem im US-amerikanischen Kontext, aber mittlerweile auch in deutschen Online-Kulturen wird ein solches Damaskus-Erlebnis gerne als »Redpilling« bezeichnet. Dabei handelt es sich um eine Metapher, die auf den Film *Matrix* Bezug nimmt. Dort werden der Hauptfigur Neo zwei Pillen zur Auswahl angeboten: eine blaue, die ihn weiter im angenehmen Zustand der Selbsttäuschung halten, und eine rote, die seine Wahrnehmung ganz neu ausrichten wird. Insofern drückt der Begriff aus, dass man sich von all den Lügen und Illusionen losgelöst habe, die einem die liberale Gesellschaft in den Kopf setze. Man lasse sich nun nicht mehr gaslighten, so könnte man aus rechter Sicht sagen. Tatsächlich aber steht diese Katharsis gerade für die Vollendung des rechtsextremen Gaslightings. Denn in diesem Geistesstatus sind die Brücken zu seriösen Medienquellen endgültig abgerissen, da man nun dem rechtsextremen und verschwörungstheoretischen Nachrichtensystem völlig hörig ist. Die Folge ist ein ganz und gar selbstbezügliches Argumentationssystem, das gegenüber widersprechenden Informationen immun ist. Wer beispielsweise der festen Überzeugung ist, dass die »Lügenpresse« und der Staat die angebliche Bedrohung der Nation kleinreden oder gar verschweigen, kann nur noch Quellen trauen, die diese Bedrohung auch bestätigen.

Fake News und Gerüchte sind aus diesem Grund meist eingebettet in größere Verschwörungserzählungen. Sie handeln von höheren Machenschaften, die mehr oder weniger absurd sind. Für komplexe Probleme benennen sie oft einen Sündenbock, wie etwa Bill Gates in der Corona-Krise, dem ständig nachgesagt wird, dass er nach der Weltmacht greife. Solche Geschichten befriedigen offenbar ein Bedürfnis. Sie vermitteln das Gefühl, einen Wissensvorsprung zu haben, also über etwas Besonderes zu verfügen, das einen von den »Normies« abhebt:

eine Szenebezeichnung für Menschen, die angeblich unkritisch dem liberalen Mainstream folgen. Verschwörungserzählungen wirken insofern identitätsstiftend – und allein deswegen ist ihnen schwer beizukommen. Wenn zum Beispiel die französische Regierung in der Corona-Krise eine Empfehlung für Medien herausgibt, denen man das Vertrauen schenken sollte, liest sich das im Dunstkreis der extremen Rechten wie eine Giftliste. Und wenn Plattformen Inhalte als nicht vertrauenswürdig einstufen, wie es ebenfalls in jener Krise mehrfach der Fall war, mag das mancher gar als Empfehlung lesen. Die extreme Rechte und ihr verschwörungstheoretisches Anschlussfeld scheinen ihr Gaslighting jedenfalls mit einigem Erfolg ins Werk gesetzt zu haben. Denn mit dem offenkundig geschürten Misstrauen gegen die herkömmlichen Medien und insbesondere gegen die öffentlich-rechtlichen orientieren sich viele Menschen, die sich als besonders kritisch einschätzen, mittlerweile ausschließlich an alternativen Nachrichtensystemen.

Die damit verbundene Immunität gegenüber seriösen Quellen ermöglicht es, auch eklatanteste Widersprüche zwischen den eigenen Behauptungen und der statistisch vermittelbaren Realität, also den Fakten, aufrechtzuerhalten. So können sich zum Beispiel AfD-Anhänger einreden, dass ihre Partei den Volkswillen repräsentiere, obwohl Wahlergebnisse und Umfragen deutlich zeigen, dass – trotz aller rechten Erfolge – eine klare Mehrheit der Bürger gewiss keine AfD-Regierung haben möchte. Eine solche Missachtung der demokratischen Fakten ist möglich, weil Verschwörungstheorien für jeden noch so großen Widerspruch eine Erklärung bieten. Falls jemand nicht ohnehin davon ausgeht, dass sämtliche Wahlergebnisse manipuliert seien, kann er beispielsweise behaupten, dass das Volk eben gezielt in Unwissen gehalten werde, der Volkswille sich also gar nicht wirklich ausdrücken könne. Tatsächlich ist es ein zentraler Bestandteil des rechtsextremen Opfermythos, dass im gegenwärtigen politischen System die Wahrheit unterdrückt werde, ja, dass wir bereits in einem Unrechtsstaat lebten, der die gleichen Methoden wie die Stasi oder die Gestapo anwende. Entsprechend wird das eigene Handeln denn auch in die Tradition eines rechtschaffenen Widerstands gegen totalitaristische Regime gestellt.

»Vollende die Wende« ist einer der Slogans, mit dem etwa die AfD versucht, an die Oppositionsbewegung der späten DDR anzuschließen. Noch dreister agiert sie sogar, wenn sie sich mit dem Widerstand gegen die Nationalsozialisten gleichsetzt. »Sophie Scholl würde AfD wählen«, verkündete der Nürnberger Kreisverband in einer digitalen Werbeaktion. Schließlich habe man ebenfalls den Mut, in einer feindlichen Umwelt die Wahrheit auszusprechen. Gleichzeitig reagiert die AfD, die mit dem Motto »Mut zur Wahrheit« hausieren geht, sehr empfindlich, wenn man sie auf Unwahrheiten in ihrer Kommunikation hinweist. Dass sie dabei Behauptungen, die nicht durch Fakten gedeckt sind, mit dem trotzigen Verweis auf die Meinungsfreiheit aufrechterhält, ist ein Manöver, welches das Prinzip der Meinungsfreiheit selbst ad absurdum führt. Denn es ist eine Sache, bestimmte Fakten oder zumindest deren Einordnung anzuzweifeln – genau das macht ja den politischen Streit aus, der in der Demokratie erwünscht ist. Etwas anderes ist es, wenn Aussagen über die Realität als geschützte Meinungen, als unantastbare Wahrheiten gelten, die über jede Kritik erhaben seien. Wie Arendt schreibt, legt der »Anspruch auf absolute Wahrheit, die von den Meinungen der Menschen unabhängig zu sein vorgibt, die Axt an die Wurzeln aller Politik«.[23] Anders gesagt: Ohne die Vernunftwahrheit, dass es zur Überprüfung von Tatsachenwahrheiten allgemein akzeptierte Kriterien geben muss, ist eine auf Verständigung zielende Debatte nicht möglich.

Die digitale Konjunktur von Bullshit

Die extreme Rechte macht sich heute postfaktische Dynamiken zunutze – und treibt sie zugleich an. In den Reibungen, die diese Dynamiken produzieren, zeigt sich ein kultureller Konflikt, dessen gefährliche Tragweite für die demokratische Stabilität nicht zu unterschätzen ist. Sie untergraben nämlich die kulturelle Voraussetzung der Demokratie: einen breiten Konsens darüber, anderen Meinungen sei mit einem gewissen Wohlwollen zu begegnen. Man mag ihre Argumente nicht teilen, aber sie sind ernst zu nehmen und in Bezug zu den eigenen zu setzen. Erforderlich ist also, um mit Karl Popper zu sprechen, eine transzendierende Denkweise, die in Betracht zieht: »Ich kann mich irren, du magst recht haben, aber gemeinsam werden wir vielleicht der Wahrheit auf die Spur kommen.«[24] Wo jedoch dieser gemeinsame kognitive Fluchtpunkt verloren geht, vermag kein Band mehr demokratische Verständigung herzustellen. Die gegnerische Position ist nicht mehr nachvollziehbar, ihre Motivation erscheint obskur oder gar bedrohlich. Kurz: Der politische Gegner wird zum politischen Feind. Umgekehrt sind auch diejenigen, die eigentlich weiterhin Verständigung suchen, gezwungen, ihr Wohlwollen aufzugeben. Denn indem das Feindesdenken des Gegners die Voraussetzungen der Demokratie untergräbt, wird ebenjener Gegner seinerseits zum Feind der Demokraten. Das ist Teil des bereits erwähnten Popper'schen Toleranzparadoxes.

Wie aber ist es dazu gekommen, dass dieses intersubjektive Band demokratischer Kultur so strapaziert wird? An Erklärungsansätzen mangelt es sicher nicht. Die Sozial- und Geisteswissenschaften produzieren sie am Fließband. Und nicht immer stellen sie dabei einen Zusammenhang zur Digitalisierung her. Immerhin baute auch schon der klassische Faschismus auf »den Vorzug von Schein vor Sein«. So umschreibt der

Journalist Thomas Steierer die Essenz der eingangs erwähnten Colbert'schen *truthiness*, die man durchaus auch im historischen Rückblick ausmachen kann: eine Weltwahrnehmung, »die nur die ›Fakten‹ zulässt, von denen man sich wünscht, sie wären wahr«.[25] Das Phänomen existierte also bereits vor der Digitalisierung – und muss nicht direkt mit Politik zu tun haben. So wie auch Colbert eher eine sozialpsychologische Tendenz beschrieb (wohlgemerkt noch vor dem Siegeszug der sozialen Medien), haben über die Jahrzehnte etliche Studien immer wieder solch einen *confirmation bias* – eine Neigung zur Selbstbestätigung – in verschiedensten Lebensbereichen festgestellt, wie man ihn heute vor allem mit digitalen »Filterblasen« oder »Echokammern« verbindet. Unterschiedliche Wahrnehmungen der Welt, selbst des unmittelbaren Umfelds, sind so gesehen eine menschliche Konstante.

Denken wir nur an Fußballfans. Zwei Fanlager, die einem Spiel zwischen ihren Mannschaften beiwohnen, sehen stets zwei unterschiedliche Spiele. Es ist eine allseits bekannte Irrationalität in der Fußballwelt, dass Fouls, Schwalben und Zeitspiel des Gegners als unsportlich gelten, während man bei der eigenen Mannschaft solche Verfehlungen gerne übersieht – oder sogar als ausgebufft adelt. Viele mögen sich diesen Widerspruch insgeheim sogar eingestehen. Dennoch dominieren die Sichtweisen, die die eigene Identität bestätigen. Ähnlich bestimmen auch in anderen Lebensbereichen die jeweiligen Identitäten die Blickrichtung, wie Experimente mit unterschiedlichsten Anordnungen vielfach gezeigt haben: Der Mensch blendet gerne Informationen aus, die für den eigenen Lebensstil zentrale Verhaltensweisen, Personen oder Gegenstände infrage stellen. Nicht selten reagiert er auf sie auch mit Wut. Ob Informationen als »wahr genug« eingestuft werden, wie es der Journalist Farhad Manjoo nennt, ist also stets identitätsgebunden. Das zeigt sein gleichnamiges Buch über Aspekte einer postfaktischen Gesellschaft, in dem er viele Studien zum Problem der Selbstbestätigung zusammenfasst.[26]

Manjoos Buch steht relativ am Anfang eines Reigens von Beiträgen zum Phänomen des Postfaktischen, die ihre jeweiligen Erklärungen auf unterschiedliche Sozialtheorien stützen. Eine klassische Sozialtheorie, die wir dabei für erhellend halten, ist der von David Riesman mitverfasste Klassiker *Die einsame Masse*.[27] Das 1950 erschienene Werk ist bekannt dafür, dass es verschiedene Sozialcharaktere beschreibt, die sich in Gesellschaften zeigen und die auf unterschiedliche Weise zu ihren Normen und Lebenseinstellungen gelangen. Einer davon ist der »außengeleitete« Typ, den Riesman in der modernen Gesellschaft auf dem Vormarsch sah. Er steht für eine Art Konformismus, bei dem das eigene Verhalten stark durch die Verhaltensformen anderer geprägt wird – und nicht von Werten, die etwa höheren Zielen wie der Wahrheit folgen. Dieser Konformismus entfaltet seine Wirkung vor dem Hintergrund, dass das menschliche Bedürfnis nach Anerkennung und Zustimmung mit dem Aufkommen der Konsumgesellschaft zu einem Wert an sich geworden ist. So betrachtet ist den moralischen und politischen Normen, die Menschen annehmen, häufig eine Bezugsgruppe vorgelagert, der man sich gewogen fühlt. Getrieben von der Angst, nicht dazuzugehören, internalisiert man deren Normen als richtig.

Als »einsam« kann die konformistische Masse auch insofern gelten, als die sozialen Zwänge sie dazu verleiten, ihren inneren Kompass zu verleugnen – also von sich selbst Abstand zu nehmen – und ihn durch die Normen der Bezugsgruppe zu ersetzen. Wir haben es daher, wie beim Gaslighting, mit einer Desorientierung zu tun, die schließlich dazu führt, dass man fremde Koordinaten übernimmt. Nur ist dies keine Folge von Manipulation, sondern eines allgemeinen gesellschaftlichen Wandels. Waren zuvor Lebenseinstellungen noch stärker aus der Arbeitswelt heraus geprägt, veränderten sie sich nunmehr im Angesicht von Freizeit- und Unterhaltungskulturen, über die sich Menschen definieren. An diesem Punkt schreibt der schon erwähnte Soziologe Andreas Reckwitz die Riesman'sche Geschichte fort. Ihm zufolge entstand im Sog der sozialen und kulturellen Umwälzungen, die gemeinhin mit der neoliberalen Globalisierung verbunden werden, eine neue gesellschaftliche Konstellation. Wechselhafte Erwerbsbiografien, völlig neue Lebenswege und mannigfaltige Ausdrucksformen bilden dabei den Hintergrund für ein Sammelsurium von »Einzigartigkeiten«: eine Vielfalt von Identitäten, die alle der Vorstellung folgen, besonders zu sein.[28] Der zentrale Wert von Anerkennung und Zustimmung, den Riesman ausmachte, hat sich insofern zu einem sozialen Zwang ausgewachsen, auch noch einzigartig sein zu müssen.

Man könnte nun also von einer einzigartigen Masse sprechen, deren konformistisches Bedürfnis ein breites Angebot an Bezugsgruppen vorfindet, in denen sich Anerkennung und Zustimmung erfahren lassen. Andererseits müssen sich viele Menschen, die dem wachsenden Zwang zur Selbstverwirklichung nicht gerecht werden, bedeutungslos fühlen angesichts all der besonderen Lebensentwürfe, die im Aufmerksamkeitswettbewerb glänzen. Insofern haben wir es mit Entwicklungen zu tun, die Menschen weiter desorientieren – und sie umso mehr Orientierung in neuen Identitäten suchen lassen. Anders jedoch als in der von Riesman beschriebenen Konstellation, wo das Angebot an Bezugsgruppen weitgehend durch die natürliche Umgebung begrenzt war, sind nun – vor allem dank der Digitalisierung – auch solche Gruppen zugänglich, deren Einzigartigkeit gerade darin besteht, dass sie jede Einzigartigkeit entschieden ablehnen. Das würde zumindest erklären, warum sich manche Rechtsextreme gerne als unangepasste Besonderheit begreifen, zugleich aber soziale und kulturelle Abweichungen verdammen. Das konformistische Bedürfnis nach Anerkennung und Zustimmung findet also ausgerechnet Halt in einer non-konformen Identität, die der Vielfalt an Einzigartigkeiten eine einzigartige Einfalt entgegenhält.

Hier lässt sich mit Überlegungen des Philosophen Philipp Hübl anschließen, für den der Rechtsruck auch durch Gefühle des Abscheus angetrieben wird. In der Tat bringt die extreme Rechte einen solchen Abscheu in ihren Lieblingsthemen und Sprachbildern offen zum Ausdruck. Da werden Flüchtlinge als »Maden«, Linke als »Zecken« und das »Establishment« als »linksgrünversifft« verunglimpft, oder man überzieht Einzelpersonen wie die Klimaaktivistin Greta Thunberg mit vulgären Anfeindungen. Der »Ekelbürger«, wie Hübl die aufgeregte Masse auch nennt,[29] sehnt sich eben nach klaren, unverwüstlichen Strukturen, die ihm »Ordnungssicherheit« vermitteln. So bezeichnete der Soziologe Heinrich Popitz »eine gewisse Verlässlichkeit der eigenen Orientierung innerhalb der bestehenden Ordnung«.[30] Wer die Ordnung stört oder unübersichtlicher macht, gefährdet unmittelbar das Hygieneempfinden des »Ekelbürgers« – und zieht dessen Abscheu auf sich. Das Wahrheitsempfinden ist so gesehen also nicht nur an Identität gebunden, sondern auch an Alterität: an das Andere, was man *nicht* ist und *nicht* sein will.

Unweigerlich erinnert dieser Abstoßungseffekt (in der Psychologie »Reaktanz« genannt) an den Umstand, dass die Normen der extremen Rechten für viele allein schon deswegen attraktiv sind, weil ihre Repräsentanten die Antithese zu einer verhassten politischen Kultur darstellen. Wie sehr eine solche »negative Identifikation« das politische Wahrheitsempfinden prägen könnte, lässt eine Studie erahnen, die 2018 von einer Forschungsgruppe um den Psychologen Paul Hanel veröffentlicht wurde.[31] Demnach reagieren Menschen sehr unterschiedlich auf ein und dieselbe Aussage, je nachdem, ob deren Urheber der eigenen oder einer gegnerischen Gruppe zugeordnet wird. So stießen Aussagen, die US-amerikanischen Wählern vorgelegt wurden, zumeist auf Ablehnung, wenn es hieß, sie stammten aus dem anderen politischen Lager – und das selbst dann, wenn sie gar keine kontroversen Inhalte aufwiesen und in Wirklichkeit aus den eigenen Reihen stammten. Es gehe »vor allem darum, wie die Zitate gelabelt sind«, fasst es Hanel gegenüber der *Süddeutschen Zeitung* zusammen.[32] Man könnte daher auch zuspitzen: Ob Menschen etwas für wahr erachten, hängt oftmals davon ab, ob zufällig der Richtige das Richtige beziehungsweise der Falsche das Falsche sagt.

Dennoch sind nicht alle Menschen gleichermaßen für postfaktische Inhalte anfällig. So ist laut Hübl zum Beispiel gerade im konservativen bis rechtsextremen Spektrum ein »intuitiver Denkstil« anzutreffen, in dem die Identität eher mit der Wahrheit über Kreuz liegt. Das Konzept stellt – als Gegenstück zum »rationalen«, gegen den identitären Reflex gebürsteten Denkstil – im Prinzip eine ausgeklügelte Version von *thruthiness* dar und stützt sich auf ziemlich knifflige Erkenntnisse aus der Moralpsychologie, die hier nicht ausgebreitet werden müssen. Es genügt festzuhalten, dass der intuitive Denkstil besonders anfällig ist für »identitätsschützende Denkfehler«.[33] Folgen wir nämlich weiter Riesman, dann ist es das konformistische Bedürfnis, das Menschen dazu verführt, die Normen einer Gruppe zu übernehmen. An diesen Normen hängen sie intuitiv ihre Identität und damit ihr Herz auf. Was ihnen widerspricht, muss daher geleugnet werden, denn sonst droht eine »kognitive Dissonanz«: Die Wahrnehmung passt nicht mehr mit der Identität zusammen, sodass diese zu implodieren droht. Womit wir erneut bei Adorno wären, von dem wir bereits gelernt haben, dass gerade der Zweifel an den eigenen Positionen dazu führen kann, dass man sich in diesen umso intensiver bestärkt.

Häufiger ist in diesem Kontext auch von dem Begriff des

»Bullshits« die Rede, wie er in dem berühmten, bereits erwähnten Essay von Harry G. Frankfurt geprägt wurde. Immerhin lässt sich bei identitätsschützenden Denkfehlern nicht unbedingt von Lügen sprechen, so als würde hier bewusst Unwahrheit gesagt. Vielmehr zeigt sich darin eine grundlegende Gleichgültigkeit gegenüber der Wahrheit: Es interessiert die nach Anerkennung strebenden Personen eigentlich nicht, ob die Behauptungen der Gruppe wirklich wahr oder falsch sind. Eine solche Mentalität ist freilich nicht der extremen Rechten vorbehalten. Der Tendenz zum Bullshit können sogar ganze politische Systeme verfallen. So beschrieb der Anthropologe Alexei Yurchak die Situation in der späten Sowjetunion einmal als »Hypernormalisierung«. Damit meinte er den Umstand, dass damals kaum einer mehr der offiziellen Propaganda glaubte, man aus Mangel an Alternativen aber den Schein als Realität annahm. Wahrheit und Lüge verschwammen so auf seltsame Weise.[34] Auch die heutige, neoliberale Gesellschaft folgt solchen »Lebenslügen«, wie es der Dramatiker Henrik Ibsen einst nannte.[35] Dass etwa der Markt zu allgemeinem Wohlstand führe (»Trickle-Down-Effekt«) oder dass sich harte Arbeit lohne (»Leistungsprinzip«), erweist sich angesichts einer sich immer weiter öffnenden Schere zwischen Arm und Reich sowie von »Working Poor« tagtäglich als reines Wunschdenken, an dem wir uns aber dennoch orientieren.

Insofern trägt sicher auch der neoliberale Diskurs zu einer Konjunktur von Bullshit bei, da er sich gegenüber der Falschheit seiner Behauptungen gleichgültig verhält. Dabei steht zu vermuten, dass eine solche Kultur mit der technologischen Entwicklung so zusammenläuft, dass sowohl rechtsextreme als auch postfaktische Dynamiken ein günstiges Klima vorfinden. Auf der einen Seite sehen wir soziale Prozesse, die verunsichernd wirken und die Menschen für identitätsschützende Denkfehler empfänglich machen. Auf der anderen Seite sehen wir Manipulationspraktiken, die die Masse desorientieren und für eine politische Identität gewinnen wollen. Um diesen Zusammenhang besser zu verstehen, müssen wir uns nun klarmachen, weshalb die extreme Rechte ihre Gaslighting-Techniken in den sozialen Medien so erfolgreich anwenden kann – und warum deren technisches Design ihnen dabei so zuträglich ist. Zunächst wäre jedoch zu fragen, inwiefern die Digitalisierung das Potenzial für identitätsstiftende Denkfehler konkret entfesselt hat. Immerhin waren die Demokratien trotz der Irrationalität des Konformismus lange stabil und durchaus erfolgreich darin, eine weitgehend homogene politische Kultur zu pflegen, die sich gemeinsamen Wahrheitskriterien verpflichtet fühlte.

Als Trendwende kann hier der technologische Fortschritt gelten, der ab den 1980er-Jahren viele neue Medienakteure zuließ und mit dem die Homogenität des Diskurses zu bröckeln begann. Oft wird in diesem Kontext auf die Entwicklung des US-amerikanischen Medienmarkts hingewiesen, in dem schon früh private, aber auch religiöse Gruppen Fernseh- und Radioshows etablierten, die den Einfluss der großen Zeitungen und Sender schmälerten. Sie waren stärker auf bestimmte Weltbilder oder Konsumpräferenzen zugeschnitten, sodass mit ihnen andere Informationstypen und Debattierweisen mehr Raum bekamen. Dazu zählen nicht nur manche sensationalistischen Nachrichtensender, sondern auch Talkshows, die primär eine unpolitische Masse ansprachen und so an politisch relevante Themen heranführten. Damit setzte schon lange vor den sozialen Medien eine Entwicklung ein, bei der der politische Diskurs stärker von Formaten geprägt wurde, in denen man eher »aus dem Bauch heraus« über Gott und die Welt debattierte. Vorbei war die Zeit, da Seriosität das wichtigste Kapital von Medienakteuren war und es zum Berufsethos von Moderatoren und sogar Fußballkommentatoren gehörte, möglichst besonnen, überparteilich und unnahbar zu wirken. Zugleich bildeten sich damit in der medial vermittelten Realität viel stärker Bezugsgruppen ab, die ihre jeweils eigenen Vorstellungen von Wahrheit besaßen.

Die Digitalisierung trieb diese Entwicklung weiter voran, indem sie nun auch die Vielfalt der Reckwitz'schen Einzigartigkeiten abbildete. Diese erschweren einerseits ein breit geteiltes Wahrheitsempfinden, weil sie ihre eigenen logischen Bezugssysteme aufbauen, die immer weniger miteinander kompatibel sind. Andererseits geben sie den Menschen mit ihrem konformistischen Bedürfnis die Möglichkeit, passgenauere Identitäten zu finden. In der gesellschaftlichen Konstellation, die Riesman beschrieb, spielten noch traditionelle Bezugsgruppen wie Nachbarn, Familie und Kollegen durchaus eine wichtige Rolle, sodass sich, wie Steierer schreibt, »im vorgegebenen Umfeld jedes Einzelnen [...] Geschmack und Gesinnung noch natürlich durchmischen konnten«.[36] Nun aber konnten etwa Menschen mit einem intuitiven Denkstil Anschluss an Gruppen finden, in denen sie sich nicht mehr mit rationalen Einflüssen auseinandersetzen mussten, wie es noch in den alternativlosen Bezugsgruppen mit gemischten Denkstilen der Fall gewesen war.

Die Digitalisierung bedeutet daher Öffnung und Schließung zugleich: Dank ihr herrscht inzwischen ein unbegrenztes Angebot an Identitäten, hinter denen man sich verbarrikadieren kann. Insofern ergibt die Rede von »Filterblasen« oder »Echokammern« durchaus Sinn, auch wenn Kritiker der Begriffe darauf verweisen, dass es zu einfach wäre, die Technologie allein für den *confirmation bias* verantwortlich zu machen.[37] Entscheidend ist hierbei weniger der Unterschied zwischen analoger und digitaler Welt, sondern der Unterschied zwischen den Denkstilen, die sich in der digitalen Welt klarer sortieren können. Für den rationalen Denkstil finden sich nun neue Möglichkeiten der Reflexion, für den intuitiven solche der Selbstbestätigung. Entsprechend können die sozialen Medien sowohl aufklärerische als auch postfaktische Prozesse verstärken. Die gesellschaftliche Polarisierung, die wir derzeit beobachten, kann aus dieser Perspektive auch als ein Prozess verstanden werden, bei dem Menschen mit einem bestimmten Denkstil zu ihresgleichen finden. Wer beispielsweise mit absurden Ahnungen über die Beschaffenheit der Welt schwanger geht, die ihm in den traditionellen Bezugsgruppen als Unsinn ausgetrieben worden wären, wird heute förmlich von Gruppen angesprungen, die ihn darin bestätigen. Jemand, der aufgrund seiner Einäugigkeit sonst nicht für voll genommen würde, kann nun leicht ein König unter den Blinden sein, die im Leitsystem der sozialen Medien zusammenfinden.

Tatsächlich lässt sich der Eindruck nicht vermeiden, dass in vielen digitalen Zusammenhängen eine besondere Abneigung gegen jede formale Logik vorherrscht. So mag die Gemeinschaft der Toren Tweets von Trump nicht trotz, sondern wegen ihres Bullshits. Insofern hat die vergemeinschaftende Funktion der sozialen Medien ein neues Stammesdenken ermöglicht, das der Kulturwissenschaftler Michael Seemann als »digitalen Tribalismus« beschreibt.[38] Behauptungen werden nicht mehr nach rationalen Wahrheitskriterien bemessen, sondern nach dem Nutzen für die Gemeinschaft. Der Wert von Informationen wird deshalb zuallererst von ihrer vermeintlichen Herkunft abhängig gemacht. Eine Information mag noch so wichtig und richtig sein – wo sie dem Hygieneempfinden des Stammes zuwiderläuft, gleicht sie einer Gotteslästerung. Zugleich findet der Ekel, der dieser Informationsselektion zugrunde liegt, auch noch ein Übermaß an Nahrung. Denn auf den verschiedenen Plattformen präsentieren sich nun zahllose Nutzer, die für das stehen, was den Ekelbürger provoziert: eine »globale Klasse« von progressiven Kosmopoliten, die neue moralische Standards in Politik und Medien setzt – und damit die Vorstellungen von der nationalen Gemeinschaft durcheinanderbringt.[39] Demnach haben wir es bei den sozialen Medien nicht nur mit einer Selbstverwirklichungsmaschine zu tun, sondern auch mit einem Generator von Abstoßungseffekten.

Mit den sozialen Medien ändert sich aber auch die Art und Weise, wie die Menschen Nachrichten aufnehmen. Durch die Beiträge, die laufend in ihre Timeline gespült werden, stehen Wahrheit, Lüge und Bullshit prinzipiell gleichberechtigt nebeneinander und erhalten durch die algorithmische Kuratierung eine individuelle Gewichtung. Posts, Nachrichten und Werbeanzeigen werden dabei anhand von verschiedenen Nutzerprofilen zugestellt, sodass den Menschen jeweils eigene Versionen der Wirklichkeit präsentiert werden. Auf die Spitze getrieben wird diese Realitätsvervielfachung auch noch durch Methoden des Mikrotargetings. Dabei sind die kommerziellen und politischen Botschaften so individualisiert, dass von außen nicht mal mehr nachvollzogen werden kann, wie viele verschiedene Versionen den Bürgern eigentlich dargeboten werden. Die Algorithmen sorgen dafür, dass wir vorwiegend Inhalte zu sehen bekommen, die unserer Präferenz entsprechen – und andere nicht. Tatsächlich wäre eine manuelle Auswahl von Nachrichten auch kaum möglich angesichts der schieren Masse an verfügbaren Inhalten. Wie schon bei den herkömmlichen Medien ist daher eine externe Selektion der Informationen zwingend erforderlich. Während dies früher jedoch nach allgemeingültigen Kriterien erfolgte, die eine Gesamtöffentlichkeit ermöglichten, wird Öffentlichkeit durch das individuelle Präferenzmodell nun radikal zersplittert.

Die Persönlichkeitsprofile, die Plattformbetreiber anlegen, sind dabei stets darauf ausgerichtet, die Nutzer auch mit politischen Botschaften zu versorgen – orientiert an ihren kulturellen Vorlieben. So bekommen Menschen, die sich für die gleichen Bücher, Restaurants oder Events interessieren, wahrscheinlich auch ähnliche politische Inhalte vorgeschlagen. Wie prinzipienlos dieses Handwerk ist, lässt sich daran erahnen, dass etwa Facebook Werbetreibenden lange eine Zielgruppe anbot, die mit »Verschwörungstheorien« verschlagwortet war. Dieser Umstand wurde im Zuge der Corona-Krise bekannt, die besonders deutlich zeigte, wie brandgefährlich Desinformation gerade in Krisenzeiten sein kann. Erst als die ersten 5G-Masten in Europa brannten, schien dem Unternehmen diese freundliche »Dienstleistung« für Paranoiker dann doch zu heiß zu werden.[40] Nicht mehr korrigieren ließ sich hingegen, was in Myanmar geschehen war: der bereits erwähnte Völkermord an der muslimischen Minderheit der Rohingya, der über Facebook angefeuert worden war.[41] Wenn Baron Cohen also nahelegt, dass Hitler heute seine Propaganda problemlos über Facebook verbreiten dürfte, ist das keineswegs nur die satirische Zuspitzung eines Komikers.

Die Vorstellung, dass sich die Nutzergemeinschaft in den sozialen Medien schon selbst regulieren würde, spiegelt eine weitgehend naive und auch verantwortungslose Sicht wider, die elementares Wissen über den Zusammenhang von Medien und Demokratie ausblendet. Heute wird ja gerne so getan, als wäre die repräsentative Demokratie, einschließlich ihrer medialen Instanzen, bislang nur deshalb nicht partizipativer und inklusiver gewesen, weil es technisch nicht möglich gewesen sei. Dass sich aber auch die Demokratie zu einem gewissen Grade von oben nach unten organisiert – nicht nur in Form von Parteien und Parlamenten, sondern auch in Form von sogenannten »Leitmedien« –, hat seine Bewandtnis auch unabhängig von den technologischen Möglichkeiten. Bekanntlich konnte bereits der klassische Faschismus erfolgreich Gaslighting-Techniken anwenden, indem er die damaligen Medien für die Verbreitung manipulativer Informationen nutzte. Als Reaktion darauf entwickelte die offene Gesellschaft Schutzmechanismen in der Wissensproduktion, darunter journalistische und ethische Standards, aber auch ein modernes Presserecht, das unter anderem dem Schutz des Einzelnen, aber auch von Minderheiten verpflichtet ist.

Bisher hatten die Medien die Aufgabe und die Verantwortung, die Bürger ausgewogen und hinreichend zu informieren, damit diese die politische Verantwortung in mündiger Weise an Parteien und ihre Repräsentanten delegieren konnten. Die Digitalisierung und die sozialen Medien haben für eine radikale Dezentralisierung der Realitätsvermittlung gesorgt, und so liegt es nun ganz in der Verantwortung des Einzelnen, sich ausgewogen zu informieren. Doch ebendieses Sich-Informieren will gelernt sein. Nicht umsonst ist Journalismus ein Handwerk, das Kompetenzen bei der Einordnung und Prüfung von Fakten verlangt. So wurde beispielsweise in der Corona-Krise immer wieder deutlich, dass der Wissensstand in der Bevölkerung höchst unterschiedlich war. Dabei war und ist deren Mitwirken für eine Eindämmung der Pandemie entscheidend. Ein kleiner, aber lautstarker Teil der Bevölkerung folgte sogar einem »alternativen« Wissen, das mit dem Wissen der virologischen Experten auf Kriegsfuß stand. Nicht selten war dort jenes Misstrauen gegenüber den herkömmlichen Medien zu spüren, das die extreme Rechte in den Jahren zuvor in den sozialen Medien befeuert hatte.

Eine solche Erosion des intersubjektiven Wahrheitsverständnisses ist möglich geworden, weil die Leitmedien, die zuvor als »Gatekeeper« des öffentlichen Diskurses fungierten, mit der Digitalisierung die Kontrolle über die Verbreitungswege von Informationen verloren haben. Massenhaft finden nun Informationen ihren Weg in die Öffentlichkeiten, die der Standards der alten Medienwelt regelrecht spotten. Jemand, der sich sonst mit einem winzigen Publikum begnügen müsste, kann sich dank Web 2.0. mit minimalen Netzskills und geringem Aufwand der Welt präsentieren. Die sozialen Medien treiben diese Entwicklung noch weiter auf die Spitze, denn sie bieten jedem Einzelnen eine kostenlose Servicestruktur, mit der sich Inhalte effektiv und ohne weitere Vorkenntnisse über vorgefertigte Kommunikationskanäle verbreiten lassen. Auch der Zugang zu einem Publikum ist in diesem Service enthalten, selbst für Personen, die nichts anderes als einen sinnlosen Kommentar abgeben, der sich früher nicht einmal als Leserbrief qualifiziert hätte.

All diese neuen Möglichkeiten stehen politischen Akteuren ebenso offen wie unbedarften Individuen. Als »Prosumenten« konsumieren Letztere nicht nur mitunter manipulative Informationen, sondern (re-)produzieren sie auch, indem sie diese unkritisch teilen, etwa wenn ihnen die Expertise fehlt, die betreffenden Informationen richtig einzuordnen. Die extreme Rechte kann und muss als größter Profiteur dieser Dynamiken verstanden werden. Denn die sozialen Medien hebeln effektiv die Mechanismen aus, die sich Demokratien gegen Versuche der Massenmanipulation gegeben haben. Rechtsextreme Akteure können nun die etablierten Routinen und Institutionen der Wissensproduktion einfach umgehen, sodass ihre manipulativen Inhalte unvermittelt auf ein großes Publikum treffen – ähnlich wie in der Zwischenkriegszeit, wo sich keine vermittelnden Instanzen in die faschistische Massenkommunikation einschalteten. Die sozialen Medien, so muss man leider sagen, geben der extremen Rechten somit ihre wichtigste Waffe zurück, um alternative Wahrnehmungen der Realität zu entfesseln.

5 Das Geschrei einer rechten Minderheit

Oder: Wie die sozialen Medien den Volkswillen verzerren

»Wir sind das Volk!« Diese vier Worte sind die Lieblingsparole der extremen Rechten in Deutschland, vorgetragen meist im Brustton der Empörung und mit wutverzerrtem Gesicht. Man findet sie bereits beim Dichter Georg Büchner, der sie Anfang des 19. Jahrhunderts dem Revolutionär Maximilien de Robespierre in den Mund legte, als Mahnung, dass der Volkswille – und nur dieser – Gesetz sein solle. Vor allem aber machte die Losung Geschichte in der späten DDR. Die Teilnehmer der Montagsdemonstrationen riefen sie im Sprechchor, um die Machthaber daran zu erinnern, dass die Bürger der eigentliche Souverän sind – ehe diese demokratische Parole dann bald dem nationalen Einheitsschwur »Wir sind ein Volk!« weichen musste. Nach der Wende tauchte der Slogan bevorzugt immer dann auf, wenn Demonstranten die Idee der Montagsdemos wiederbeleben wollten, obgleich die Anliegen andere waren als 1989/90. So auch im Falle der Pegida-Proteste, mit denen die Parole – nun in eindeutig nationalistischer und rassistischer Auslegung des Volksbegriffs – zum Gassenhauer in der extremen Rechten wurde. Wo sie ihren Unmut über die Regierung Merkel und deren Migrationspolitik zum Ausdruck bringt, finden sich stets viele Kehlen, die die vier Worte skandieren. Auch über die digitalen Propagandamaterialien der extremen Rechten verbreiten sie sich rege.

Ein weiteres Mal gilt es zu fragen, wie es der extremen Rechten gelingt, mit solch einer absurden Botschaft erfolgreich zu mobilisieren. Zwar hat sie in den vergangenen Jahren durchaus beträchtliche Raumgewinne erzielt. Davon aber, dass sie die Mehrheit des Volkes, geschweige denn das ganze Volk repräsentierte, kann keine Rede sein. Selbst in den Hochburgen der AfD, wo sie bei Wahlen schon mal als relativ »stärkste Kraft« aus einem fragmentierten Parteienspektrum hervorgehen kann, steht ihr eine große Mehrheit an Wählern entgegen, die partout keine Koalition mit der Rechtsaußenpartei wünschen. Zugleich zeigen die sogenannten Potenzialanalysen des Meinungsforschungsinstituts INSA regelmäßig, dass keine andere im Bundestag vertretene Partei von mehr Bundesbürgern für unwählbar gehalten wird. Noch im Januar 2020, also vor der Corona-Krise, konnten sich etwa 71 Prozent der Wähler grundsätzlich gar nicht vorstellen, ihr Kreuz bei der AfD zu setzen. Mit solch einer starken Ablehnung sieht sich keine der anderen Parteien auch nur annähernd konfrontiert, deren Werte in selbiger Umfrage 28 Prozent (CDU und SPD), 29 Prozent (Grüne und FDP) und 38 Prozent (Linkspartei) betrugen.[1] Dass die AfD dennoch ihre Politik als Ausdruck des Volkswillens verkauft, ist eine Anmaßung, wenn nicht ein Affront gegen die Demokratie. Denn es sagt nichts anderes aus, als dass die demokratisch gewählte Regierung nicht anerkannt wird. Zugleich ist es eine Verhöhnung der Mehrheit der Bevölkerung, die diese Regierung gewählt hat – und damit eigentlich auch des Volkswillens. Streng konservativ gesprochen könnte man das sogar Verrat am Volk nennen.

Die rechtsextreme Lieblingsparole ist daher eine irrlichternde und offenbart eine seltsame Auffassung von der bestehenden Ordnung. Wie der Journalist Dirk Kurbjuweit feststellt, ist sie in einer Demokratie eigentlich sinnlos, »weil es das Volk als Einheit nicht geben kann, wenn jeder die Freiheit hat, seine eigene Meinung zu vertreten«.[2] Was aber in der demokratischen Logik selbstverständlich ist – nämlich dass Meinungspluralismus ein komplexes Repräsentationssystem mit Verständigungsorientierung erfordert –, gibt der extremen Rechten Anlass zum Verschwörungsdenken. Denn dass viele Deutsche anders denken als sie selbst, scheint sie schlicht nicht akzeptieren zu können. Stattdessen verbreitet sie, wie im vorherigen Kapitel gezeigt, zahlreiche Erzählungen, die suggerieren, dass es in Deutschland keine Meinungsfreiheit gebe, ja überhaupt keine Freiheit und Demokratie. Auf diese Weise kaschiert sie Widersprüche und kann behaupten, sie stünde für den wahren, den unterdrückten Volkswillen. Dabei schwingt immer auch ein völkisches Verständnis von Demokratie mit, insofern hier das Staatsvolk (*Demos*) vorzugsweise auf Grundlage der vermeintlichen Abstammung (*Ethnos*) definiert wird. Aus dieser Sicht gehörten die vielen wahlberechtigten »Passdeutschen«, denen es an deutschem Blut mangele, nicht wirklich zum Volk. Die demokratischen Ergebnisse beruhten sozusagen auf einem falschen *Demos*.

Diese Verbiegungen vollziehen sich ganz in der faschistischen Logik, wonach die Ausgangslage allen Handelns die nationale Entmündigung ist, die das Volk überwinden müsse. Dabei hat sich die Wahrheit allem unterzuordnen, was dem Zweck der Wiedergeburt dient. Um sich auf den Volkswillen zu berufen, benötigt der Faschismus daher auch keine Momentaufnahme von Wahlergebnissen. Denn schon immer verstand er sich als Bewegung, die eine besondere Verbindung zum Volk habe, da sie seine wahren Bedürfnisse kenne. Nach der faschistischen Logik wird eine Unmittelbarkeit zwischen Volk und Politik propagiert, die endlich Klarheit verspricht und sich dadurch fundamental von dem institutionellen Komplex aus demokratischen Institutionen (Parteien, Parlamente, Medien usw.) abhebt, der wegen seiner unergründlichen Zusammensetzung und vermittlungsorientierten Funktionsweise auf viele Menschen im rechtsextremen Dunstkreis nicht authentisch, sondern unaufrichtig, ja sogar betrügerisch wirkt. Insofern ist das faschistische Faible für Diktaturen kein Widerspruch zur vermeintlichen Volksnähe, sondern gerade auch Ausdruck des völkischen Unmittelbarkeitskults. Wie der Verfassungsrechtler Günter Frankenberg darlegt, beruht die Selbstermächtigung von autoritären Führern, Bewegungen und Regimen meist auf der Vorstellung, dass sie ein unsichtbares Band mit den Massen verbinde.[3] Auch und gerade faschistische Organisationen verstehen sich stets als Verkörperung eines solchen tieferen Volkswillens.

Genau genommen verlangt der Faschismus nach einer anthropologischen Revolution. Denn er wünscht sich, wie auch Teile der extremen Rechten heute, einen neuen Menschen, dessen persönlicher Wille mit dem Willen des Volks in eins fällt. In der idealen Volksgemeinschaft ist daher eine Unterscheidung zwischen individuellem und kollektivem Willen hinfällig, und es bedarf auch keiner vermittelnden Instanzen zwischen Volk und Politik mehr. Im klassischen Faschismus oblag es schließlich der angeblichen Führung des Volkes zu bestimmen, was das Volk will. Dieser Wille wurde nämlich nicht als Summe der Einzelmeinungen verstanden, sondern als eine übergeordnete Wahrheit, die in der Totalität der Gemeinschaft aufscheint. Die Volkssouveränität wird für den Einzelnen somit erst im transzendentalen Volkswillen erkennbar, der durch die Verlautbarungen eines Führers an das Volk zurückgespiegelt wird. Mit der Digitalisierung, so könnte man nun sagen, hat ein solches Führerprinzip jedoch womöglich seine Schuldigkeit getan. Denn in den rechtsextremen Schwarmstrukturen der sozialen Medien findet das faschistische Ideal vom Volkskörper, mit dem der Einzelne verschmilzt, einen ganz praktischen Ausdruck, dessen Dynamik von ihren Mitgliedern als transzendentaler Volkswille verstanden werden kann. Anders gesagt: Es kann sich jetzt jeder als Personifizierung des Volkswillens begreifen und die Kunde verbreiten. Mini-Führer dieser Art gibt es jedenfalls mehr als genug.

Wir werden noch sehen, was die kommunikativen Strukturen der sozialen Medien, die scheinbar ohne vermittelnde Instanzen auskommen, für die organisatorische Gestalt faschistischer Dynamiken bedeuten. Hier ist aber zunächst von Interesse, mit welchen Techniken die extreme Rechte ihrer Vorstellung vom Volkswillen in den Schwarmstrukturen der sozialen Medien zur Geltung verhilft. Denn auch wenn das faschistische Verständnis vom Volkswillen im heutigen Rechtsextremismus durchaus wirkmächtig ist, kann nicht davon ausgegangen werden, dass eine solche Mystifizierung des Volks allein schon überzeugend genug auf die Masse wirkt. Vielmehr müssen wir annehmen, dass die extreme Rechte, wenn sie sich auf den Volkswillen bezieht, auch viele Menschen überzeugen kann, die tatsächlich glauben, das Wahlvolk werde ganz konkret übergangen. Darin besteht für sie ja gerade die Strahlkraft der rechtsextremen Lieblingsparole. Mit der doppelten Bedeutung des Volksbegriffs – der völkischen und der demokratischen Lesart – kann die extreme Rechte also sowohl ein rassistisches Publikum ansprechen als auch ein solches, das aus irgendwelchen Gründen Zweifel daran hegt, ob der Mehrheitswille im politischen System wirklich richtig abgebildet wird.

Dabei handelt es sich um eine Frage, die so alt ist wie die Demokratie. Bereits im antiken Athen debattierte man darüber, wer überhaupt materiell in der Lage sei, politische Verantwortung zu übernehmen, so wie auch heute kaum bezweifelt wird, dass der Einfluss, den Bürger auf politische Entscheidungen nehmen können, wegen der sozialen Ungleichheit höchst unterschiedlich ausfällt. In der Demokratie zählt eben nicht nur die Stimme an der Wahlurne. Jeder weiß, dass Unternehmer die Handlungsmöglichkeiten von Regierungen beschneiden und Medien ganze Politikerkarrieren beenden können. Auch können soziale Bewegungen durch ihre Aktivitäten in der Öffentlichkeit die politische Stimmung verändern – in der Regel vermittelt durch die Medien. Auf diese Weise konnten besonders agile Minderheiten schon des Öfteren politische Diskurse prägen. Man denke etwa an die Neue Linke, auch bekannt als 68er-Bewegung. Sie drückte mit ihrem Aktivismus dem Bild einer ganzen Generation den Stempel auf, auch wenn sie keineswegs für die gesellschaftliche Mehrheit stand. US-Präsident Richard Nixon sprach vor diesem Hintergrund von einer »schweigenden Mehrheit«, um den medialen Eindruck zu korrigieren, das ganze Land sei in Aufruhr. Genau das war es aber, was viele Aktivisten tatsächlich empfanden: Die relative Größe ihrer sehr lebhaften Bewegung und die mediale Resonanz ließen sie glauben, sie sprächen für das Volk – obwohl dieses doch mehrheitlich Ruhe wollte.

Masse macht eben Eindruck. Und Wachstum noch mehr. Dass ein Mindestmaß an Erfolg weiteren Erfolg anzieht, wie der sogenannte Matthäus-Effekt besagt, gilt jedenfalls auch für die Politik. Den nach einer Bibelstelle benannten sozialen Mechanismus (»Denn wer da hat, dem wird gegeben« – Mt 25,29) versuchen sich politische Akteure seit eh und je zunutze zu machen. Sei es auf der Jagd nach guten Wählerumfragen, die ein Momentum erzeugen könnten. Oder sei es, um sich überhaupt ein Minimum an Bedeutung anzuheften, damit man sich bei der Mitgliederwerbung nicht allzu albern vorkommt. Das war zumindest der Antrieb der frühen NSDAP, als sie auf die Mitgliedsnummer ihrer ersten Mitglieder jeweils die Zahl 500 draufrechnete. Genauso versuchten Neonazis über die Jahrzehnte immer wieder, die Teilnehmerzahlen ihrer Demonstrationen aufzubauschen, um zumindest einen Hauch von Volksaufstand zu verbreiten. Ansonsten aber hatte die extreme Rechte lange Zeit wenig andere Möglichkeiten, um sich in der Öffentlichkeit als Volksbewegung aufzuplustern. Denn dafür hätte sie schon eine Armee an bezahlten Berufsdemonstranten und Leserbriefschreibern unterhalten müssen. Trotz allen aktivistischen Eifers – bei den Versuchen, sich größer zu machen, als man ist, waren gerade randständigen Akteuren ohne Medienmacht enge Grenzen gesetzt.

Mit der Digitalisierung wurden der extremen Rechten nun viele Instrumente an die Hand gegeben, um sich als schreiende Minderheit dennoch gut in Szene zu setzen. Über die sozialen Medien kann sie nicht nur ihre Inhalte mit wenig Aufwand vervielfältigen und den angeblichen Volkszorn rund um die Uhr erlebbar machen. Sie kann nun auch die Größenverhältnisse im politischen Wettbewerb effektiv verzerren, indem sie einen intensiven Online-Aktivismus betreibt. Was die extreme Rechte nicht im Rücken hat, hat sie sozusagen in den Fingern. Denn in der virtuellen Welt ist tatsächlich derjenige am sichtbarsten, der die meisten Interaktionen erzeugt. Politischer Eifer stößt jetzt nicht mehr auf enge Grenzen des Einflusses; er ist selbst zum Kapital geworden, mit dem sich Einfluss kaufen lässt. Wenn nämlich im Shitstorm liberale Gegenstimmen untergehen, wenn rechtsextreme Organisationen massive Follower-Zahlen haben und wenn rassistische Inhalte unzählige Likes aufweisen, dann kann die digitale Sphäre eine andere Stimmung im Volk nahelegen, als sie in den Wahlergebnissen zum Ausdruck kommt. Und dieses Zerrbild von den Mehrheitsverhältnissen kann wiederum auf Menschen derart Eindruck machen, dass sie in den Bann rechtsextremer Propaganda geraten. Metrische Manipulationen sind daher ein wichtiger Baustein in der rechtsextremen Online-Strategie, die mit der Verzerrung der Stimmungslage ihren Opfermythen mehr Überzeugungskraft zu verleihen versucht. Dabei profitiert sie von den Rating- und Rankingstrukturen der digitalen Plattformen.

Die Technik der metrischen Manipulation

Während die im vorherigen Kapitel beschriebene Technik des Gaslightings vor allem darauf abzielt, die Glaubwürdigkeit anderer zu untergraben, um die rechtsextreme Sichtweise alternativlos wirken zu lassen, geht es bei der metrischen Manipulation primär darum, der eigenen Sichtweise selbst Glaubwürdigkeit zu verleihen: indem man den Eindruck erweckt, sie sei weit verbreitet. Denn nur, wenn die Positionen der extremen Rechten regelmäßig und vielstimmig in der öffentlichen Debatte zu vernehmen sind, erhält ihre Erzählung, dass sie den Volkswillen verkörpere, ein Minimum an Plausibilität. Darüber hinaus bieten die sozialen Medien noch eine ganz besondere Form der Glaubwürdigkeit: Authentizität. Es sind dort nämlich vermeintlich normale Menschen, die die dramatischen Erzählungen der extremen Rechten teilen und verbreiten. Wo das in großer Zahl geschieht, ist es wahrscheinlicher, Einzelpersonen davon überzeugen zu können, dass an diesen Erzählungen etwas dran sein müsse, die Gemeinschaft also tatsächlich bedroht sei. Indem ein Standpunkt so orchestriert wird, als würde er von einer Mehrheit unterstützt, können rechtsextreme Akteure beispielsweise glaubwürdiger behaupten, Politiker und »Mainstream-Medien« würden bestimmte »Tatsachen« vertuschen, sich also gegen den Willen und die Interessen des Volks verschwören. Insofern findet sich in der strategischen Verzerrung ein zentrales Puzzleteil, das uns hilft zu verstehen, warum die Techniken der dramatischen Erzählung und des Gaslightings so gut funktionieren.

Aus Sicht der extremen Rechten ist es für ihren Erfolg von grundlegender Bedeutung, in der Breite sichtbar, ja möglichst allgegenwärtig zu sein. Denn ohne den Anschein einer großen Gefolgschaft, in der ihre Behauptungen Widerhall erfahren, würden die falschen Propheten kaum herausragen aus dem

Meer von Wichtigtuern, wie sie die Selbstdarstellungsmaschine der sozialen Medien am Fließband produziert. Dabei hebt sie sich aus der Masse von Identifikations- und Unterhaltungsangeboten allein schon deswegen ab, weil sie bereit ist, eine gewisse Aggressivität in den Wettbewerb um Aufmerksamkeit einzubringen. Wie schon im klassischen Faschismus speist sich diese Aggressivität aus der sozialdarwinistischen Vorstellung, dass der Stärkere sich am Ende durchsetzt. In der Welt gehe es ohnehin nicht gerecht zu, so die Logik, und deshalb wäre es töricht, sich an moralische Standards zu halten. Speziell im digitalen Kontext heißt das: Wer sich aus dem digitalen Fenster lehnen will, der muss schon mit der rauen Atmosphäre aus Shitstorms, Mobbing, Verleumdung, Belästigung und Bedrohung im Netz klarkommen. Oder wie Martin Sellner es ausdrückt: »If you can't stand the heat, get out of the kitchen!«[4]

Nun ist es durchaus zutreffend, dass es in der Internetkultur, wo das Haten und Trollen zum Alltag gehört, nicht unbedingt zimperlich zugeht. Was Sellner allerdings nicht erwähnt: Gerade die extreme Rechte ist es, die Online-Diskurse maßlos anheizt und eskalieren lässt. Ganz zentral zu ihrer digitalen Praxis gehört es, die eigenen Sichtweisen systematisch zu überhöhen und andere kleinzukriegen. Sie ist sich nämlich bewusst, dass sich über die gezielt verzerrten Kräfteverhältnisse in den sozialen Medien eine alternative Version der Realität verankern lässt. Entsprechend begreift sie den digitalen Aufmerksamkeitswettbewerb als einen Kampf um Raum, in dem die Durchsetzungsstarken über die vermittelte Realität entscheiden und somit darüber, was wahr ist. Nicht von ungefähr werden die eigenen Profile und Seiten von ihr als eine Art Gegenöffentlichkeit gepriesen, in der sich Menschen frei informieren und ausdrücken können – jenseits des »Staatsfunks«. Entsprechend ermuntern Organisationen der extremen Rechten ihre Anhänger regelrecht dazu, in den sozialen Medien aktiv zu sein, um ihre Propagandabemühungen zu unterstützen. Auf diese Weise soll mit allen erdenklichen Mitteln an den Metriken gedreht werden: Unmengen an Klicks, Views, Likes, Shares und Retweets sollen ein numerisches Abbild politischer Stimmungen vermitteln, in dem man selbst gut wegkommt.

Wie ernst man in der extremen Rechten das digitale Agitationsfeld nimmt, zeigt sich deutlich in der Tatsache, dass etwa die AfD mit ihrer halben Million Followern auf Facebook unter allen Parteien die mit Abstand höchsten Interaktionszahlen in den sozialen Medien aufweist. Diesen Status genießt sie nicht einfach deswegen, weil sie bei vielen Menschen einen Nerv träfe, sondern weil sie tatsächlich viel Arbeit in das Metrische steckt – und dabei eine bemerkenswerte Disziplin bei der repetitiven, um nicht zu sagen: stumpfen Reproduktion von Inhalten erkennen lässt. Die AfD-Aussteigerin Franziska Schreiber verweist in diesem Kontext beispielsweise auf hierarchische Strukturen, über die das Verhalten von Parteimitgliedern in den sozialen Medien angeleitet wird: Es ist sozusagen ein Like- und Share-System, mit dem sich innerhalb kürzester Zeit ein Massenpublikum erreichen lässt.[5] Demnach greifen zunächst lokale Gruppen Nachrichtenereignisse auf, die dann dadurch an Fahrt gewinnen, dass sie systematisch von regionalen Gruppen und Landesverbänden geteilt und schließlich von rechten Alternativmedien weiter skandalisiert werden. Dazu liefern die digital aktivierten Mitglieder und Anhänger stets verlässlich die Clickpower. So können binnen weniger Minuten Tausende von Likes generiert werden. Teilweise lässt sich fast schon eine Art Wettbewerb zwischen den verschiedenen Lokalgruppen in der AfD erkennen, welche Ausgangsstory es auf diese Weise ins nationale Rampenlicht schafft.

Bei diesem Vorgehen spielt auch das Kalkül mit hinein, die herkömmlichen Medien ebenso wie Politiker mit numerischer Gegenmacht zu beeindrucken, sodass auch diese Instanzen bestimmte Themen aufgreifen – und damit einer rechten Empörungswelle zu neuen Höhen verhelfen. Grundsätzlich kann die extreme Rechte zwar die Stimmungen in den sozialen Medien schon ganz gut aus eigener Kraft prägen. Eine wirklich bedeutsame Verschiebung im politischen Diskurs zu ihren Gunsten kann sie aber nur erwarten, wenn ihre Erzählungen auch in den demokratischen Instanzen aufgegriffen werden – und sei es nur in Form von Ablehnung und Entrüstung, die sich wiederum als Ausgrenzung skandalisieren lässt. Entsprechend ist sie stets bemüht, dramatische Ereignisse, die mit vermeintlicher »Ausländergewalt« zu tun haben, durch digitale Stimmungsmache ins kollektive Bewusstsein zu befördern. Die »Lügenpresse« werde das Problem wieder mal verschweigen wollen, heißt es dann häufig in den überlaufenden Kommentarspalten zum Thema – bis dann plötzlich doch alle Medien über den tragischen Tod eines Feuerwehrmanns reden oder über eine lokale Sexualstraftat berichten. Wie einfach sich die Medien mitunter durch digitale Metriken von der Relevanz eines Themas überzeugen lassen, zeigte auch das Beispiel von »Widerstand 2020«, der selbst erklärten Partei für »Corona-Kritiker«. Hier genügte ein einfacher Zähler auf einer Homepage, der den Eindruck erweckte, man habe kurz nach der Gründung im April 2020 bereits über 100 000 Mitglieder, um in den Genuss einer bundesweiten Berichterstattung zu kommen. Dabei zählte die Gruppierung, wie einer ihrer Gründer – ein auf Schwindel spezialisierter Arzt – kleinlaut zugeben musste, nicht einmal 40 Mitglieder.

Dass es der extremen Rechten tatsächlich gut gelingt, mit ihrem Online-Aktivismus für eine Diskursverschiebung zu sorgen, sieht man jedes Mal, wenn sich ein Nachrichtenformat dafür rechtfertigt, ein lokales Gewaltereignis wegen gewisser Tätereigenschaften nun doch überregional zu behandeln. Oder wenn Zeitungen und Behörden bei Verbrechensmeldungen zukünftig die Nationalität des Täters nennen wollen. Auf diese Weise werden schleichend Konzessionen an den rechtsextremen Eifer gemacht. Erinnert sei nur an das Beispiel »Omagate«, das im Januar 2020 für Schlagzeilen sorgte: Ein harmlos-satirisches Kinderlied über die Oma, die im Hühnerstall Motorrad fährt und sich nicht um den Klimawandel schert, bewirkte einen Aufschrei erst in den sozialen Medien, dann in der Politik und wurde folglich aus dem Online-Angebot des WDR verbannt. Der Fall ist ein besonders anschaulicher Beleg dafür, wie man einer künstlichen Empörungskampagne der extremen Rechten auf den Leim gehen kann. Denn wie Auswertungen des Datenanalysten Luca Hammer gezeigt haben, hatten hier vor allem rechtsextreme Kreise digital gegen den Videobeitrag mobilisiert und behauptet, dieser beleidige die Menschen, die Deutschland aufgebaut hätten.[6] Diese Stimmen wurden dann von manchen als eine Art Volksempfinden geadelt, das man vonseiten des WDR keinesfalls habe verletzen wollen. Der WDR-Intendant Tom Buhrow fing sich daraufhin nicht zu Unrecht die Kritik ein, über die Online-Strategien der extremen Rechten nicht gut im Bilde zu sein.

Dass es sich bei solchen Empörungskampagnen meist um wenige Schreihälse handelt und eben nicht um einen repräsentativen Durchschnitt der Gesellschaft, ist durch verschiedene Studien hinreichend belegt worden. So fand das Londoner Institute for Strategic Dialogue in einer gemeinsamen Studie mit der Online-Initiative #ichbinhier heraus, dass 50 Prozent der Likes, die Hasskommentare auf ausgewählten Facebook-Seiten erhielten, von nur 5 Prozent der Nutzer stammten. Diese Zahlen weisen darauf hin, dass rechtsextreme Online-Dynamiken häufig von einer kleinen, aber entschlossenen, mitunter manischen Minderheit ausgehen dürften. Der Enthemmungsstrategie der extremen Rechten kommt dabei zupass, dass die sozialen Medien ohnehin ein Raum sind, in dem sich angestaute

Wut leichter entlädt. Der Psychologe John Suler argumentierte bereits 2004, dass Menschen dazu neigen, im Internet schneller die Selbstbeherrschung und Empathiefähigkeit zu verlieren, sodass sie sich dort gröber, feindseliger und ungehemmter als sonst äußern.[7] Dazu trage nicht nur die weitgehende Anonymität im Netz bei, sondern auch die asynchrone Kommunikation, die auf Mimik, Gestik und Intonation verzichten muss. Mit den sozialen Medien erhielten folglich viele Menschen die Möglichkeit, ihre Wut und ihren Ekel ungefiltert zum Ausdruck zu bringen – eine Tendenz, die sich fast schon von selbst in die rechtsextremen Online-Aktivitäten einfügt, die Wut und Empörung zu triggern versuchen. Tatsächlich kann der einsame Rolf, der mit vielen Ausrufezeichen (!!!!1!) auf die Tastatur eindrischt, fast schon als Sinnbild einer digitalen Revolte aus dem Hobbykeller gelten.

Manche der beteiligten Accounts weisen eine so unglaublich hohe Aktivität auf, dass sie nicht selten mit Social Bots verwechselt werden. Diese Programme, die menschliches Verhalten zu imitieren versuchen, gelten in der Debatte um Meinungsmanipulation gemeinhin als wichtige Faktoren. Wie der Datenjournalist Michael Kreil aber zeigt, werden in den Messverfahren mancher Forscher schon mal Accounts als Bots kategorisiert, hinter denen sich tatsächlich nur hyperaktive Nutzer verbergen.[8] So berichtet auch Patrick Gensing von einem Twitter-Account, der in wenigen Jahren über 210 000 Tweets abgesetzt hat.[9] Es ist also keineswegs nur die Nutzung automatisierter Techniken, die der extremen Rechten einen Vorsprung im digitalen Raum verschafft, sondern auch die manuelle, aber massive Überflutung desselben mit tendenziösen Inhalten. Hier trifft das ruchlose Online-Campaigning rechtsextremer Organisationen auf ein exzessives Mitteilungsbedürfnis von Aktivisten, das keine ethischen Standards mehr kennt und technologisch kaum gezügelt wird. Schließlich entstehen Like- und Teil-Kartelle, die über Plattformen hinweg synchron Inhalte verbreiten und durch ihre numerischen Kenngrößen eine gesellschaftliche Relevanz vermitteln. Mit dem Dauerfeuer an Mails, Tweets und Kommentaren, das sie veranstalten, werden nicht selten ganze Diskussionsverläufe sabotiert oder Behörden an der Arbeit gehindert.

Zeit scheint also ein ganz wichtiger Faktor des rechtsextremen Online-Erfolgs zu sein. Indem viele Aktivisten viel davon investieren, lässt sich – in der Logik der sozialen Medien – fast schon folgerichtig eine Menge an Informationen an die Öffentlichkeit bringen. Dabei wiegt der Zeitfaktor umso mehr, als es zu den neuen technischen Möglichkeiten auch gehört, sich als Akteur multiplizieren oder gar aufspalten zu können. Erlaubte es die Digitalisierung ganz grundlegend schon, Inhalte durch Copy-and-Paste sehr einfach in verschiedensten Kontexten zu reproduzieren, so lassen sie sich nun in den sozialen Medien auch noch unter wechselnden Identitäten präsentieren. Dementsprechend ist es unter rechtsextremen Aktivisten üblich, mehrere Profile zu unterhalten, um sich mit deren koordiniertem Einsatz gegenseitig zu bekräftigen. Gerade Plattformen wie Facebook verlocken dazu, solche »Sockenpuppen« zu benutzen, da man dort mit wenigen Klicks zwischen den Profilen wechseln kann. Man darf nur nicht den Überblick verlieren, wie die AfD Darmstadt, die sich im Februar 2019 auf ihrer Facebook-Seite mehrfach selbst lobte. Mit »Super ... Macht weiter so. Meine Stimme gilt der AfD« kommentierte sie etwa einen Post auf der eigenen Seite.[10] Ganz offensichtlich hatte der zuständige Administrator vergessen, auf eines seiner Alias-Profile umzustellen, mit denen er sich sonst selbst applaudiert.

Verfolgt man auf den rechtsextremen Seiten besonders verdächtige Profile, so ergibt sich schnell das Bild einer simplen, aber offenbar effektiven Betrugsmasche. Wie noch unveröffentlichte Auswertungen des Datenanalysten Stephen Albrecht zeigen, müssen wir uns zu einem rechtsextremen Online-Agitator eine Art digitalen Zettelkasten vorstellen, in dem er gewisse Standardbotschaften zur Regierung Merkel und ihrer Migrationspolitik aufbewahrt. In kürzeren und in längeren Varianten – und mit wechselnden persönlichen Informationen. Mal ist man ehemalige Sozialdemokratin, mal enttäuschter Konservativer, und alle Profile äußern sich in verschiedenen Kontexten mit den gleichen Floskeln. Mit multiplen Accounts, einer gut sortierten Excel-Tabelle und ein paar Lesezeichen zu besonders lebendigen Facebook-Seiten erzeugen relativ wenige Online-Aktivisten so ein beeindruckendes Stimmengewirr. Ein gewöhnlicher Nutzer der sozialen Medien rechnet wohl nicht mit solch einer Intriganz, wenn er sich mit anderen in den Kommentarspalten von Nachrichtenportalen austauscht. Dabei verschieben solche Interventionen nicht selten den Fokus der Diskussion hin zu Identitätsfragen, die – wie im vorherigen Kapitel gezeigt – als unumstößliche Wahrheiten präsentiert werden. Oder sie versuchen, eine für sie unbefriedigende Diskussion in ein anderes Themengebiet umzulenken. Oft geschieht das in Form des berüchtigten Whataboutism: ein Ablenkungsmanöver, bei dem beispielsweise die Kritik an einem Gruppenverhalten einfach mit dem Verweis auf eine andere Gruppe relativiert wird, die sich noch viel schlimmer verhalte.

Der strategische Einsatz solcher Fake-Profile ergibt dort, wo sich mehrere Administratoren absprechen, schnell eine kritische Masse, mit der sich YouTube-Videos, Amazon-Bewertungen, aber auch Diskussionen auf Facebook gezielt manipulieren lassen. Was von Sellner als »freier Markt der Informationen« gepriesen wird, »wo nur der Daumen nach oben oder unten zählt«,[11] kennt eben auch Räume mit weniger frei verfügbaren Informationen: Etwa wenn sich rechtsextreme Online-Aktivisten in geschlossenen Foren und über Messenger-Dienste organisieren, um mit digitalen Aktionen auf genau solche kollektiven Daumenentscheidungen Einfluss zu nehmen. Gerade in den Praktiken solcher Netzwerke zeigt sich bisweilen ein besonders hoher Grad an Aggression und Fanatismus. Wie in einem Computerspiel setzen sich diese Aktivisten Missionsziele, um Menschen durch massive Anfeindungen im digitalen Raum zu verunsichern oder gar zum Rückzug zu drängen. Metrische Manipulation findet insofern nicht nur dadurch statt, dass man selbst hohe Interaktionsraten erzeugt, sondern auch dadurch, dass man die Interaktionsraten anderer minimiert. Indem man deren Reichweite eindämmt oder sie gar digital kaltstellt, verschieben sich die Kräfteverhältnisse ebenfalls nach rechts.

Viele Politiker können von der Wucht solcher Mikrokampagnen ein Lied singen. Denn oft werden dabei gezielt Menschen herausgepickt, deren Existenz man online wie offline zerstören will. Die nicht enden wollende Hetzkampagne gegen Sawsan Chebli ist hierfür wohl das Paradebeispiel. Indem rechtsextreme Online-Aktivisten in zahllosen YouTube-Videos und Tweets Aussagen der Berliner Staatssekretärin aufgreifen, lenken sie Schwärme von hyperaktiven Sympathisanten auf ein menschliches Ziel. Besagte Helferlein versuchen sich dann im Absondern von Hass gegenseitig zu übertreffen. Diese Rudeltaktik wird im Digitaljargon auch als »Dogpiling« bezeichnet: Mehrere Menschen stürzen sich zeitgleich auf eine Person, um dieser ein Gefühl von Hilflosigkeit aufzuzwingen. Auf diese Weise wird eine Bedrohungskulisse aufgebaut, die auch schon mal Morddrohungen oder die Veröffentlichung persönlicher Daten, das sogenannte Doxing, beinhalten kann. Der bekannteste Fall dieser Art ist hierzulande sicher der von Johannes S. Dieser hatte im Winter 2019 Privatdaten, Passwörter und Telefonnummern von zwei Dutzend Persönlichkeiten aus Politik und Kultur veröffentlicht, die sich gegen rechts engagieren. Auch wenn viele Daten bereits zuvor von anderen entwendet worden waren, zeigte der Fall, wie leicht es ist, mit solchen

Praktiken das Sicherheitsempfinden der Betroffenen zu beeinträchtigen. Unter anderem führte der Vorfall zum Rückzug des Grünen-Politikers Robert Habeck aus den sozialen Medien.

Die Intensität dieser digitalen Umtriebe ist auch deswegen so groß, weil rechtsextreme Netzwerke eine ganz spezifische Infrastruktur für Online-Aktivismus bereitstellen. Sie gleicht fast schon einer Erlebniswelt, in der die Aktivisten gleichsam bei einem Rollenspiel mitmachen, in dem sie *credits* und *fame* erhalten. Medial am meisten Aufmerksamkeit fand in dieser Hinsicht sicherlich das Netzwerk Reconquista Germanica, das mehrfach als rechte Troll-Armee bezeichnet wurde. Wie Julia Ebner zeigt, handelte es sich dabei um einen Zusammenschluss von Online-Aktivisten aus dem rechtsextremen Spektrum, der den digitalen Aktivismus auf ein neues Level hieven sollte.[12] Das Netzwerk, gruppiert um einen rechtsextremen Youtuber, orientierte sich stark am Vorgehen der US-amerikanischen Alt-Right-Bewegung, die sich das Internet als die Arena vorstellt, in der für sie am meisten zu holen sei. Oder wie es einer ihrer Aktivisten, Andrew Anglin, ausdrückt: »Wenn man sich ein Schlachtfeld aussuchen kann, wählt man das, auf dem man gewinnen kann.« Und das sei für die extreme Rechte nun mal die Online-Sphäre, wo man fortwährend gewinne, wenn man einfach tue, »was funktioniert«.[13]

Entsprechend entstand auf dem Server von *Reconquista Germanica* ein Geflecht aus pseudomilitärischen Kommandostrukturen, die verschiedene Rollen für Online-Aktivisten boten, mit niedrig- bis höherschwelligen Zugängen zum Aktivismus. Die damit verbundenen Zuständigkeiten verschiedenster Art ermöglichten nicht nur koordinierte Online-Kampagnen, sondern offenbarten auch das Potenzial des virtuellen Raums für eine rechtsextreme Sozialisierung. Auffällig war etwa, dass viele Klick-Aktivisten sich stark vom provokativen, unterhaltsamen, ja spielerischen Charakter der Aktionen an sich angesprochen fühlten und weniger vom politischen Inhalt im Speziellen. Dessen ungeachtet war eine der zentralen Aktivitäten der Gruppe die Wahlkampfunterstützung für die AfD in den sozialen Medien. So wurden wiederholt Hashtags aus den Twitter-Trends gekapert, um die eigenen Inhalte einem Massenpublikum zugänglich zu machen. Dabei verknüpfen sie auch die weit sichtbaren Hashtags zum aktuellen Geschehen mit ihren eigenen Hashtags (beispielsweise #ReconquistaGermanica). Durch dieses »Hashtag-Pairing« steigen die eigenen Tags in den Twitter-Trends auf, was die Aktivisten gern als Erfolg der eigenen »Metapolitik« feiern.

Metrische Manipulation ist im Endeffekt aber auch eine Frage der Geschwindigkeit. Die digitalen Aktivisten wissen, wie die sozialen Medien funktionieren: Derjenige, der als Erstes Kommentare setzt und durch Gleichgesinnte hochgerankt wird, wird von den Algorithmen belohnt – zuweilen sogar mit dem Status eines Top-Kommentars. Wer nur eine Stunde später auf einen bestimmten Inhalt mit einem Kommentar reagiert, hat hingegen kaum noch eine Chance, wahrgenommen zu werden. Gerade bei Posts, die mehrere Tausende Kommentare auf sich vereinen, beschränkt sich die Aufmerksamkeit der Leser auf sehr ausgewählte Wortmeldungen, die durch ihre Interaktionswerte in der Sichtbarkeit priorisiert sind. Dieses Prinzip kennen wir auch von Suchanfragen bei Google. Selten schauen da Nutzer über die erste Seite der Suchergebnisse hinaus. Ebendeswegen bieten unzählige SEO-Unternehmen ihre auf »Search Engine Optimization« spezialisierten Dienste für Werbetreibende an, die ihren Online-Auftritt für die Suchmaschinen im Internet verbessern wollen. Die rechtsextremen Online-Aktivisten wenden dieses Geschäftsmodell quasi auf den politischen Wettbewerb an: Da Inhalte, die schnell viel Interaktionen generieren, nun mal am sichtbarsten in den sozialen Medien sind, optimieren sie ihre eigene Sichtbarkeit beziehungsweise die Sichtbarkeit ihrer Inhalte durch rasche und koordinierte Online-Aktionen.

Sichtbarkeit in den sozialen Medien wird auch und gerade durch die beschleunigte Verbreitung visueller Elemente hergestellt. »Pics or it didn't happen« (in etwa: »Zeig Bilder, oder es findet nicht statt«), lautet eine bekannte Faustregel im digitalen Raum, die auch in der rechtsextremen Kommunikation bedacht wird. So wird zum Beispiel jede Schreckensmeldung der AfD von einer passenden ästhetischen Aufbereitung flankiert, die nicht nur zur weiteren Dramatisierung, sondern auch zur schnelleren Verbreitung der Botschaft beiträgt. Wie die Sozialwissenschaftlerin Lisa Bogerts aufzeigt, wirken Bilder stets eingängiger in der politischen Kommunikation, weil sie assoziativer funktionieren und keine argumentative Auseinandersetzung erfordern.[14] Gerade in der digitalen Alltagskommunikation, mit der sich die Aufmerksamkeitsspanne vieler Rezipienten weiter verkürzt, ist das ein entscheidender Vorteil. Es verwundert daher auch nicht, dass Memes zu einer zentralen Waffe im »Informationskrieg« der extremen Rechten erkoren wurden. Solche Bild-Text-Kombinationen sprechen Menschen über ihre humoristische Aufladung viel direkter an und verleiten sie mit ihrer Viralität wiederum dazu, auf den Inhalt zu reagieren oder ihn zu teilen. Besonders ausgeprägt wird dies auf bildbasierten Foren wie *4Chan* praktiziert, in denen eine ganz eigene Kommunikationsgeschwindigkeit vorherrscht und auf die zum Beispiel auch die Rechtsterroristen von Halle, El Paso und Christchurch auffällig häufig Bezug nehmen, wie wir noch genauer zeigen werden. Memes werden dort ständig weiterentwickelt oder treffen gar auf Gegenmemes, sodass eine ganz eigene Dynamik des Hochschaukelns entsteht.

Eine besonders unredliche, aber offenbar wenig nachhaltige Form der metrischen Manipulation lässt sich schließlich noch dort beobachten, wo vor allem jugendlich auftretende

Organisationen wie die Identitäre Bewegung die sozialen Medien benutzen, um sich als lebendige und organisch gewachsene Graswurzelbewegung in Szene zu setzen. Als »Astroturfing« bezeichnet man solche Versuche, eine von ein paar Köpfen erdachte Kampagne als Projekt erscheinen zu lassen, das von vielen Schultern getragen wird. Doch so wenig ein Kunstrasen – so die deutsche Übersetzung von *astroturf* – mit einem natürlichen, tatsächlichen Rasen zu tun hat, so selten machen auch solche künstlichen Produkte von vereinzelten (Online-)Aktivisten eine Bewegung aus. Allerdings ist es heute mit ein wenig digitaler PR-Kenntnis recht einfach – und daher wohl auch verlockend –, sich als aufmerksamkeitswürdige Bewegung zu inszenieren. Ein Beispiel hierfür ist die rechte Kampagne, die im Frühjahr 2018 unter dem Hashtag #120db aufgezogen wurde, um für den Schutz deutscher Frauen vor Migranten zu trommeln. Mit wenigen Videos, Bannern und ebenjenem Hashtag sollte der Eindruck erweckt werden, dass hier »stolze« Deutschländerinnen eine nationalistische Antwort auf die feministische #metoo-Kampagne geben. Die wenigen daran beteiligten Frauen präsentierten sich vor der Kamera als zufälliger Querschnitt einer vermeintlichen Bewegung aus dem Volk, während hinter der Kamera tatsächlich aber männliche Aktivisten der Identitären Bewegung standen. Angesichts des eklatanten Frauenmangels in der extremen Rechten dürfte es wenig überraschen, dass dieser Inszenierungsversuch schnell in sich zusammenfiel.

Was von dieser Kampagne also bleibt, ist die Erkenntnis, dass Projekte des Astroturfings oft genauso schnell wieder vergehen, wie sie zusammengezimmert wurden. Und sie zeigt auch, dass die extreme Rechte ein Faible dafür hat, die Öffentlichkeit über die wahren Drahtzieher ihrer Kampagnen im Unklaren zu lassen, um diese als Ausdruck einer Volkserregung präsentieren zu können. Das ist keineswegs nur den Identitären vorbehalten. So greifen Aktivisten aus verschiedenen rechtsextremen Zusammenhängen – darunter auch Politiker der AfD – auf Scheinvereine zurück, in deren Namen sie die Linie der eigenen Organisation verkünden. Die bereits vorgestellte Kampagnengruppe »Kandel ist überall« wird beispielsweise von einer Frau geleitet, die seit 2016 für die AfD im baden-württembergischen Landtag sitzt. Überhaupt treten viele AfD-Abgeordnete auf Kreis- oder kommunaler Ebene auf Kundgebungen gerne als Vertreter von anderen Strukturen auf, wie etwa des Vereins Bürgerwille e. V., der sich für die systematische Nutzung von Volksentscheiden einsetzt. Auf die Spitze getrieben wird diese Methode von der AfD-Europaabgeordneten Beatrix von Storch, die ein ganzes Imperium an Bürgerinitiativen, Alternativmedien und Petitionsplattformen hinter sich vereint, wie die Journalisten Christian Fuchs und Paul Middelhoff aufzeigt haben.[15] Es ist ein Verwirrspiel, mit dem der Eindruck erweckt werden soll, dass sich eine starke Zivilgesellschaft herausbilde, die im Einklang mit rechtsextremen Positionen und Normen stehe.

Insgesamt spiegelt sich der Einsatz der extremen Rechten in den sozialen Medien in einer durchaus gespaltenen, ja polarisierten Öffentlichkeit wider. Wenn zum Beispiel, wie Ende Mai 2020, jeder fünfte Wahlberechtigte hinter der Corona-Politik eine Täuschung der Öffentlichkeit vermutet, dann sind es vor allem AfD-Anhänger, die dieser Vorstellung zustimmen. Und diese sind es wiederum, die besonders wenig Vertrauen in die öffentlich-rechtlichen Medien haben, die von fast drei Viertel der Bevölkerung für glaubwürdig gehalten werden.[16] Stattdessen schenken sie ihr Vertrauen stärker den sozialen Medien, wo sie entsprechend auch die politische Gruppe darstellen, die am aktivsten ist und die meisten Inhalte teilt. Hier zeigt sich, wie auch in vielen anderen Umfragen zu ganz konkreten Sachfragen, eine deutliche Kluft zwischen Anhängern der AfD und den Anhängern aller anderen Parteien. Das spricht für eine starke Konzentration eines bestimmten Gesinnungstypus bei der Rechtsaußenpartei, die sich folgerichtig – durch die gleichzeitige Fokussierung auf die sozialen Medien – fast schon in eine rechtsextreme Vormachtstellung im digitalen Raum übersetzt.

Rechtsextreme Online-Aktivisten können sich daher nicht ganz zu Unrecht einbilden, die neuen Gatekeeper zu sein – zumindest in der Nachrichtenwelt der sozialen Medien. Denn da die Existenz der digitalen Plattformen die Gatekeeperfunktion der herkömmlichen Medien aushebelt, konkurrieren nun neue Gruppen um die Kontrolle von Informationen in dieser speziellen Sphäre. Die Kommunikationswissenschaftlerinnen Sharon Meraz und Zizi Papacharissi sprechen in diesem Zusammenhang darum auch von einem »vernetzten Gatekeeping«, das durch koordinierte Verzerrungstechniken des Online-Aktivismus ermöglicht wird.[17] Indem sich nun die extreme Rechte eine privilegierte Stellung in den sozialen Medien verschafft hat, kann sie die informationellen Trends beeinflussen, und diese beeinflussen wiederum viele Menschen, die sich ihre Informationen vor allem über die sozialen Medien holen. Folglich bestimmt sie in erheblichem Maße über Inhalt und Ausrichtung von (teil-)öffentlichen Debatten, deren dominantes Framing – als lautstarke Artikulation einer Minderheit – im gesellschaftlichen Diskurs widerhallt.

Die digitale Metrik politischer Diskurse

»Der Teufel scheißt immer auf den größten Haufen«, lautet die volkstümliche und etwas unflätige Version des bereits erwähnten Matthäus-Effekts. In den Sozialwissenschaften kennt man ihn vor allem durch den Soziologen Robert K. Merton, der damit das Phänomen beschrieb, dass Dinge, die bereits eine gewisse Aufmerksamkeit genießen, leicht noch mehr Aufmerksamkeit erhalten. Die Erkenntnis war und ist natürlich nicht sonderlich überraschend. Redensarten, die von jenem Effekt handeln, gibt es nicht umsonst in vielen Kulturen der Menschheit, der gemeinhin ein starker Herdentrieb nachgesagt wird. Während manche Eltern vor diesem mit Metaphern warnen – man solle zum Beispiel nicht von der Brücke springen, nur weil es die anderen Kinder tun –, geben andere ihrem Nachwuchs explizit den Rat, mit den Wölfen zu heulen, um sich die Beschwerlichkeiten eines Außenseiterdaseins zu ersparen. Doch was uns intuitiv als typisch menschlich erscheint, will auch erst mal wissenschaftlich aufgezeigt sein. Merton tat dies mit einer Untersuchung zur Zitierhäufigkeit wissenschaftlicher Veröffentlichungen, aus der hervorging, dass bekannte Autoren häufiger zitiert werden als unbekannte, auch wenn sie eine ähnliche Arbeit vorzuweisen haben.[18] Der Effekt, der eine Form der positiven Rückkopplung darstellt, wurde seitdem auch in anderen Gesellschaftsbereichen nachgewiesen und basiert darauf, dass das, was bereits Erfolg hat, eben auch sichtbar ist – und so überhaupt erst breiteres Interesse wecken kann.

Gleichzeitig ist der Effekt auch durch psychologische Faktoren bedingt. Diese haben vor allem mit dem konformistischen Bedürfnis zu tun, das im vorherigen Kapitel zur Sprache kam, und kreisen um das Problem, dass Menschen sich häufig an Dingen orientieren, die viel Zuspruch erhalten. Denn was gängig und verbreitet ist, bietet eine gewisse Verlässlichkeit und damit Ordnungssicherheit. Man weiß, »woran man ist«, wie der bereits erwähnte Heinrich Popitz sagt.[19] Anders sieht das etwa bei randständigen Phänomenen aus, von denen die Öffentlichkeit eher nur Vorurteile oder widersprüchliche Darstellungen zu hören bekommt. Um sich zum Beispiel einer anarchistischen Subkultur anzunähern oder gar anzuschließen, bedarf es einer unvoreingenommenen Neugier. Man muss sich erst einmal aus seiner Komfortzone bewegen. Erfolgreiche Dinge wirken hingegen stets einladender, ja inklusiver, da sie durch ihre Präsenz bereits bewiesen haben, dass sie breiteren Kreisen zugänglich und vielleicht sogar massentauglich sind. Um sich ihnen anzuschließen, muss man auch nicht jene Scham überwinden, die viele Menschen überkommt, wenn sie sich durch den Kontakt zu einer Gruppe von Sonderlingen exponieren. Man kann sich bequem einreihen und Teil von etwas sein.

Zuweilen ist in diesem Kontext auch von einem Lemming-Effekt die Rede. Gemeint ist damit ein Verhalten, das keiner anderen Motivation folgt als der, dass die Mehrheit einer Bezugsgruppe sich ebenfalls so verhält. Manche sehen darin einen natürlichen Zug des Menschen, der sich aus dem evolutionären Umstand entwickelt habe, dass es gewöhnlich sicherer ist, der größeren Gruppe zu folgen, als allein oder mit wenigen ein Wagnis einzugehen. Doch auch wenn sich in einigen Lebensbereichen ein Nachahmungsverhalten beobachten lässt, das solch einem primitiven Herdentrieb zu folgen scheint, sind die Gründe für dieses Verhalten nicht immer so irrational, wie es den Anschein hat. Wenn jemand etwa in der Corona-Krise mehr Klopapier als üblich einkaufte, dann vielleicht auch deswegen, weil in den sozialen Medien viel über die Hamsterer solcher Hygieneartikel geredet wurde. Damit wäre es, genau genommen, nicht die Hamsterherde, deren Verhalten nachgeahmt wird. Vielmehr wäre hier die Behauptung, das Klopapier werde weggehamstert, ursächlich dafür, dass jemand selbst zum Hamsterer wird – um der angeblichen Herde zuvorzukommen.

Statt einen gedankenlosen Lemming-Effekt zu konstatieren, scheint es daher präziser, von einem etwas kalkulierteren Mitläufer-Effekt zu reden, wie man es in der politischen Soziologie bevorzugt. Dieser Mitläufer-Effekt zeigt sich etwa dann, wenn Umfragen Wähler dazu verleiten, ihre Stimme nicht dem bevorzugten Kandidaten, sondern dem voraussichtlichen Gewinner zu geben. Ein solches Herdenverhalten kann durchaus rationale Beweggründe haben. Gerade in einer modernen Demokratie werden Wählerentscheidungen sehr stark von Wahlprognosen abhängig gemacht. Zeigt sich bei einem Kandidaten ein Abwärtstrend, kann dies zu regelrechten Fluchtbewegungen führen, während sich ein kleiner Aufschwung eines anderen Kandidaten zu einer Erfolgswelle auswachsen kann. Nicht selten verbirgt sich dahinter die Absicht, seine Stimme auch sinnvoll einsetzen, zumindest aber nicht für eine aussichtslose Partei verschwenden zu wollen. Bei sozialen Bewegungen, einschließlich ihrer militanten Formen, ist das nicht unähnlich. Auch über ihren Erfolg entscheidet das, was gelegentlich die »Logik der Zahlen« genannt wird. Manche Gruppen kommen von Beginn an nicht richtig aus dem Nischendasein heraus, während andere mit einer vielversprechenden Dynamik an den Start gehen, aus der sogar ein Hype entsteht. Die Größe, die Akteure vermitteln können – und sei es nur eine perspektivische –, entscheidet dabei wesentlich darüber, ob breitere Massen es als aussichtsreich empfinden, in eine Sache Aufmerksamkeit oder gar Engagement zu investieren.

Gerade der Rechtsextremismus (aber auch das Verschwörungsdenken) zeichnet sich durch ein sehr spezielles Mitläufertum aus. Und das nicht nur wegen der Vorliebe seiner Anhänger für das Postfaktische, die es doch erheblich erleichtert, der Bewegung eine größere Bedeutung beizumessen, als sie tatsächlich hat. Speziell ist es vor allem deswegen, weil hier die fast schon avantgardistische Vorstellung vorherrscht, dass die Menschen, die für das nationale Erwachen auf die Straße gehen, den Volkswillen schon verkörpern, bevor ihn die breite Masse erkannt hat. Genau genommen gilt hier das Erkennen des Volkswillens als Vorstufe jener Palingenese – als eine Wiedererweckung der nationalen Wiedererweckungsbewegung –, wie sie bereits der klassische Faschismus für die Nation anstrebte. Die »Nationalisierung der Massen«, wie der Historiker George Mosse dieses Ziel bezeichnete,[20] ist in der faschistischen Logik daher gleichbedeutend mit der massenhaften Einsicht in den Mythos des bedrohten Volks, das sich erheben muss, ja will – weil erst durch den gemeinsamen Willen das Volk überhaupt zu sich kommt. Will das Volk sein, muss es wollen. Konkret: Es muss sich von einem chaotischen Haufen zu einer geschlossenen Einheit, den Volkskörper, schmieden lassen wollen. Und wo dieser Wille ist, da ist das Volk. In dieser zirkulären Logik wurzelt auch der vermeintliche Widerspruch zwischen dem konformistischen Bedürfnis, das die rechtsextreme Bewegung bedient, und dem gleichzeitigen Rebellengestus, nicht nur gegen das »Establishment«, sondern auch gegen die »Systemlinge« und »Normies« zu sein. Sie verachtet die Masse oder die Eliten schlichtweg dort, wo sie einen anderen Willen haben, und feiert sie dort, wo sie an der Inszenierung des ultranationalen Spektakels teilnehmen.

Jedenfalls ist für die extreme Rechte gar nicht mal so entscheidend, ob ihre Behauptungen zum Volkswillen von einer mehrheitlichen Masse gedeckt werden, sondern vielmehr, ob sie eine *kritische* Masse hinter ihren Erzählungen formieren kann. Kritisch insofern, als sie mit der nötigen Glaubwürdigkeit von der eigenen Bedeutung sprechen kann, um auf dem Radar weiterer Menschen als ernstzunehmende Alternative aufzutauchen. Dass sie dieses Level, ab dem sie vom Matthäus-Effekt (oder seinen Verwandten) profitieren kann, heute zweifellos erreicht hat, dürfte nicht unwesentlich mit der Digitalisierung zusammenhängen. Denn bei ihr laufen verschiedene Entwicklungen zusammen, mit denen sich die Spielregeln im Aufmerksamkeitswettbewerb radikal verändert haben – offenbar zugunsten der extremen Rechten. Ganz grundsätzlich wird mit ihr etwa die Logik der Zahlen im Kulturellen wie im Politischen noch weiter gestärkt, wo doch nun in unserem digitalen Alltag Bewertungstools, Rankingskalen, Zählerstände und Inhaltshierarchien die Wahrnehmungsorganisation entscheidend prägen. Wie der Soziologe Steffen Mau genauer ausführt, bringen sie eine Quantifizierung (oder auch Metrifizierung) des Sozialen mit sich,[21] der zuweilen ein dystopisches Potenzial nachgesagt wird, das sich in China mit seinem digitalen Sozialpunktesystem zum Teil schon verwirklicht sieht. Aber auch jenseits eines totalitären Kontexts liegt es auf der Hand, dass die Metrifizierung die Mechanismen der sozialen Kontrolle erweitert, wenn auch auf subtilere Weise.

Dass das soziale Verhalten insgesamt stärker durch Zahlen beeinflusst wird, sollte nicht verwundern. Schließlich hat die Bedeutung gerade von Zahlen in der digitalen Gesellschaft eine neue Dimension erreicht. Neben Daten zu wirtschaftlichen Entwicklungen werden zunehmend auch Aspekte menschlichen Verhaltens und sozialer Beziehungen in verwertungsgeeignete Datenströme übersetzt. Angetrieben ist diese Entwicklung mitunter von dem Wunsch nach Vergleichbarkeit und Rationalisierung. So werden heute über GPS-Tracker die Daten beim Joggen gesammelt, in Apps die Bonuspunkte beim Online-Shopping verteilt und über Algorithmen das Abendprogramm auf Netflix vorsortiert, natürlich auf Grundlage von erstellten Nutzerprofilen. Kaum ein Lebensbereich kann sich noch der Generierung von quantifizierbaren Daten entziehen. Selbst politische Parteien und soziale Bewegungen nicht. Wie auch kommerzielle Unternehmen orientieren sie sich bei der eigenen Organisation und Selbstdarstellung nun immer stärker an digitalen Interaktions- und Inszenierungsformen.

Am deutlichsten für diesen Trend steht sicherlich der Aufstieg (und zum Teil der Fall) so mancher »digitaler Parteien«, wie sie Paolo Gerbaudo beschreibt. Laut ihm haben sich vor allem die über Online-Plattformen vernetzten Parteien – zum Beispiel die Fünf-Sterne-Bewegung in Italien oder die Piratenparteien in Deutschland und Europa – immer mehr der datengesteuerten Denkart von Unternehmen wie Facebook und Google angepasst und diese in ihre Entscheidungs- und Mitgliederstruktur integriert. Losgelöst von festen Programmatiken werden Positionen auf der Grundlage von Datenanalyse formuliert, welche »ein konstantes Gefühl für die Stimmung der öffentlichen Meinung« vermitteln sollen.[22] Wir werden gleich noch sehen, wie die konsequente Anwendung einer solchen Logik auf die Organisation selbst – wie sie die Digitalparteien auszeichnet – demokratische Prozesse erschwert oder gar schwächt. Hier ist aber zunächst von Interesse, dass die Anwendung jener Logik nach außen – also die Art, wie sich ein politischer Akteur der Öffentlichkeit empfiehlt – beileibe nicht nur bei Digitalparteien zu beobachten ist. Vielmehr lässt sich nun generell in der politischen Arena ein marketingähnlicher Wettbewerb um Anhänger und Aufmerksamkeit feststellen – zumindest stärker als je zuvor. Immerhin sind Reichweiten und Bewertungen heute zentrale Faktoren für Sichtbarkeit. Und damit auch für politische Wirksamkeit, da Stimmen aus den sozialen Medien zunehmend als Spiegel der öffentlichen Meinung gelten. Ebendeswegen entnehmen die herkömmlichen Medien des Öfteren Wortmeldungen aus ihnen, um diskursive Trends aufzuzeigen. Diese Umstände spielen mittlerweile in der Handlungslogik aller politischen Akteure eine Rolle – bei manchen weniger, vor allem bei der extremen Rechten mehr.

Dass gerade Letztere vorne dabei ist, wenn es um »Aufmerksamkeits-Hacking« geht, haben die Kommunikationswissenschaftlerinnen Alice Marwick und Rebecca Lewis in einer viel beachteten Studie aufgezeigt.[23] Tatsächlich ist es zu einer zentralen Ressource ihres politischen Einflusses geworden, durch die digitale Inszenierung eines Volkswillens die politische Stimmung im Land aufzuwühlen. Dabei passt sich die extreme Rechte dem numerischen Vergleichswettbewerb maximal flexibel an – und nutzt die thematische Beeinflussung der herkömmlichen Medien von Trends in den sozialen Medien aus – wie wir es am Beispiel von »Omagate« schon gezeigt haben. Sie begreift die Metriken, in deren Gestalt jene Trends greifbar werden, als zentrales Vehikel politisch-emotionaler Mobilisierung. Und indem sie dieses Vehikel mit allen legalen, aber dennoch unlauteren Mitteln manipuliert, ergaunert sie sich selbst den Status gesellschaftlicher oder politischer Relevanz – auch im allgemeinen Medienrummel. Um im Rampenlicht zu stehen, muss daher zunächst eine kritische Masse simuliert werden, damit Nachrichten aus einer spezifischen Teilöffentlichkeit relevant für die allgemeine Öffentlichkeit werden. Diesen Prozess kann man als eine Entsprechung zum Matthäus-Effekt sehen – hier ins Werk gesetzt durch Follower-, Like- und Viewzahlen von digitalen Medienprodukten.

Akteure, die wirklich manipulationswillig sind, finden in den sozialen Medien eben eine bunte Tüte an metrischen Manipulationsmöglichkeiten vor, die rechtlich bisher nicht eingehegt sind, auch wenn sie als moralisch fragwürdig oder gar betrügerisch gelten dürften. Diejenigen, die aus Gründen politischer Ethik von der intensiven Nutzung dieser Möglichkeiten zurückgehalten werden, können somit nicht im selben Maße von der Metrifizierung profitieren wie die extreme Rechte, die, wie schon öfter bemerkt, einem radikalen Pragmatismus folgt. Mit der ihr eigenen Ruchlosigkeit kann sie heute viel besser ein Mitläufertum aktivieren, indem sie die digitalen Kenngrößen gezielt beeinflusst, über die Menschen die Welt nun stärker wahrnehmen. Nicht von ungefähr boomt im Kommerziellen, Kulturellen und auch Politischen die Praxis, sich den Kauf einiger Follower zu gönnen, um so auf dem Aufmerksamkeitsradar vieler Menschen zu erscheinen. Auch wenn Beiträge in den sozialen Medien viral gehen, steckt dahinter nicht einfach die magische Macht des Schwarms, sondern oft ein Netzwerk, das dem »Produkt« mithilfe koordinierter Reaktionen den entscheidenden Schub verleiht.

Die extreme Rechte kann sich dabei auf das verlassen, was Rebecca Lewis an anderer Stelle »alternative Einflusssysteme« nennt.[24] Gemeint sind weitverzweigte Netzwerke von zum Beispiel rechtsextremen Youtubern und alternativen Nachrichtenformaten, die sich durch Verlinkungen und Empfehlungen wechselseitig in der rechten Hetze unterstützen – und schließlich auch im Geldverdienen. Zum digitalisierten Rechtsextremismus gehört nämlich auch eine Art Politunternehmertum, das sich entlang der monetären Anreize entwickelt, die die sozialen Medien setzen. Schließlich gilt heute: Zahlen bringen auch Geld. Tatsächlich ist es ein durchaus lukratives Geschäft, die angebliche Wut des Volkes auszuschlachten. Oder besser: diese herbeizubeschwören. Über Werbung und Spenden finanziert sich so mancher Infokrieger, der meint, den Volkswillen bis auf seine Sonnenliegen auf Teneriffa, Mallorca oder den Philippinen spüren zu können. Es muss Menschen, die eine gewisse Qualität bei Informationen schätzen, wie eine Farce anmuten, wenn solche zum Teil einflussreichen Influencer auf YouTube oder bei Telegram ihre wilde Zusammenstellung von skandalisierten Fotos und Videos aus den Untiefen des Netzes als Journalismus verkaufen.

Die Bedeutung dieser »Branche« für den Rechtsextremismus ist nicht zu unterschätzen. Da es immer mehr solcher politischen Influencer gibt, die sich über Werbeeinnahmen finanzieren, steigt auch der Druck auf sie, Interaktionen zu produzieren, wenn sie im Geschäft bleiben wollen. Sie sind also darauf angewiesen, ein Massenpublikum zum Klicken zu bringen. In dieser Situation bieten ihnen die Geschichten und Perspektiven der extremen Rechten offenbar einen reichhaltigen Fundus, um den Markt der Aufmerksamkeiten zu bedienen. Zugleich fungieren die fragwürdigen Selbstdarsteller damit als effektive Verstärker und Verbreiter rechtsextremer Ideen. Insgesamt lassen sich Konturen einer kartellförmig arrangierten Gegenöffentlichkeit erkennen, denn diese Kanäle verstärken sich gegenseitig. Wie in einem Netzwerk manipulieren sie – wenn auch auf subtile Weise – die Algorithmen durch ihre Aktivitäten und Inhaltsmarker so, dass die jeweils anderen im Bunde bei den eigenen Videos vorgeschlagen werden. Auf diese Weise werden Nutzer in den Kaninchenbau gezogen, wie mit einer Metapher aus den *Matrix*-Filmen – die wiederum auf den Kinderbuchklassiker *Alice im Wunderland* zurückgeht – das Abgleiten in eine andere Wirklichkeit beschrieben wird. Und je mehr Nutzer sich in dem Bau ansiedeln, umso dynamischer gewinnt der jeweilige Inhalt an Aufmerksamkeit. Denn mit ihnen als Multiplikatoren – mit ihrem eingespielten Like- und Share-Verhalten, das auch plattformübergreifend stattfindet – lassen sich dessen metrische Werte um ein Zigfaches steigern.

Gerade die Rolle der Nutzer, die ständig zwischen dem Konsum und der (Re-)Produktion von Inhalten changiert, ist entscheidend für die metrische Macht rechtsextremer Online-Propaganda, da sie grundsätzlich eine stärkere Verbreitungsdynamik von Inhalten ermöglicht – und damit eine Vervielfachung ihrer metrischen Werte. Hierbei verflüssigt sich das Sender-Empfänger-Verhältnis dermaßen, dass nicht nur eine Kette von Prosumenten entsteht, sondern auch nicht einmal mehr klar ist, wann genau ein Konsument zum Produzenten von Informationen wird. Wenn er einen Inhalt teilt oder retweetet? Oder bereits dann, wenn er etwas likt oder kommentiert, weil sich so der Interaktionswert des Inhalts und damit seine Sichtbarkeit erhöht? Oder sogar dann, wenn man etwas negativ bewertet und mit Gegenrede kommentiert, da das nicht nur denselben Effekt hat, sondern auch noch Anlass zu weiteren Reaktionen und Gegenreaktionen gibt, die den Effekt noch verstärken?

In jedem Falle zieht die extreme Rechte aus der Interaktionsökonomie der sozialen Medien einen besonderen metrischen Vorteil, weil ihre Botschaften vor allem bei Menschen mit einem intuitiven Denkstil verfangen, die auf Informationen eher affektiv reagieren. Und damit auch *stärker* reagieren, also viele Interaktionen generieren. Und je länger sich die Reproduktionskette zieht, desto mehr verschwimmt, woher der Inhalt ursprünglich stammt. Das führt letztlich dazu, dass auch Unbedarfte einen rechtsextremen Inhalt aus ihrem sozialen Kontaktkreis reproduzieren, weil sie die politische Bedeutung nicht ganz erfassen. Besonders deutlich zeigt sich das am Beispiel der schon erwähnten rechtsextremen Memes, die häufig wegen ihres popkulturellen Gehalts und ihrer angeblich humorvollen Elemente sehr schnell sehr weite Kreise ziehen – und so die metrische Vervielfachung beschleunigen.

Die Einladung des Web 2.0 an jeden, nicht mehr nur Nutzer von digitalen Infrastrukturen, sondern selbst auch Gestalter ebendieser zu sein, ermöglicht darüber hinaus neue Beziehungen, über die politisch relevante Informationen zirkulieren und sich vervielfachen können. Immerhin verquicken die digitalen Plattformen die soziale und die politische Sphäre in einer Weise, die mehr Menschen als je zuvor mit politischen Diskussionen in Berührung bringt. Musste man sie vor der Digitalisierung mehr oder weniger gezielt aufsuchen, sind sie es, die einen heute aufsuchen, etwa wenn Kontakte in den sozialen Medien, die jemand tatsächlich aus sozialen Gründen nutzt, politische Inhalte reproduzieren. Womöglich lösen diese dann sogar Kontroversen im digitalen Freundeskreis aus – und erzeugen so viele Interaktionen und weitere Sichtbarkeit. Ähnliches lässt sich von verschiedenen Promis sagen, denen viele Menschen aus kulturellem Interesse in den sozialen Medien folgen und die ein politisches Mitteilungsbedürfnis überkommt. Wie Köche, Musiker oder Schauspieler plötzlich ihre Follower mit der Weiterverbreitung aberwitziger Verschwörungstheorien beglücken, ist etwa ein bleibender Eindruck aus der Corona-Krise.

Wir haben es hier unübersehbar mit Formen der politischen Massenbeeinflussung zu tun, die vor der Digitalisierung nicht möglich waren. Im Klartext bedeutet dies, dass heute jede Menge an schlecht recherchierten Informationen, Lügen, Bullshit oder einfach nur Irrsinn an die Massen gebracht werden kann, für die es vor den sozialen Medien wohl kaum eine massentaugliche Plattform gegeben hätte. Zumindest in einer vitalen Demokratie wären solche Inhalte nicht in die größeren Medien gelangt. Es liegt auf der Hand, dass diese Entwicklung nicht ohne Wirkung auf die epistemische Qualität der demokratischen Diskurse bleibt. Immerhin finden nun Akteure massenhaft Gehör, deren Informationsverarbeitung die Kriterien der Faktenprüfung aller zuvor da gewesenen Massenmedien regelrecht verhöhnt. Damit Informationen Massen erreichten, mussten sie zuvor in der Regel viele Augen aus der Redaktionshierarchie passieren. Nun werden sie oft nicht einmal von zwei Augen geprüft, wenn etwa ein affektiv verfasster Text ohne Gegenlesen hinausgesendet wird. Das gilt nicht nur für Influencer und Parteien, die jetzt ihre Inhalte ohne faktenprüfende Vermittlungsinstanzen an die Massen bringen können, sondern offensichtlich auch für einzelne Politiker, die ihre Gedanken »ungefiltert« und direkt in die Welt posaunen.

Der einstige Radiomoderator Ken Jebsen ist ein gutes Beispiel für den Qualitätsbruch in der Produktion von Masseninformationen. Nachdem er 2011, nach qualitativ fragwürdigen Darbietungen und den Holocaust verharmlosenden Aussagen, beim RBB seinen Hut nehmen musste, erreicht er heute mit seinen verschwörungstheoretischen Inhalten und Botschaften zuweilen Millionen von Menschen, ohne sich irgendeiner faktenprüfenden Instanz stellen zu müssen. Wie andere Akteure im postfaktischen Spektrum schöpft er seine Glaubwürdigkeit nicht aus sauberer Recherchearbeit, sondern eben aus metrischen Richtwerten. Als etwa im Mai 2020 die Gegner der Corona-Maßnahmen in Stuttgart zur Großdemonstration riefen, soll es unter den Organisatoren durchaus umstritten gewesen sein, den lautesten Schreihals unter den »Corona-Kritikern« als Redner einzuladen. Sie kamen schließlich zu der inhaltsleeren Auffassung: »Jemand, der es schafft, ein Video mit 2,7 Millionen Abrufen zu erhalten, ist unserer Meinung nach auch qualifiziert, seine Meinung auch öffentlich zu sagen.«[25] Anders gesagt: Ein gewisses Mindestmaß an öffentlicher Aufmerksamkeit berechtigt zu weiterer öffentlicher Aufmerksamkeit. Deutlicher könnte man dem Matthäus-Effekt nicht huldigen.

Wir befinden uns also in einer gesellschaftlichen Situation, in der sich allerlei Akteure recht einfach auf das Radar zumindest von Teilöffentlichkeiten bringen oder gar selbst eigene Teilöffentlichkeiten schaffen können. Von dieser Basis aus empfehlen sie sich dann breiteren Massen, die sich leicht von Zustimmungswerten und Klickzahlen beeindrucken lassen, wenn der Akteur grundsätzlich in ihr Identifikationsmuster passt. In der bisherigen Medienwelt gab es hingegen nur begrenzten Raum, um Akteuren überlokale Aufmerksamkeit zu ermöglichen. Heute jedoch können unzählige Akteure zumindest potenziell eine kritische Masse in ihren Bann bringen, indem sie die sozialen Medien nutzen, um systematisch den eigenen Aufmerksamkeitsraum zu erweitern. »Die Geschichte der digitalen Vernetzung ist auch die Geschichte der Skalierung«, schreibt dazu passend der Digitalexperte Sascha Lobo, der das Internet für besonders geeignet hält, »um bestimmte Inhalte, Verhaltensweisen oder Kulturtechniken exponentiell zu verbreiten, zu vergrößern oder zu verstärken«.[26]

Das heißt natürlich nicht, dass in der vordigitalen Welt politische Außenseiter generell von größerer Aufmerksamkeit ausgeschlossen waren. Es war auch da schon möglich, gezielt am eigenen Bekanntheitsgrad zu arbeiten, um den medialen Tipping-Point zu erreichen. Wie eingangs in diesem Kapitel dargelegt, konnte politischer Eifer allerdings nur begrenzt die inhaltlichen Schwächen und den Mangel an Anhängern kompensieren. Vielmehr machte sich hier der schon erwähnte »Pinocchio-Effekt« bemerkbar, wenn kleine Akteure so tun, als würden sie die Welt aus den Angeln heben. Insgesamt jedoch konnte man sie leicht übersehen. In den sozialen Medien aber werden solche Akteure, die man als »Superposter« bezeichnen kann, mit Sichtbarkeit belohnt. Wer hartnäckig seine meinungsstarken Botschaften am Fließband absetzt, kann dort schnell die Newsfeeds dominieren – auch weil sich dramatische und extreme Inhalte besonders gut mit den Algorithmen vertragen.

Aus demokratietheoretischer Perspektive ist das durchaus brisant. Denn wenn es nun verstärkt Eifer und Lautstärke sind, mit denen man politischen Einfluss generieren kann, und nicht mehr so sehr die besseren Argumente, deren Austausch bestmöglich durch die herkömmlichen Medien organisiert wurde, dann wächst damit auch die Macht schreiender Minderheiten in der Demokratie. Zwar war Engagement schon immer ein Faktor, der ungleiche Einflüsse in demokratischen Strukturen bedingte. Doch mit der technischen Möglichkeit, die eigene Stimme in den Diskussionen um ein Vielfaches zu multiplizieren – durch falsche Profile und Copy-and-Paste von Inhalten –, erhöht sich der aktivitätsbedingte Einflussfaktor exponentiell. Zudem können politische Akteure, wie gezeigt, nun in Teilöffentlichkeiten, in denen sie den metrischen Ton angeben, sogar selbst die Rolle von Gatekeepern einnehmen. Dabei ist es natürlich richtig, dass Zahlen generell in der Demokratie schon immer wichtig gewesen sind, vollziehen sich deren Entscheidungen doch über die Feststellung einer numerischen Mehrheit. Doch mit der Metrifizierung sozialer Interaktionen – und damit auch zugleich des politischen Diskurses – nimmt auch die Logik der Zahlen zu.

Hier zeigt sich ein Trend des politischen Kulturwandels, der zu reaktionärer Pervertierung einlädt. Es zählt immer weniger der Austausch von Argumenten, sondern schlichtweg nur noch die Frage, ob man für oder gegen etwas ist. Häufig romantisiert als »flüssige« Form der Demokratie, in der jeder am Entscheidungsprozess teilhaben dürfe, werden allerlei Streitfragen nun zu einem kleinen Volksentscheid gemacht. Genau damit wird aber die Vorstellung gefördert, jeder (Online-)Bürger habe dieselben intellektuellen Fähigkeiten, um komplexe politische, soziale und wirtschaftliche Fragen angemessen zu bewerten. Durch die ständige Mitsprache, die die Bewertungs- und Kommentarfunktionen der sozialen Medien suggeriert, fühlen sich Menschen gleichsam emanzipiert, sodass sie demokratische Repräsentanz, aber auch fachliche Expertise zunehmend als Bevormundung empfinden. Vielmehr begreifen sich nun viele intuitiv Denkende als Teil des Volks, das »denen da oben« die Stirn biete. Dabei sehen sie das Volk vor allem dort, wo Teilöffentlichkeiten erstens den eigenen Willen teilen und zweitens Masse – wenn auch nicht Mehrheiten – erkennen lassen. »Wenn viele es sagen [...], ist es wahr genug«, schreiben die Politikwissenschaftler Russell Muirhead und Nancy Rosenblum über den neuen Hype des Verschwörungsdenkens[27] und sprechen damit unweigerlich auch einen Aspekt der faschistischen Logik an: Was der Wille des Volks ist, legt man selbst fest – die Mobilisierung von Zahlen dient nur dem Zweck, ihn zu bestätigen. Wenn es viele sind, ist es eben Volk genug. Dessen Wille – und damit das Problem der politischen Wahrheit – ist daher eine Frage der Durchsetzungsfähigkeit. Und manipulierte Metriken sind dabei das schlagende Argument.

6 Das neue Hemd der Ultranationalen

Wie sich digitaler Faschismus formiert

In einem viel beachteten Essay schrieb Umberto Eco bereits 1995 von einem faschistischen Wesenskern, den er als »Ur-Faschismus« bezeichnete. Dieser könne, so der Schriftsteller, jederzeit »in den unschuldigsten Gewändern daherkommen«.[1] Und tatsächlich lauert er heute in verborgenen Räumen, die sich zunächst der Öffentlichkeit entziehen, und wird in den Schwärmen digitaler Kulturen mit an die Oberfläche geschwemmt. Es ist kaum zu bestreiten, dass das Internet – insbesondere seit der Erweiterung seiner interaktiven Dimensionen durch das Web 2.0 und die sozialen Medien – einen zum Teil noch ungezügelten Raum darstellt, dessen aufwühlende Kräfte dem Rechtsextremismus einen neuen Impuls gegeben haben. Dass wir dabei von einer faschistischen Dynamik – also einem digitalen Faschismus – sprechen, liegt in der Beobachtung begründet, dass der Treibstoff dieses Phänomens ähnliche Opfermythen sind, wie sie bereits dem klassischen Faschismus als Antrieb für eine ultranationale Erweckungsbewegung dienten. Wie wir in den vorangegangenen drei Kapiteln gezeigt haben, sind es im Wesentlichen dramatische Erzählungen von einer nationalen Bedrohung, die die extreme Rechte durch alternative Wahrheitssysteme und Verzerrungen der öffentlichen Meinung im digitalen Raum verbreitet, um eine illiberale Politik des nationalen Erwachens zu begründen.

Es sei hier noch einmal daran erinnert, dass wir den digitalen Faschismus als familienähnliche Variante des Faschismus verstanden wissen wollen. Dies folgt einem generischen Faschismusverständnis, das auch Eco sich zu eigen macht, wenn er typische Merkmale eines »idealen« Faschismus definiert, die im Einzelnen variieren können und so Spielarten des Ur-Faschismus ergeben. Eco benennt insgesamt 14 Merkmale, unter anderem den Irrationalismus im Denken, den Kult der Aktion, die Angst vor dem Andersartigen, die Obsession einer Verschwörung und die Vorstellung, in einem permanenten Kriegszustand zu leben. Anders aber als Eco, der viele Elemente des Faschismus nebeneinanderstellt, haben wir bisher vor allem auf ein Merkmal fokussiert, das in der Faschismusforschung als grundlegend für faschistische Dynamiken gilt: ebenjene Logik von einem nationalen Untergang und Erwachen. Dabei haben wir aufgezeigt, wie sich im Zusammenspiel von rechtsextremen Handlungen *in den* sozialen Medien mit den Strukturen *ebendieser* sozialen Medien jene faschistische Logik im digitalen Zeitalter entfaltet und so den Rechtsruck ermöglicht, den wir im Kontext des technischen Wandels beobachten.

Wir haben es jedenfalls mit einer hybriden Form des Faschismus zu tun, die sich nicht an traditionellen Organisationsmodellen der Politik festmachen lässt. Vielmehr wird sie von digitalen Subkulturen umgeben, aus deren häufig informellen Strukturen sie ihre Dynamik speist. Sprachbilder und Deutungsweisen, die aus der Klamottenkiste der einstigen Braun- und Schwarzhemden stammen, zirkulieren nun wieder in größeren Kommunikationsräumen: den fluiden und harmlos wirkenden Online-Netzwerken, in denen sich Millionen von Nutzern intensiv informieren und austauschen und in denen das Soziale sich mit dem Politischen überlappt. Dabei profitiert die extreme Rechte auch von der Verbreitungslogik der sozialen Medien, in deren Sog die rechtsextremen Bedrohungserzählungen und Verschwörungstheorien besonders gut an Fahrt aufnehmen, sodass sich die faschistische Logik fast schon verselbstständigt. Denn die Fragmente der rechtsextremen Opfermythen drängen sich da regelrecht auf; man kann als Prosument auch ohne Weiteres in das rechte Panikorchester miteinstimmen. Kein Parteibuch, keine persönlichen Netzwerke sind dafür nötig. Ein Smartphone reicht heute als Ticket, um in das Karussell der ultranationalen Leidenschaften einzusteigen, das der Faschismus ankurbelt.

Wenn etwa ein Rechtsextremist wie Jair Bolsonaro, der mittlerweile das Amt des brasilianischen Präsidenten bekleidet, im Wahlkampf Botschaften aussenden will, die nahelegen, dass Politiker der linken Arbeiterpartei um ihr Leben fürchten müssen, dann braucht er dafür weder einen großen Propagandaapparat noch willfährige Medien. Heute erreichen solche Statements allein über WhatsApp binnen Stunden, manchmal auch Minuten ein millionenfaches Publikum, das dann seinerseits als Multiplikator dieser Botschaften fungiert. In einer von sozialen Medien geprägten Öffentlichkeit bedarf es daher keiner straff organisierten Partei mehr, um eine nationale Erweckungsbewegung zu formieren, wie es im klassischen Faschismus der Zwischenkriegszeit noch der Fall war. Vielmehr steht der Erfolg Bolsonaros, so noch einmal der Historiker Antoine Acker, beispielhaft für »den Triumph eines neuen, digitalen Faschismus«, in dem sich die Massen zunehmend selbst manipulieren. Wie Acker anschaulich analysiert, lebt der Bolsonarismus vor allem von einer digitalen Rhetorik, die – einmal in Umlauf gebracht – ihre Kreise zieht. Sie produziert »keine charismatischen Volkstribune, sondern ›Influencer‹, die in ihrer spontanen Alltagssprache sprechen, mit provokanten Erklärungen auf sich aufmerksam machen, sich durch Instagram-Bilder und Live-Videos aus ihrem Krankenzimmer oder vom heimischen Sofa zu Wort melden«. Es ist die Masse solcher Influencer, die »jenes digitale Summen erzeugt, das die Kampagne von Bolsonaro zum Erfolg führte«.[2]

Acker beschreibt somit am Beispiel Brasiliens, wie autoritäre Führer heute verstärkt auf digitale Schattenarmeen setzen, die weit effektiver als Vermittler einer faschistischen Logik fungieren können als ein parteieigenes Hetzblatt oder einschüchternde Sturmabteilungen. Genau das macht den digitalen Faschismus besonders schwer zu fassen. Denn wo es kein eindeutiges organisatorisches Zentrum gibt, wo die Urheber der Botschaften nicht klar erkennbar sind, lässt sich das angestimmte Summen schnell mit einem spontanen Unmut aus dem Volk verwechseln. Wegen ebendieser äußerlichen, fast schon organisch anmutenden Gestalt wirkt der digitale Faschismus so unschuldig. Exemplarisch lässt sich dies an der Entstehung der bereits erwähnten »Omagate«-Kampagne verdeutlichen. Zur Erinnerung: In einem harmlosen Satirevideo des WDR sahen rechtsextreme Online-Aktivisten ein Skandalisierungspotenzial, das sie daraufhin maximal ausschöpften, indem sie mit simplen Mitteln den Ton für eine Empörungskampagne setzten, auf die dann eine Heerschar von Internetnutzern ansprang. Möglich ist eine solche Dynamik, die die Form eines virtuellen Volkstribunals annimmt, weil in dem kleinteiligen Knäuel der sozialen Medien kaum mehr auf Anhieb zu erkennen ist, wer hier überhaupt mit welcher Motivation handelt – und weil zugleich die rechtsextremen Botschaften im Verlauf ihrer Weiterverbreitung dem eigenen, ultranationalen Gusto angepasst werden.

Eine solche durchaus gewollte Verselbstständigung rechtsextremer Agitation stellt einen bedeutenden Unterschied zum Faschismus der Zwischenkriegszeit dar. Dieser konzentrierte seine Kommunikationsmittel in den Organen einer Partei, die ihre Propaganda hierarchisch organisierte. Sinnbildlich für diese zentralistische Form der kontrollierten Massenagitation stehen die Top-down-Inszenierungen ihrer Führer in Großveranstaltungen, aber auch die One-to-Many-Kommunikation des

Volksempfängers. Der digitale Faschismus formiert sich dagegen ganz anders und benötigt für die politische Manipulation keine zentrale und formale Koordination mehr. Zwar sehen wir im Herzen seiner Dynamik den altbekannten Kern des Faschismus – nämlich die Logik von Untergang und Erwachen –, doch ist er nicht mehr an eine zentral gelenkte Massenpartei gebunden, die bisher das Verständnis von Faschismus prägte. Ihre Bedeutung hat mit der Digitalisierung abgenommen, denn nun gibt es neue Vernetzungsformen, mit denen sich Menschen effektiv für die rechtsextreme Agitation nutzbar machen lassen. Die digitale Volksgemeinschaft erfährt sich nunmehr über eine technologische Verknüpfung von Affekten und Emotionen, die in den virtuellen Hasstiraden, Shitstorms und Litaneien des Bullshits eine identitätsstiftende Praxis finden.

Der digitale Faschismus zeichnet sich damit durch ein Ausmaß an Horizontalität aus, das für den Rechtsextremismus historisch ungewöhnlich ist. Genauer gesagt, bringen die horizontalen Strukturen der sozialen Medien eine dezentralisierte Form des Faschismus hervor, die man sich besser als soziales denn als hierarchisch organisiertes Phänomen vorstellen sollte – und die dennoch autoritär geprägt ist. Am markantesten zeigt sich das in der schwarmartigen Durchdringung von Online-Diskussionen, in denen demokratische Normen nicht nur inhaltlich angegriffen, sondern auch praktisch unterlaufen werden, wenn etwa durch gezieltes Trolling oder massierte Interaktionen ein verständigungsorientierter Diskurs sabotiert wird und andere Stimmen mundtot gemacht werden. Diese Art von führerloser Schwarmaktivität steht für eine illiberale Dynamik, die weder zentral gesteuert noch völlig unkontrolliert ist. Es ist ein Gemisch aus einheizenden Aktivisten und reizbaren Wutbürgern, in dem sich – beflügelt auch von Schaulustigen und Ahnungslosen – Hass und Angst zu Empörungswellen verdichten. Sie wirken häufig wie eine Demonstration spontanen demokratischen Unmuts, sind aber in Wirklichkeit das Produkt strategischer Online-Handlungen.

Tatsächlich lassen sich in dem Wust an digital mobilisierten Aggressionen, die bei bestimmten Themen immer wieder aufwallen, Muster erkennen, die man als Ausdruck virtueller Führung deuten kann. Die Aufgabe eines rechtsextremen Online-Aktivisten ist es demnach zuvorderst, die richtigen Knöpfe in den sozialen Medien zu drücken, um diese emotionale Maschine in seinem Sinne zu mobilisieren. Ein solcher Aktivismus kann in das Engagement für rechte und rechtsextreme Parteien eingebettet sein, aber auch von kleineren Gruppen oder von Individuen ausgehen. Dadurch können sich natürlich auch Spannungsfelder ergeben. So wie etwa einst die SA eine gewisse Autonomie von den NSDAP-Parteistrukturen behaupten wollte und das faschistische Ideal am reinsten im Straßenkampf verwirklicht sah, behalten sich auch rechtsextreme Netzwerke – bei aller Identifikation mit einer Partei – vor, ihre eigene Version des nationalen Widerstands umzusetzen. Heute mögen solch autonome Tendenzen auch noch dadurch verstärkt sein, dass Parteistrukturen generell an Bedeutung verloren haben, insofern sie nicht mehr das einzige Werkzeug anhaltender Massenmobilisierung sind. Dank der sozialen Medien, in denen die Massen schon vororganisiert sind, bedarf es für deren Manipulation keiner Instanz mehr, bei der sich Ressourcen und Kompetenzen konzentrieren.

Dass der digitale Faschismus von der Selbstmanipulation der Massen zehrt, wie es Acker andeutete, heißt also nicht, dass der organisierte Rechtsextremismus keine Rolle in dieser Dynamik spielt. Während deren Treibstoff immer noch der gleiche ist, der bereits dem klassischen Faschismus als Antrieb diente, hat sich allerdings die Rolle rechtsextremer Organisationen signifikant verändert. Waren im Faschismus der Zwischenkriegszeit nämlich die Partei sowie ihre kulturellen und paramilitärischen Nebenarme, in der sich Massen sozial und politisch vernetzten, der Raum, in dem jener Treibstoff zur Mobilisierung ultranationaler Kräfte verbrannt wurde, so fungieren heute viel stärker die sozialen Medien als Motor dieses Prozesses. Hier lassen sich die Massen mit den palingenetischen Botschaften beschallen, die sie in Aufruhr versetzen. Dem organisierten Rechtsextremismus obliegt es nun, den Treibstoff dort einzufüllen und der entstehenden Dynamik eine Richtung zu geben. Wie sich diese eigendynamischen und strategischen Einflüsse miteinander verbinden, wollen wir im Folgenden genauer unter die Lupe nehmen.

Digitale Hasskulturen als Transmissionsriemen

Der digitale Faschismus macht rechtsextreme Organisationen keineswegs obsolet. So ist der Faschismus als Kraft, die auf die Machtübernahme abzielt, allein schon aus instrumentellen Gründen stets auf eine Partei angewiesen. Zumal diese als Sammlungsbewegung auch dazu dient, das Gerede vom wahren Volkswillen, den man repräsentiere, einigermaßen glaubwürdig erscheinen zu lassen. Dass beispielsweise die AfD bis jetzt erstaunlich gut zusammenhält, obwohl in ihr immer wieder heftige Richtungskämpfe toben und sich Teile ihres Führungspersonals mehrfach mit Abspaltungen versuchten, mag auch diesem Repräsentationsdruck im völkischen Lager geschuldet sein. Für die Verbreitung des nationalen Opfermythos aber, der den Kern faschistischer Dynamiken ausmacht, braucht es keine Partei mehr. Das Netz ist heute, wie es der Kulturtheoretiker Klaus Theweleit formuliert, die »Partei-Basis« der Ultranationalen. Es schafft Omnipräsenz und »ersetzt ihnen Truppe und Körperganzheit«.[3] Die digitalen Kommunikationsmedien ermöglichen neue Formen der Assoziation und Artikulation. Es entsteht, wie die Politikwissenschaftler W. Lance

Bennett und Alexandra Segerberg es nennen, »konnektives Handeln«: weitgehend individualisierte und technologisch organisierte Prozessketten, die zu kollektiven Aktionen führen – oftmals ohne besonderen Anlass.[4]

Praktisch drückt sich die »Macht der Konnektive«, so der Medienwissenschaftler Bernhard Pörksen, in einer »Individualmasse« aus, die »die Wucht des gemeinschaftlichen Auftritts mit dem persönlichen Selbstausdruck« in dynamische Koalitionen von Internetnutzern verwandelt.[5] Sinnbildlich hierfür stehen die berüchtigten Shitstorms. Manche sehen in ihnen den Ausdruck angestauten Unmuts, andere dagegen eine Machtdemonstration des Internetpöbels. Nicht bestreiten lässt sich allerdings, dass Shitstorms politische Debatten anstimmen und gleichzeitig die Grenzen des zivilen Umgangs überschreiten. Der digitale Faschismus ist auf solche virtuellen Schlammschlachten angewiesen, um den Online-Truppen die konfrontativen Erfahrungen zu ermöglichen, die sie als virtuelle Gemeinschaft zusammenschweißen. Dabei fügt sich die faschistische Logik, die zur Mobilisierung einen Ausnahmezustand konstruiert, sehr gut ein in die Welt der sozialen Medien, in der sich ständig – unmittelbar, unverzüglich und unbegrenzt – Alarm schlagen lässt. Rechtsextreme Akteure geben hier häufig den Takt des Schwarmverhaltens vor, über die sich dann ihre alten Abwertungsmuster rasant verbreiten, mit denen ihre Feinde entmenschlicht und zu Freiwild erklärt werden. Freilich geschieht dies nun in einem neuen Anstrich, der mehr für Online-Kulturen als für den Faschismus typisch ist.

Immerhin galt das Internet lange als ein freier, ja geradezu anarchischer Raum, der – in einem hohen, wenn auch abnehmenden Maße – nach eigenen Regeln funktionierte, die man nicht gerade mit faschistischen Ordnungsvorstellungen verwechseln dürfte. Der aus der Mode gekommene Begriff des *Cyberspace* weckte schon immer die Assoziation, über das Netz in eine andere Welt jenseits von Markt und Staat eintauchen zu können – eine romantische Vorstellung, die manche Internetenthusiasten der ersten Stunde heute noch im selben Maße aufrechterhalten wie die Tech-Unternehmen, die sie geschäftsbedingt als angenehme Illusion verkaufen. Sie kommt wohl am besten zum Ausdruck in der »Unabhängigkeitserklärung des Cyberspace« von 1996, ein schon früh viral gegangener Artikel des Musikers und Bürgerrechtlers John Perry Barlow, der das Grundverständnis vieler Netzaktivisten auf den Punkt bringt: »Ich erkläre den globalen sozialen Raum, den wir errichten, als gänzlich unabhängig von der Tyrannei, die ihr über uns auszuüben anstrebt. Ihr habt hier kein moralisches Recht zu regieren, noch besitzt Ihr Methoden, es zu erzwingen, die wir zu befürchten hätten.«[6]

Das Wir, auf das sich der Texter der Rockband *Grateful Dead* hier bezieht, meint die Gemeinschaft der frühen Internetnutzer. Sie wies bereits eine vage politische Identität auf, die sich im Allgemeinen aus der Ablehnung staatlichen Einflusses speiste und etwas spezieller im gemeinsamen Programmieren, Codieren und Hacken ausleben ließ. Doch trotz – oder gerade wegen – der Tatsache, dass man das Internet als grenzenlosen Ort begriff, stand diese gegenkulturelle Bewegung der allmählichen Popularisierung, also der sozialen Entgrenzung des Internets, kritisch gegenüber. Mit dessen massenhaftem Einzug in die Haushalte, der sich spätestens ab Anfang der 2000er-Jahre vollzog, sah sie eine Einschränkung der entstandenen Freiheiten und eine Kommerzialisierung des Netzes kommen, wie sie dann ja auch tatsächlich nach und nach folgten. Als Reaktion darauf bildeten sich spezifische Nischen im Internet, in denen diverse Online-Kulturen mit Nerd-Charakter überstanden: von populären Katzen-Memes über Computerspiele bis hin zu Mangas und Animе. Besonders hartnäckig hält sich dabei das schon einmal erwähnte Austauschforum *4Chan*, das bereits verschiedene Entwicklungsstufen des Internets überlebt hat und sich selbst als »Jauchegrube des Internets« präsentiert.

Mehrfach gehörte dieses sogenannte Imageboard, auf dem anonym Bilder und Texte geteilt werden, zu den hundert meistbesuchten Webseiten der Welt. Es zeichnete sich dabei schon immer durch einen derben Humor aus, der auch vor diskriminierenden oder gar menschenverachtenden Botschaften nicht zurückschreckt. Wie der Autor und Künstler Dale Beran schreibt, war es vor allem das *Trolling* – also »die subtile Art, unausstehlich zu agieren« –, was seine Nutzer zusammenbrachte.[7] Lange Zeit nahmen sie insbesondere Menschen aufs Korn, die sich öffentlich exponierten, aber auch Gruppen wie Scientology. Als Refugium der frühen Internetkultur galten dabei lediglich zwei Leitlinien: »Alles darf gesagt werden« und »Nichts darf ernst genommen werden«. Entsprechend waren die Foren kaum moderiert, was sie wiederum attraktiv für Rechtsextreme und Neonazis machte. Diese passten sich an die spielerischen Symbole und Codes der Troll-Gemeinschaft an und brachten so schon bald ihre anderswo anstößigen Inhalte unter die weitgehend schmerzfreien Nutzer des Imageboards. Viele rechtsextreme Memes, die sich heute über die Mainstream-Plattformen verbreiten, haben ihren Ursprung hier.

Spätestens mit der sogenannten »Gamergate-Affäre« von 2014, während der feministische PC-Spielerinnen und Journalistinnen in den USA mit einer massiven Hasskampagne überzogen wurden, verstand die extreme Rechte die Sprengkraft, die *4Chan* und andere Imageboards besaßen. Die zunehmende Anpassung der rechtsextremen Inhalte an die Gepflogenheiten der Imageboards hatte sich tatsächlich so weit ausgezahlt, dass dort rassistische und frauenfeindliche Beiträge geradezu heimisch wurden. Vor allem das *4Chan*-Unterboard »Politically Incorrect« – bekannt auch als */pol/* und nicht zu verwechseln mit der deutschen Jauchegrube namens *PI-News* – hat sich zu einem Umschlagplatz für rechtsextreme Hassbotschaften entwickelt. Hier stehen Pornobildchen und Manga-Zeichnungen neben neonazistischen Wortgebilden, in denen Feministinnen, Liberale, Schwarze und Muslime aufs Derbste entmenschlicht werden – einschließlich Aufrufen zur Gewalt. Es ist eine abstruse, toxische Mischung aus Inhalten, die die Aufmerksamkeit der Leserschaft meist nur für wenige Momente fesselt, in ihrer schieren Masse aber eine abstumpfende Wirkung entfaltet.

Offenbar fühlen sich Menschen in diesen Foren ermutigt, den Hass zu potenzieren, sobald die ersten Hemmungen gefallen sind. Hier werden Ziele und Wege von Troll-Attacken in anderen Online-Sphären markiert, die dann schwarmmäßig realisiert werden. Es ist ein digitales Spektakel, an dem so mancher teilhaben will. Der Unterhaltungswert besteht darin, die angegriffenen Personen zu Überreaktionen zu verleiten oder – im Idealfall – gar in den emotionalen Zusammenbruch zu treiben. Während direkte Angriffe auf politische Gegner und die mehr oder weniger offene Verbreitung rechtsextremer Inhalte in erster Linie eingefleischten Rechtsextremisten vorbehalten sind, ist es vor allem das Shitposting, an dem sich auch unbedarfte Personen relativ einfach beteiligen können. Bei dieser Online-Praxis geht es darum, durch die massenhafte Konzentration von textlichen und bildlichen Erzeugnissen einen offenen und niveauvollen Diskurs in den sozialen Netzwerken unmöglich zu machen. Indem man Kommentarspalten und Newsfeeds mit ordinären Inhalten überschwemmt und eine destruktive Debattenkultur zelebriert, wird den sozialen Medien ihr emanzipatorisches Potenzial entzogen. Für die extreme Rechte ist das natürlich insofern von Nutzen, als es eine digitale Verdrossenheit erzeugen kann, die demokratisch eingestellte Menschen am Sinn ihres digitalen Engagements zweifeln lässt.

Getrieben von einer ausgeprägten Agilität im Posten, Teilen und Kommentieren von Online-Inhalten, fügen sich so Freizeitprovokateure, Wutbürger, Verschwörungsideologen und knallharte Neonazis zu jener Konstellation zusammen, die Bharath Ganesh als »digitale Hasskulturen« bezeichnet.[8] Solche Hasskulturen erstrecken sich meist über verschiedene Plattformen hinweg und stehen für ein sonderbares Gemisch aus Pöbelei und Propaganda. Sie haben ihre Ursprünge in den schwarmartigen Angriffen, wie sie zunächst in der digitalen Subkultur des Trollings praktiziert wurden, verbreiteten sich über die sozialen Medien aber auch in den Mainstream. Insbesondere Rechtsextremisten verstanden das grenzüberschreitende, zuweilen übergriffige Trolling als gemeinschaftsbildendes Mittel im Kampf um politischen Einfluss. Denn zum einen ist es anschlussfähig bei Menschen, die aus nihilistischen Neigungen Gefallen am destruktiven Potenzial des Faschismus finden. Zum anderen schweißt es aufgrund seines provokativen, zum Teil auch rechtlich fragwürdigen Charakters zusammen, wie man es von kriminellen Komplizen kennt. Und das alles, ohne dass man sich wirklich kompromittieren müsste, denn in den Nutzerschwärmen lösen sich nicht nur die klar geordneten Rollen auf, wie wir sie aus rechtsextremen Netzwerken und Szenen kennen, sondern auch die Verantwortlichkeiten im kollektiven Handeln.

Das Besondere am Schwarm ist sein spontanes, loses Auftreten – aber auch die zeitlich begrenzte Beteiligung der Einzelnen, denen ja oftmals nicht einmal bewusst ist, dass sie Teil einer größeren Dynamik sind. Auf diese Weise entstehen häufig eher zufällig virtuelle Bündnisse, die politische Aussagen mit spielerischen Elementen verbinden. Von den einen gezielt forciert, von den anderen beiläufig mitgetragen, werden so zunehmend die Grenzen zwischen belangloser Äußerung und politischer Propaganda verwischt, sodass sich letztlich auch die politische Identität im digitalen Faschismus stärker über die Praxis als über die Ideologie definiert. Denn im Gegensatz zur Masse, die der klassische Faschismus durch seinen zentralistischen Propagandaapparat als fest geformtes Kollektiv inszenieren konnte, bleibt der Schwarm, wie der Philosoph Byung-Chul Han schreibt, doch stets nur eine »zufällige Ansammlung von Menschen«.[9] Als solche kann er kein gemeinsames Wir entwickeln, zumindest nicht im Sinne einer ausdefinierten Ideologie. Wo weitestgehend anonym und hierarchiefrei kommuniziert wird, hat das Wort des Ideologen eben oft nicht mehr Gewicht als das eines Phrasendreschers. Viel stärker als ein Programm verbindet den Schwarm daher die gemeinsame Praxis, die mit ihren exklusiven Codes, wiederkehrenden Phrasen und unnachgiebigen Handlungsweisen aber durchaus identitäre Erkennungszeichen bietet.

Auch darin unterscheidet sich der digitale Faschismus von seinem klassischen Vorläufer, bei dem Korpsgeist und programmatische Sprache für das Selbstbild der Bewegung unverzichtbar waren. Allerdings zeigen sich in der Schwarmpraxis selbst wieder Analogien zu den gemeinschaftsbildenden Aktionen der frühen Faschisten. Diese waren nicht nur dafür berüchtigt, mit ihren Kampfbünden Überzahlsituationen in der Öffentlichkeit zu schaffen, um den Gegner einzuschüchtern, sie fuhren, wie in Italien, auch gerne mit Strafexpeditionen aufs Land, um sozialistische Hochburgen zu brechen – ein Vorgehen, das der Historiker Ernst Nolte als »Grundfigur der faschistischen Praxis« charakterisiert.[10] In den Troll-Praktiken der Hasskulturen findet dieser gewalttätige Mob heute seine digitale Entsprechung. Gewiss, Gewalt als körperlicher Akt lässt sich online eher schlecht praktizieren – es sei denn, man zählt darunter solch kuriose Aktionen wie den anonymen Angriff auf die Webseite der amerikanischen Epilepsie-Stiftung im Jahr 2019. Dabei brachen Hacker in den Twitter-Account der Einrichtung ein, »um Grafiken mit blinkenden oder blitzenden Lichtern zu versenden, die bekanntermaßen Anfälle auslösen«, wie das *Time*

Magazine berichtete.[11] Dennoch finden sich im Trolling-Repertoire Methoden, die quasigewalttätig sind, insofern sie drastische Konsequenzen im »realen« Leben haben.

In einer Welt, die hochgradig vernetzt ist, kann der digitale Mob jedenfalls seine Gewaltfantasien durch kommunikative Akte ausleben, die einer bestimmten Person erheblich schaden. Dazu zählen nicht nur Schwarmaktivitäten, die jemandem – wie etwa unter Popgrößen zu beobachten – emotionale Probleme bereiten, sondern auch die Veröffentlichung kompromittierenden Materials. Dieses kann gefälscht sein, wie beim *deep fake*, bei dem audiovisuelle Medieninhalte geschickt manipuliert werden. Es kann aber auch echt sein, wie beim sogenannten Doxing, der Veröffentlichung sensibler personenbezogener Daten, oder, besonders heimtückisch, wie beim *revenge porn*, bei dem freizügige Filme oder Bilder von einer Person ohne deren Einverständnis veröffentlicht werden. Durch die Digitalisierung sind Informationen zu Waffen geworden, und die Horden an Online-Aktivisten, Trollen, Hatern und Influencern machen von ihnen gerne Gebrauch, um politische Gegner zu bedrängen. Sie sind – wenn man die Analogie zur Zwischenkriegszeit ziehen will – »das Rückgrat« des digitalen Faschismus. Denn dies war laut dem Historiker Sven Reichardt das Selbstverständnis der faschistischen Kampfbünde, in denen sich »der Geist der Bewegung« verkörpere[12] – ein Selbstverständnis, das auch Andrew Anglin betont, wenn er postuliert: »Der Mob ist die Bewegung.«[13] An diesen virtuellen Kampfbünden kann jeder teilnehmen – für die Konsequenzen trägt niemand die Verantwortung. In dieser Fluidität verkörpert sich der digitale Faschismus.

Insbesondere die amerikanische Alt-Right-Bewegung, der Anglin angehört und die sich nicht unwesentlich aus dem Dunstkreis von *4Chan* herausgebildet hat, steht für eine extreme Rechte, die stark an den Praktiken digitaler (Hass-)Kulturen orientiert ist. Die Faschismusforscher Rob May und Matthew

Feldman beschreiben die Entwicklung dieser amorphen Bewegung, deren gemeinsamer Nenner in Rassismus und Frauenfeindlichkeit besteht, als das wohl erfolgreichste Rebranding des Faschismus nach 1945.[14] Der faschistischen Logik folgend, dass die eigene Nation und »Rasse« im Niedergang begriffen seien und es einer Neugeburt beider bedürfe, drückt sich auch der Eifer der Alt-Right weniger in hierarchisch organisierten Sturmtruppen aus, sondern im Versuch einer »führerlosen digitalen Gegenrevolution«, wie es die Kulturwissenschaftlerin Angela Nagle bezeichnet.[15] Das heißt allerdings nicht, dass die Alt-Right, die auch stark auf den europäischen Rechtsextremismus abgefärbt hat, eine rein digitale Bewegung wäre. Dazu muss man sich nur die gewaltsamen Bilder aus Charlottesville im Sommer 2017 ansehen, wo bewaffnete Rechtsextremisten auf Gegendemonstranten losgingen und eine Frau starb, nachdem ein Alt-Right-Sympathisant mit dem Auto in eine Menschenmenge raste.

Nichtsdestotrotz ist es für die Alt-Right eine strategische Priorität, ihre Vorstellungen von Gesellschaft in der Bevölkerung anschlussfähiger zu machen, indem sie versucht, deren Einstellungen zu »Rasse«, aber auch zum Patriarchat im vorpolitischen Raum (also über kulturelle Praktiken) zu verändern. Dazu zählt konkret etwa die Nutzung popkultureller Elemente in der Kreation von rassistischen Memes und Videos. Das unterscheidet sie nicht unbedingt von den vielen anderen Gruppierungen »weißer Nationalisten«, die den Mythos eines »weißen Genozids« schon länger bei jeder Gelegenheit predigen. Allerdings begründete die Alt-Right einen dynamischeren Modus von Politik. Denn unter ihrem Schirm versammelte sich ein Gemisch von Neonazis, Männerrechtsaktivisten, rechten Gamern und Antifeministen, das ohne die sozialen Medien und die bildbasierten Foren kaum zueinandergefunden hätte. Die Alt-Right ist eine virtuelle Gemeinschaft, in der es, wie bei *4Chan* im

Kleinen, keine aktive Moderation, keine formal befugte Kraft gibt, die ihrem Diskurs Leitplanken setzt. Oder wie es der Politikwissenschaftler George Hawley ausdrückt: »Es gibt keinen Alt-Right-Papst, der verkünden könnte, was Alt-Right-Positionen sind und was nicht.«[16] Prinzipiell kann jeder im Namen der Alt-Right kommunizieren und handeln, ohne dafür Verantwortung zu übernehmen. Das macht die Bewegung zu einer schwer greifbaren Kraft, die sich wie ein Aal durch die Grauzonen des Sag- und Machbaren windet.

Was zu dieser »glitschigen« Verfassung des digitalen Faschismus ebenfalls beiträgt, ist die Art und Weise, wie er das, was er mit seinen Aussagen und Praktiken erreichen will, zu kaschieren versteht. So beschreiben Anhänger der Alt-Right ihr Handeln nach außen hin gerne als Schabernack, mit dem man sich »bloß« Späße auf Kosten anderer erlaube (*doing it for the lulz*). Tatsächlich aber sprechen sie mit ihren Vernichtungsfantasien, die in bunt verzierten Hakenkreuzen eingewickelt werden, gezielt ein Publikum an, das abgestumpft genug ist, um solche Grenzüberschreitungen unterhaltsam zu finden. Es kommt nicht von ungefähr, dass es eher spleenige Erscheinungen wie Gaming, Trolling, Hacking oder Memes sind, die man mit digitalen Hasskulturen verbindet. Nicht Stahlhelm, Rune, Reichskriegsflagge prägen das Bild des digitalisierten Rechtsextremismus, sondern Frösche, Rauten und Neonfarben. Diese Elemente sind Teil einer Kommunikationskultur, die stets von ironischen Untertönen getragen ist, um über den eigenen politischen Fanatismus hinwegzutäuschen. Nichts anderes hat Anglin im Blick, wenn er davon spricht, die zentrale Kommunikationsstrategie der Alt-Right bestehe in einem »nicht-ironischen Nazismus, der sich als ironischer Nazismus maskiert«.[17]

Anglin spielt mit dieser Metapher auf »Poes Gesetz« an, eine Faustregel der Internetkultur. Demnach ist es in der netzwerkbasierten Kommunikation unmöglich, eine problematische Sichtweise so zu parodieren, dass die Parodie nicht von einigen als ernst gemeinte Aussage des Parodierenden missverstanden wird. Dieses Prinzip spinnt Anglin nun weiter, wenn er quasi umgekehrt annimmt, dass auch ernst gemeinter Inhalt als ironisch missverstanden werden kann und so zur Normalisierung rechtsextremer Positionen beiträgt – mit allen seinen ernsten Konsequenzen. Solche Bedeutungsumkehrungen sind im rechtsextremen Kommunikationsverhalten allgegenwärtig. So werden dort gewaltverherrlichende Aussagen mit Smileys oder anderen verharmlosenden Bildern versehen, um öffentliche Tabus durch die Hintertür zu brechen. Leugnungen des Holocausts verpackt man in Judenwitze, und Gewaltfantasien verniedlicht man in Comic-Darstellungen. Dabei haben sich diese Twists bereits dermaßen im Duktus der extremen Rechten festgesetzt, dass die Kennzeichnung als Parodie fast schon als Ausweis der Ernsthaftigkeit für ein wissendes Publikum gilt – während sich eine demokratische Öffentlichkeit viel zu oft an der Nase herumführen lässt.

Ob dieser Effekt beabsichtigt ist oder nicht, in jedem Falle hilft diese Ironisierungspraxis dabei, besser mit den Widersprüchen innerhalb der eigenen Ideologie, aber auch zwischen Anspruch und Realität umzugehen. So wie die humoristische Verkleidung menschenfeindlicher Inhalte es erleichtert, die eigene Barbarei zu überspielen, so ermöglicht auch die Parodierung des eigenen Rassismus, die Konsequenzen der eigenen Rhetorik auszublenden. Entstanden ist so letztlich ein Patchwork von wilden und diffusen Weltanschauungen, in denen sich Normen der digitalen Subkulturen mit verschiedensten Ideologiefragmenten der alten und neuen Rechten vermengen. Dabei scheint die Immunisierung gegenüber Widersprüchen dort am weitesten fortgeschritten zu sein, wo der massenhafte Konsum von gewaltverherrlichenden Inhalten in besonderem Maße eine emotionale Abstumpfung bewirkt hat. Im neuen Rechtsterrorismus etwa verbinden sich die krudesten Formen des Humors mit den absurdesten Verschwörungstheorien, um selbst die barbarischsten Terrorakte in heilige Taten umzudeuten. Christchurch, Poway, El Paso, Bærum und Halle sind allesamt Tatorte eines digital vermittelten Rechtsterrorismus, dessen Täter auch über Foren wie *4Chan* und den noch radikaleren Ableger *8Chan* (heute *8kun*) sozialisiert wurden.

Gerade der Anschlag von Christchurch im März 2019 kann als besonders exemplarisch für den »spielerischen« Charakter rechtsextremer Gewalt gelten. Jeder Schritt dieses live gestreamten Massakers, das 51 Muslime aus Neuseeland das Leben kostete, war mit Anspielungen auf digitale Memes verbunden, die weithin über die Chan-Boards diskutiert wurden. So begleiteten den Täter muslimfeindliche Lieder von serbischen Nationalisten auf dem Weg zum Tatort, seine letzten Worte vor der Tat huldigten einem in der Gamer-Szene beliebten Youtuber, und er zeigte selbst in Handschellen noch die White-Power-Gesten, die in den einschlägigen Boards regelmäßig anzutreffen sind. Der Angreifer steht daher nicht zu Unrecht im Ruf, der erste »Meme-Terrorist« der Geschichte zu sein, dessen »realweltliche Anstrengung«, wie er selbst seine Tat einordnete, auf ein digitales Publikum zugeschnitten war.[18] Wie auch andere Rechtsterroristen gilt er vielen als »einsamer Wolf«, insofern sein Handeln in keine militante Gruppe eingebunden war. Tatsächlich aber fand er seine Impulse im konnektiven Verbund der digitalen Hasskulturen.

Diese Hasskulturen bieten immerhin auch einen ganz speziellen Anreiz, um zur Tat zu schreiten: die Aussicht, als Held einer globalen Gemeinschaft gefeiert zu werden, die sich über die Abwertung anderer Gruppen definiert. So ist es auch nicht verwunderlich, dass der Täter von Christchurch sein Publikum, das er in dieser Gemeinschaft vermutete, dazu aufrief, Memes zu kreieren, die auf seine Tat Bezug nehmen, und diese in einer Welle des Shitpostings massenhaft zu verbreiten. Nicht wenige folgten seiner Aufforderung und produzierten mitunter im Minutentakt Bilder, Texte und Videos, die dem Massenmörder als glorreichem Kämpfer für die »weiße Rasse« huldigten. Genau solche zu erwartenden Reaktionen hatten den Angreifer von Christchurch dazu motiviert, einen rassistischen Anschlag als realweltliches Meme zu konzipieren. Zugleich mögen sich manche Nutzer der Imageboards in Zukunft davon angesprochen fühlen, wenn dort Darstellungen des »Märtyrers« von Christchurch mit der Frage versehen sind: »Warum tue ich nichts?«

Was die rechtsterroristischen Anschläge neueren Typs besonders macht, ist das Selbstverständnis der Täter, Teil einer Gemeinschaft von anonymen Internetnutzern zu sein. Sie präsentieren sich als *Anons*, wie sich Nutzer von Imageboards selbst bezeichnen, und sprechen so – zumindest in ihrer Vorstellung – gleichzeitig Millionen von Menschen an, die auf diesen bildbasierten Foren unterwegs sind. Um Missverständnisse zu vermeiden: Auch dezidiert antifaschistische, dezentrale Netzwerke wie Anonymous Germany, die dem jüngsten Verschwörungsboom den Kampf angesagt haben, sprechen ihre Follower mit *Anons* an. Jedoch zeigte in den letzten Jahren das spezielle Verhältnis von Imageboards und Rechtsterrorismus am deutlichsten, wie digitale Hasskulturen als Transmissionsriemen des digitalen Faschismus wirken – und wie sie dabei klassische Organisationsformen überbrücken oder ersetzen. Sie stellen einen niedrigschwelligen Zugang zum rechtsextremen Aktivismus dar und locken eben auch manche Schwarmmitglieder an, die eigentlich nur an den kulturellen Praktiken oder dem Gemeinschaftshandeln an sich interessiert sind. Nicht schwere Ideologien, sondern leicht konsumierbare Erzählungen prägen und lenken diese eigendynamische Gemeinschaft.

Tatsächlich sind es Erzählungen, die über die Richtung bestimmen, in die rechtsextreme Online-Kulturen ausschlagen. Immerhin pendeln auch Rechtsextremisten zwischen verschiedenen Online-Welten, wobei sie sich in geschlossenen Foren zwangloser, in öffentlichen Foren subtiler ausdrücken. Zugleich wirken die Inhalte der extremen Rechten je nach Kontext unterschiedlich – mit realen Konsequenzen. So mögen sogenannte Rechtspopulisten die Mär vom Volkstod tatsächlich »nur« erzählen, um im fremdenfeindlichen Wählersegment zu fischen. Indem sie aber diese Erzählung, die im klassischen Faschismus ihren Ursprung hat und im militanten Neonazismus überwinterte, selbst popularisieren, ermuntern sie rechtsextreme *Anons*, rassistische Gewalttäter und Wutbürger gleichermaßen, zur Tat zu schreiten. Denn sie alle können die Propagandaerfolge rechter Parteien als Bestätigung dafür sehen, dass das bedrohte Volk nun erwache und dass die Zeit zum Handeln gekommen sei.

Dabei werden die amorphen Hasskulturen, in denen ständig von Untergang und Erwachen, Verschwörung und Verrat geredet wird, immer wieder auch gezielt von rechtsextremen Online-Aktivisten angefeuert. Ihre Eruptionen lassen sich jedenfalls nicht ohne die subversiven Strategien verstehen, mit denen die extreme Rechte die Menge in Wallung bringt und ihre Kräfte in eine Richtung lenkt. Dazu mischt sie sich nicht nur unter den Schwarm, um ihren Rassismus in humoristischer und infantiler Weise zu verbreiten, sondern heizt auch gezielt Online-Diskussionen an. Sie geht dabei tatsächlich systematisch vor, wie man an konkreten Anleitungen sehen kann, die sich an Infokrieger – und solche, die es werden wollen – richten. In einem »Einmaleins des Shitpostings« etwa finden sich unter anderem folgende Empfehlungen: »Es geht hier nicht darum, wer Recht hat, sondern wer vom Publikum Recht erhält«; »bau Dir eine Armee von Sockenpuppen auf«; »provoziere Deinen Gegner bis zur Weißglut«; »habe immer das letzte Wort«; »trolle den Fick aus ihnen heraus«.[19]

Im vermeintlichen Chaos des Schwarms zeigen sich also bei genauerer Betrachtung Ansätze eines koordinierten Handelns. Wenn rechtsextreme Aktivisten ihre Ideologie hinter Ironie und Doppeldeutigkeit verbergen, wenn sie im Grenzbereich zwischen Ernst und Humor, zwischen Zynismus und eklatanter Menschenverachtung operieren, dann folgt das durchaus einem strategischen Kalkül. So soll mit einem Kern disziplinierter Online-Aktivisten eine kulturelle Anschlussfähigkeit in spezifischen Online-Milieus hergestellt werden, deren partizipativer Charakter die Nutzer wiederum dazu einlädt, sich ad hoc und ortsunabhängig an der Troll-Gemeinschaft zu beteiligen. »Wenn dich diese Übertragung erreicht, bist du der Widerstand«, lautet etwa ein beliebtes Zitat aus der *Terminator*-Reihe, mit dem rechtsextreme Aktivisten auf YouTube einen »Infokrieg« zelebrieren, in dem die Rollen von Sender und Empfänger zunehmend verschwimmen.[20] Von einer »memetischen Kriegsführung« im »Open-Source«-Modus ist da die Rede, womit gemeint ist, dass sich der Einzelne kräftig aus dem digitalen Werkzeugkoffer der Bewegung bedienen soll. So unterhält die Identitäre Bewegung beispielsweise eigene Meme-Datenbanken, deren Links über verschiedene Foren geteilt werden, damit ihre Propaganda direkt aufgegriffen wird oder zumindest ihre Erkennungszeichen weiterverbreitet werden.

Der Katalog der Online-Kniffe ist so kleinteilig und subversiv, dass sich das rechtsextreme Online-Treiben nicht einfach an bestimmten Posts, Kampagnen, Verschwörungstheorien oder Drohungen festmachen lässt. Solche konkreten Handlungen sind eher die sichtbarsten Ausläufer eines umfassenderen Prozesses, den die Internetsoziologen Whitney Phillips und Ryan Milner metaphorisch als »Verschmutzung« bezeichnen.[21] Dabei handelt es sich um einen stetigen Zustrom von Hass- und

Verschwörungsdenken, von Desinformation und Bullshit, der insofern strategisch ist, als er die rechtsextremen Interaktions- und Erfolgsbedingungen im digitalen Ökosystem verbessert. Wo immer es der extremen Rechten gelingt, ihre irrationalen Opfermythen im Diskurs zu verbreiten und demokratische Normen des Meinungsaustauschs zu sabotieren, können ihre illiberalen Perspektiven gedeihen. Genau das passiert, wenn ihre Aktivisten Schwärme zu ordinären Empörungswellen anstiften. Denn gerade in den anarchischsten Zuständen – seien es chaotische Netzwerke, sei es eine wilde Debattenkultur – findet die extreme Rechte beste Bedingungen vor, um eine autoritäre Agenda ins Werk zu setzen.

Die Führung des führerlosen Widerstands

Längere Zeit bestand die Hoffnung, mit der Dezentralisierung der Massenkommunikation, die der Siegeszug der sozialen Medien mit sich brachte, würden liberale, freiheitsliebende Tendenzen gefördert werden, würden sich die Massen nicht mehr so einfach autoritär lenken lassen. Während das in autoritären Regimen, wo die sozialen Medien überhaupt erst ein gewisses Maß an demokratischer Öffentlichkeit herstellen, durchaus zutreffen mag, scheint im demokratischen Kontext, wo nun unterschiedliche Öffentlichkeiten konkurrieren, eher das Gegenteil der Fall zu sein. Hier haben sich, wie der Medienhistoriker Fred Turner beschreibt, die Technologien der dezentralen Kommunikation mit persönlichkeitszentrierten Formen des Autoritarismus verbunden. Deren politisch-emotionalisierendes Potenzial übersteigt zunehmend das der herkömmlichen Medien, ein Umstand, der sich gut in der Bedeutung widerspiegelt, die Twitter für Trump hat – die wilde Auseinandersetzung um seine »Meinungsfreiheit« eingeschlossen. Turner prognostiziert daher ein »Zeitalter des autoritären Individualismus«, das unser

Verständnis von Macht, Zentralismus und Kommunikation auf den Kopf stellen dürfte.[22] Das Autoritäre, so könnte man zugespitzt sagen, lebt demnach nun im Antiautoritären fort.

Dieser Widerspruch ist freilich keine ganz neue Entdeckung. So hat die Bewegungsforscherin Jo Freeman bereits in den 1970er-Jahren darauf hingewiesen, dass sich selbst in progressiven, weitgehend horizontalen Gruppenstrukturen stets auch informelle Hierarchien herausbilden. Nicht selten stehen diese in starkem Widerspruch zu dem Selbstverständnis, besonders demokratisch zu sein. Eine solche »Tyrannei der Strukturlosigkeit«, wie es Freeman nennt,[23] zeichnet sich dadurch aus, dass gerade informelle Hierarchien intransparent sind und sich der demokratischen Kontrolle entziehen. Die Formalisierung von Hierarchien kann insofern auch ein Mittel der Demokratisierung sein, das freilich in den Online-Kulturen mit ihren informellen Konnektiven bisher nur zögerlich Anwendung gefunden hat. Just deren vermeintliche Hierarchielosigkeit ermöglicht es rechtsextremen Akteuren aber, weitgehend unbemerkt Einfluss auf politische Online-Dynamiken zu nehmen. Immerhin hat sich mit der Entstehung digitaler Hasskulturen in den sozialen Medien nicht nur grundsätzlich die Rolle rechtsextremer Organisationen im Mobilisierungsprozess verändert, sondern auch deren Zusammenwirken, indem nun viele neue Akteure mitmischen.

Viele Entwicklungen in den sozialen Medien verlaufen einfach zu spontan, zu schnell und zu chaotisch, als dass bestimmte Organisationen den Strom an Hass und Wut drehbuchmäßig inszenieren könnten. Wenn sich auch viele Stimmen gerne als Leitwölfe einer Bewegung darstellen möchten, so sollte man doch ihre Fähigkeiten, den digitalen Mob zu kontrollieren, nicht überschätzen. Umgekehrt sollte man aber auch nicht naiv davon ausgehen, dass die hassgeladenen Schwärme einfach nur selbst organisiert durchs Netz flottieren. Wie wir bereits ausführlich dargelegt haben, bemühen sich Akteure der extremen Rechten nach Kräften darum, mit verschiedensten Manipulationstechniken Online-Dynamiken anzuschieben, um dann die von ihnen freigesetzten Energien zu vereinnahmen. Dabei konkurrieren klassische Akteure wie Parteien neuerdings mit einer Vielzahl von Self-made-Aktivisten, die über die sozialen Medien ihre ganz eigenen Vorstellungen von der nationalen Wiedergeburt einbringen.

Angesichts der zahlreichen Kräfte, die hier mit- und zuweilen auch gegeneinander arbeiten, erscheint es fast schon müßig, den digitalen Faschismus an bestimmten Organisationen und Netzwerken festmachen zu wollen. Vielmehr haben wir es mit einer wabernden Masse aus Wutbürgern und Trollen, Influencern und typischen Rechtsextremisten zu tun, die untereinander und mit einer breiteren Öffentlichkeit zugleich kommunizieren. Wenn Menschen sich der digitalen Revolte von rechts anschließen, können ganz unterschiedliche Motivationen eine Rolle spielen. Während die einen nur mal Dampf ablassen oder sich am Leid anderer Menschen ergötzen wollen, sehen sich andere in einem Kampf um Deutungshoheiten oder verfolgen sogar finanzielle Interessen. Diese Melange ist symptomatisch für das Patchwork-Hemd des digitalen Faschismus. Jenseits fester Strukturen, wie man sie in Parteien findet, die weiterhin eine wichtige Rolle als Projektionsfläche des Volkswillens und als Sammlungsbewegung spielen, stützt er sich auch auf multiple Communities, die sich in konzentrischen Kreisen um YouTube-Kanäle, Facebook-Gruppen und Twitter-Profile bewegen.

Diesen Prozess der Dezentralisierung, bei dem sich viele neue Anknüpfungspunkte für rechtsextreme Zusammenhänge ergeben, bezeichnet der Faschismusforscher Joe Mulhall als »post-organisatorisch«.[24] Das heißt: Die extreme Rechte findet heute als Bewegung zusammen, ohne sich wirklich zu organisieren. Konkret zeigt sich das etwa daran, dass immer mehr einflussreiche rechtsextreme Aktivisten sich keiner politischen Organisation mehr zugehörig fühlen und stattdessen eigene Einflussnetzwerke aufgebaut haben, deren Reichweite schon mal die einer größeren Partei übertreffen kann. In der extremen Rechten scheint somit in gewisser Weise nun doch Realität geworden zu sein, was US-amerikanische Neonazis in den 1990er-Jahren unter dem Schlagwort des »führerlosen Widerstands« einforderten. Dabei handelt es sich um ein Konzept aus dem militanten Rechtsextremismus, der die Bewegung in der Defensive sah und den Aufbau einer Massenbewegung für vergeblich hielt. Als überzeugter Nationalist, so die Idee, solle man sich daher in kleinen, unkontrollierbaren Zellen zusammentun, um staatliche Repression zu vermeiden und handlungsfähig zu bleiben. Dabei solle man auch unabhängig von zentralen Befehlsstrukturen zur gewaltsamen Tat schreiten.

Was hier sehr explizit im militanten Spektrum als Leitlinie ausgegeben wurde, vollzog sich unausgesprochen auch in anderen Teilen der extremen Rechten, die Ende des 20. Jahrhunderts starke Zersplitterungstendenzen zeigte. Man kann darin einerseits einen destruktiven Prozess sehen, ein Auseinanderdriften einer Bewegung. Man kann es aber auch als Überlebensstrategie begreifen. Eine solche Lesart lässt zumindest Roger Griffins Argument zu, wonach sich die extreme Rechte am Vorabend der Digitalisierung wie ein Rhizom, also ein unterirdischer Wurzelstock, verhalten habe.[25] Mit der ständigen Gründung, Auflösung und Neugründung von rechten Kollektiven habe sie ein breit verzweigtes, in sich verflochtenes System geschaffen, welches – im Gegensatz zu den hierarchischen Strukturen des Faschismus – auch dann noch wuchert, wenn es an einer Stelle unterbrochen wird. Mit der Digitalisierung, so könnte man nun sagen, nahmen diese Tendenzen der Dezentralisierung, die eher Rückzugsgefechten glichen, eine ungeahnte offensive Wendung. Denn plötzlich bot sich den vielen verstreuten Zellen des Rechtsextremismus die Gelegenheit, sich zu einer Gegenöffentlichkeit zu vernetzen, in der die Ideen aus ihren verstaubten Untergrundblättern für ein breiteres Publikum neu aufgewärmt werden konnten.

Allerdings lässt sich die dezentralisierte Gegenwart des Rechtsextremismus nur formal als »führerlos« bezeichnen. Zwar kann mit den sozialen Medien nun potenziell jeder seine eigene Fraktion im nationalen Widerstand bilden: Eben noch einfacher Rezipient im rechtsextremen Nachrichtensystem, verbreitet man im nächsten Moment bereits die widerständigen Botschaften selbst weiter und verleiht ihnen seine ganz eigene, persönliche Note. Zugleich aber bietet sich mit der leicht anzueignenden Infrastruktur der sozialen Medien eben auch die Möglichkeit, sich selbst als Anführer bestimmter Schwarmtendenzen in Szene zu setzen. Um sich eine Anhängerschaft zu verschaffen und einen gewissen politischen Einfluss auszuüben, waren noch nie so wenige Ressourcen und so wenig Geschick erforderlich wie heute. Entsprechend haben wir es beim digitalen Faschismus mit sehr vielen verschiedenen Akteuren zu tun, die lenkend auf die rechtsextreme Dynamik einwirken. Es ist daher beileibe kein organisatorisches Zentrum, das die faschistische Dynamik mit antreibt, sondern vielmehr das organische Zusammenspiel verschiedener kleinerer Zentren des Einflusses.

Der operative Einfluss all dieser Akteure vollzieht sich jedoch weniger formalisiert und damit oft im Verborgenen. »Die Führerlosen zu führen« ist, wie Zeynep Tufekci schreibt, ein viel indirekterer Prozess, da online vernetzte Bewegungen nicht so sehr Befehlen folgen, sondern vielmehr durch Emotionen und Affekte, die sie über Erzählungen vermittelt bekommen, zum Handeln angeregt werden.[26] Hierbei haben selbstredend jene Akteure einen Vorteil, die am Puls der digitalen Zeit sind und deren Darstellungsformen mit der Verbreitungslogik der sozialen Medien zusammenpassen. Viele Klicks erzeugen zu können ist – ganz banal – ein zentraler Mechanismus, um sich einen Namen zu machen und letztlich Schwärme dirigieren zu können. Gut gemachte Videos, Memes oder auch die Inszenierung aufmerksamkeitserregender Aktionen können schnell zu einer Identifizierung mit den Urhebern führen. Wenn die Form gut ist, kann der Inhalt nicht schlecht sein, scheint ein Prinzip zu sein, nach dem sich viele Ad-hoc-Gemeinschaften bilden, die häufig mehr einer Fangemeinde gleichen als einer ideologisch gefestigten Bewegung.

Nicht selten stecken hinter solchen Dynamiken auch politische Influencer aus der extremen Rechten. Sie produzieren am laufenden Band Inhalte, die auf ein größeres Publikum zugeschnitten sind, wobei sie – durch die wechselnde Inszenierung von virtuellen und realweltlichen Erlebnissen – ihr eigenes (vermeintliches) Leben für andere erlebbar machen. Der Follow-Button fungiert als Eintrittskarte in eine Erlebniswelt, die nicht mehr trennt zwischen politischer Agitation und emotionaler, mitunter persönlicher Ansprache. So ist es laut Martin Sellner die zentrale Aufgabe eines zeitgemäßen Aktivisten, die »emotionale Barriere« zu überwinden, die potenziell Interessierte abschrecken könnte, sodass diese »sich in uns hineinfühlen« können.[27] Von Vorteil erweist es sich dabei auch, durch die individuellen Darstellungsformen den Ballast von Organisationen ablegen zu können, die als verfassungsfeindlich eingestuft werden. Es verwundert dann auch wenig, wenn jemand wie Sellner kaum noch im Namen seiner Organisation auftritt, sondern als digitaler Vollzeitaktivist mehr den eigenen Namen in den Vordergrund stellt.

Der Geltungsdrang, der sich in einem hyperaktiven Posting-Verhalten ausdrückt, ist ein wiederkehrendes Motiv im rechtsextremen Online-Aktivismus. Dabei ist die Verbindung von persönlicher Rastlosigkeit mit politischer Unbedingtheit ein international zu beobachtendes Muster. So trieb etwa in Großbritannien der Aktivist Stephen Yaxley-Lennon – besser bekannt unter seinem Pseudonym Tommy Robinson – in vielen rechtsextremen Organisationen sein Unwesen, bevor er es schließlich vorzog, als Einzelkämpfer über soziale Medien und rechte Informationsnetzwerke die ultranationale Sache zu propagieren. Indem er unmittelbar mit seinen Sympathisanten in digitaler Dauerschleife kommuniziert, verzichtet er auf einen organisatorischen Überbau, wobei seine Posts regelmäßig mehr als 10 000 Menschen zu Interaktionen mobilisieren. Auch in Deutschland sehen wir, wie reichweitenstarke Youtuber neue Identifikationspunkte für einen dezentralisierten Rechtsextremismus bieten. Sie greifen das Bedürfnis einiger Internetnutzer auf, sich ständig unterhalten zu fühlen. Indem sie ihre Bedrohungs- und Verschwörungserzählungen in allen Facetten ausleuchten, geben die Mini-Führer ihren Followern die Möglichkeit, kommentierend – und weitgehend unwidersprochen – an der Geschichte mitzuschreiben.

Die Interaktionsweisen bei YouTube spiegeln letztlich auch die Funktionsweise des digitalen Faschismus wider. Indem sich Influencer eigene Gemeinschaften aufbauen, schaffen sie neue (para-)soziale Beziehungen, die im Kleinen der im klassischen Faschismus gepriesenen Unmittelbarkeit zwischen Volk und Führer entsprechen. Diese äußert sich etwa auch darin, dass einzelne Youtuber eine Stichwortgeberrolle einnehmen, über die sie viele Rezipienten in ihrem Denken stark beeinflussen. In dieser Celebrity-Kultur ist Authentizität das entscheidende Kapital. Wie Rebecca Lewis in ihrer Studie über reaktionäre YouTube-Netzwerke in den USA aufzeigt, unterliegen die Influencer selbst umgekehrt aber auch dem Einfluss ihrer Community.[28] Der Durst des spektakelorientierten Publikums nach dramatischen Erzählungen ist nämlich kaum zu stillen. Daher radikalisieren die Influencer nicht nur andere Menschen, sie werden häufig auch selbst weiter radikalisiert in ihrem Bemühen, jenen Durst zu befriedigen, der durch Algorithmen fortwährend angeregt wird. Entsprechend müssen im Kampf um Sichtbarkeit und Aufmerksamkeit immer aufsehenerregendere Inhalte produziert werden, damit die Fans bei der Stange bleiben.

Allein dieses wechselseitige Verhältnis zeigt, dass im digitalen Faschismus eine kohärente Führung nicht denkbar ist. Der Grundimpuls der Schwärme besteht – bei aller Anfälligkeit für ein autoritäres Herdenverhalten – eben doch darin, sich auch schon gegen den Anschein von Bevormundung zu richten. Der Schwarm wird daher nicht nur dirigiert, sondern schafft sich immer auch ein Stück weit seine Dirigenten. Nur dank der Bedeutung, die Follower einem Influencer beimessen – und als Reaktion darauf auch Medien und Wissenschaftler –, kann dieser sich als digitaler Volkstribun aufspielen. Dabei geht es durchaus eng zu auf dem Markt der »patriotischen« Selbstdarsteller, deren Auftreten im Widerspruch zur kameradschaftlichen Disziplin steht, die wir aus den typischen Neonaziszenen kennen. Insofern haben die digitalen Freiheiten tatsächlich auch einen Kontrollverlust der traditionellen Autoritäten im Rechtsextremismus bewirkt. Denn die Bewegung setzt sich heute ganz anders zusammen, wobei sie Individuen effektiv in virtuelle Netzwerke integriert.

Für diejenigen, die sich mit der Macht der Konnektive und dem Aufmerksamkeitswettbewerb in den sozialen Medien arrangieren können, bietet sich durchaus noch der Raum für autoritatives Wirken über ihre fluide Anhängerschaft, wenn auch auf neue Weise. Am deutlichsten zeigen sich solche Praktiken der »virtuellen Führung«, wie es der Islamwissenschaftler Philipp Holtmann nennt,[29] wenn Aktivisten versuchen, anderen Aktivisten Direktiven zu erteilen, wie in den erwähnten Anleitungen für Medienguerillas, oder aber wenn in einzelnen Boards Aufrufe auftauchen, wie in einer bestimmten Online-Kampagne zu verfahren sei. Dabei handelt es sich um Versuche des Mikromanagements, mit denen Einzelne zu einem koordinierten, teilweise genau definierten Handeln bewegt werden sollen, um die Schlagkraft einer formalen Organisation zu simulieren. Solche Aufrufe und Anleitungen gab es in radikalen Bewegungen schon immer – angefangen bei den Bombenhandbüchern der frühen Anarchisten –, sie haben aber im digitalen Zeitalter so zugenommen, dass sie stilprägend für ganze Bewegungen wurden. Neben der extremen Rechten stehen vor allem islamistische Kräfte für derlei Versuche, über digital verbreitete Handbücher und Direktiven die Handlungen einer globalen Anhängerschaft zu lenken.

Gerade die Fluidität solch virtueller Allianzen bringt unser Verständnis von individuellen und kollektiven Handlungen durcheinander. Intuitiv begreifen wir etwa die zahlreichen alleine handelnden Terroristen des Islamismus und Rechtsextremismus als »einsame Wölfe« und fühlen doch ganz deutlich, dass es sich um ein kollektives Phänomen handelt – ohne bestimmen zu können, wo die Gruppe und ihre Verantwortung genau anfangen. Anschaulich zeigt sich dieses Problem, wenn wir auf den Begriff der Kooperation zu sprechen kommen, der zentral ist, wenn es um kollektive Handlungen geht. Im Prinzip handelt es sich nämlich dort, wo Personen einer Organisation beitreten, stets um ein kooperatives Verhältnis. Mit einer Mitgliedschaft sind – wenn auch unausgesprochen – Rechte und Pflichten verbunden; sie steht für ein bilaterales Abkommen, das ein gemeinsames Handeln ermöglicht. Wenn zum Beispiel aber jemand in Eigeninitiative einen Anschlag im Namen des Islamischen Staats verübt, handelt es sich um keine abgesprochene Handlung, denn es bestehen dabei keine gegenseitigen Beziehungen, die von einem kooperativen Verhältnis zeugen. Trotzdem wurden solche zeitweilig grassierenden Taten durchweg als strategische Aktionen des Möchtegern-Kalifats wahrgenommen, so als würde dieses tatsächlich seine Kämpfer ins Feld entsenden.

Gewiss, die mittlerweile kriselnde Dschihadistenorganisation rief auch dazu auf, solche Taten in Eigeninitiative durchzuführen. Und in der Regel erkannte sie die Täter, die vor ihren Taten oftmals einen auf Video dokumentierten Schwur auf die Organisation leisteten, rückwirkend als »Soldaten des Kalifats« an. Handelt es sich deshalb aber schon um organisierte Handlungen – um Kooperation? Politische Aufrufe, denen Menschen folgen, gibt es wie Sand am Meer, ebenso wie politische Organisationen immer wieder zivilgesellschaftliche Aktionen für sich zu vereinnahmen versuchen. Das spricht aber eher für die Existenz einer Art Bewegung – und nicht für eine Gruppe, der sich mehr als eine moralische Mitverantwortung für individuelle Handlungen zumessen ließe. Es macht einen eben nicht zum Mitglied einer Band, wenn man ihre Lieder singt. Der Politikwissenschaftler Robert O. Keohane spricht deswegen auch von »Harmonie«, um – in Abgrenzung zur Kooperation – den Umstand zu beschreiben, dass Einzelne im vermeintlichen Interesse oder gar im Namen von jemandem handeln, ohne sich abgesprochen zu haben.[30] Dabei ist die Grenze zum Trittbrettfahren fließend. Denn es ist das eine, im Namen von jemandem zu handeln. Etwas anderes ist es, ob das auch wirklich in dessen Sinne ist.

Die neueren rechtsextremen und islamistischen Netzwerke lösen diese Unterscheidung von Harmonie und Kooperation jedoch bewusst auf. Im Falle des Islamischen Staats, der Terrorakte in seinem Namen begrüßt, egal wie willkürlich sie sein mögen, war das Trittbrettfahren sogar Programm. Nicht umsonst schickte er seine digitalen Agitatoren in die sozialen Medien, um durch die systematische Verbreitung von Propaganda zu Gewalthandlungen unter dem Siegel das Kalifats zu animieren. Dieser Typus politischer Gewalt wurde von den Medien gelegentlich als »Mitmach-Terrorismus« bezeichnet und wird in der Forschung auch unter dem Begriff des »stochastischen Terrorismus« diskutiert. Dahinter verbirgt sich die Vorstellung, dass terroristische Gruppen die sozialen Medien so sehr mit ihrer Propaganda überschütten, dass sich schon Anhänger finden werden, die darauf anspringen und sich für die Sache aktivieren. Im Endeffekt macht das terroristische Taten, die sich der Ideologie eines bestimmten Akteurs (und weniger dem Akteur selbst) zuordnen lassen, konkret nicht vorhersehbar, aber statistisch erwartbar – wodurch sie den Anschein eines organisierten Charakters haben.

Beim Islamischen Staat lässt sich indes sehr wohl noch eine organisatorische Verantwortlichkeit wahrnehmen, nicht zuletzt auch, weil die Organisation selbst Verantwortung für die Einzeltaten übernahm. Immerhin haben wir es hier mit einer autoritären Struktur zu tun, mit einer greifbaren Organisation, die Direktiven aussendet und offen kommuniziert, dass diejenigen, die in ihrem Namen Attacken ausführen, als Mitglieder aufgenommen und mit der Huldigung als Märtyrer honoriert werden. Es ist fast schon ein öffentlich vollzogenes Abkommen, bei dem die Organisation Einzelnen ein wenig Ruhm oder paradiesische Aussichten anbietet im Tausch für Handlungen, die sie für ihre Inszenierung als global handlungsfähige Truppe verwerten kann. Daher kann die Beziehung des Islamischen Staats zu seinen »Soldaten« durchaus als quasikooperatives Verhältnis gelten, auch wenn es nur virtuell, etwa über die sozialen Medien, vermittelt ist. Wie sieht es aber aus, wenn die Gewaltaufrufe nicht auf eine formale Organisation zurückzuführen sind, sondern von anonymen Nutzern geteilt, über endlose Nutzerketten verbreitet und dabei mitunter modifiziert werden?

Insbesondere die aktuelle Welle des Rechtsterrorismus ist ja, wie dargelegt, ohne den Kontext digitaler Subkulturen nicht zu verstehen, in denen zum Beispiel Gewaltfantasien – bis hin zum imaginierten Massenmord an Minderheiten – ein selbstverständlicher Teil der Kommunikation sind. Trotz dieses Wissens um diesen Vernetzungskontext wird der Rechtsterrorismus aber nicht wirklich greifbar. Am ehesten ist das noch der Fall, wenn sich Individuen zu virtuellen Organisationen zusammentun, die sich über Messenger-Dienste austauschen, und das teilweise sogar transnational. Eine dieser Gruppierungen ist beispielsweise die »Feuerkrieg Division«, gegen die Anfang 2020 in Deutschland polizeilich vorgegangen wurde. Doch selbst hier, wo es eine formale Gruppe gab, wussten die Mitglieder des Online-Netzwerks mit Sympathisanten aus 15 europäischen Ländern nicht einmal, wer ihr »Commander« war, der unter diesem Pseudonym als Anführer der Gruppe fungierte: Wie sich herausstellte, handelte es sich um einen 13-jährigen Schüler aus Estland. Dass sogar schon Teenager als Retter für Volk und »Rasse« in den Kampf ziehen wollen, ist eine der bedenklichsten Begleiterscheinungen des digitalen Faschismus, der sich normalerweise nicht unter Gruppennamen zu erkennen gibt, sondern sich in jenen anonymen Gemeinschaften entwickelt, in denen sich eine neonazistische Gewaltkommunikation mit spielerischen Komponenten verbindet. In solchen verflüssigten Zusammenhängen löst sich die organisatorische Verantwortlichkeit gänzlich auf, auch weil hier das Sender-Empfänger-Verhältnis völlig durcheinandergekommen ist.

Ebenso beunruhigend wie die zumeist juvenil gestrickten Terror-*Anons* sind aber auch die vielen Fälle von Gewalt, die von älteren Menschen verübt wird – wahlweise als »besorgte Bürger« oder »Wutbürger« klassifiziert. Die Welle von Angriffen auf Flüchtlingsheime etwa ist ebenso wie die Gewaltwelle gegen Kommunalpolitiker in Deutschland durch die Opfermythen motiviert, die rechtsextreme Akteure vor allem digital verbreiten. Diese Inhalte zirkulieren nicht bloß auf den dubiosen Boards digitaler Subkulturen, sondern unmittelbar auch im

Mainstream der sozialen Medien. Auch wenn dort kaum direkt zur Gewalt aufgerufen wird, fühlen sich viele Menschen von den Mythen dazu aufgefordert, zur gewaltsamen Tat zu schreiten. Denn in einem rassistischen und verschwörungstheoretischen Mindset, das Migranten und dem »Establishment« das Schlimmste zutraut, wirken die rechtsextremen Opfermythen tatsächlich wie ein Aufruf zur Gewalt. Sie liefern hinreichend Informationen, um zu wissen, dass nun aktive Notwehr erforderlich sei. Die vom Journalisten Chip Berlet beobachtete »Gewalt nach Drehbuch« liegt eben nicht nur vor, wenn Terroristen durch explizite Direktiven ihre Sympathisanten zur Gewalt anleiten, sondern auch dann, wenn die extreme Rechte Geschichten erzählt, deren Ende noch offen ist, deren bisheriger Verlauf aber Gewalt gegen bestimmte Ziele als die logische Weitererzählung erscheinen lässt. »Helden«, so schreibt Berlet, »wissen, welchen Schurken es zu töten gilt.«[31]

Dieses partizipative Moment steht ganz im Einklang mit den horizontalen Aspekten des digitalen Faschismus. So wie die interaktiven Elemente der sozialen Medien es ermöglichen, dass Konsumenten von Informationen zu deren Reproduzenten oder gar Produzenten werden, kann hier der Zuhörer zum Erzähler oder gar Protagonisten der Geschichte werden. Auch deswegen handelt es sich bei den rechtsextremen Opfermythen, die in Bedrohungserzählungen daherkommen und eine heroische Auferstehung ankündigen, um gefährliche Rede. Sie lesen sich für manche so, als böte man ihnen die Heldenrolle an, und für viele andere zumindest so, als handelte es sich um eine existenziell notwendige Bewährungsprobe. Gerade weil sie Gewalt nicht explizit einfordern, sind sie besonders gefährlich. Sie können unbemerkt zirkulieren und plötzlich Cluster der Radikalisierung bilden. Denn zumeist weisen sie keine strafrechtlich relevanten Inhalte auf und kommen nicht unbedingt als Aggression, sondern eben als Gejammer daher. Genau deswegen verbreiten sie sich aber besonders gut unter dem Radar der Extremismusbekämpfung und treffen in der Breite, in der sie wirken, immer wieder auf Einzelne, die sich zum Opfermythos und dessen Spin-offs (Verschwörung und Verrat) ein heroisches Sequel ausdenken. So kommt es zu der Kollektivität der Einzelfälle, die das schon genannte Problem mit dem stochastischen Terrorismus ausmacht.

Die Fähigkeit rechtsextremer Erzählungen, Gewalt oder zumindest außerordentliche Maßnahmen zu legitimieren, sollte nicht unterschätzt werden. Zumal sie sich ab einem gewissen Verbreitungsgrad auch selbst verstärken, da ihr zentrales Motiv vom Volkswillen mit jedem Raumgewinn auch an Glaubwürdigkeit gewinnt. Mögen sie auch keine drastischen Handlungen verkünden, besitzen sie dennoch eine emotionale Wucht, die den normativen Rahmen sprengt. Nehmen wir zum Beispiel an, Person A versucht Person B unaufhörlich davon zu überzeugen, dass Person C nach ihrem Leben trachte – und dem ihrer Familienmitglieder obendrein. Dabei füttert sie ihre Behauptung mit reichlich Informationen, die den Ernst der Lage zu bestätigen scheinen, und sie erweckt stets den Eindruck, ihr sei sehr an dem Wohl der bedrohten Person B gelegen. Zudem macht sie glaubhaft deutlich, dass von anderen keine Hilfe zu erwarten sei, ja, dass diese mit dem Gefährder wohl sogar gemeinsame Sache machten. Irgendwann ergreift Person B die Initiative und macht Person C mit einem tödlichen Angriff unschädlich, um sich und ihre Familie zu schützen. Natürlich umsonst. Denn Person C hatte derlei böse Absichten gar nicht.

Sicher, juristisch dürfte es hier schwer werden, dem Manipulator eine Schuld zu geben. Und doch kommt die aufmerksame Beobachterin nicht umhin, ihn als Strippenzieher dieser dramatischen Geschichte mit dem falschen Happy End zu begreifen. Ähnlich verhält es sich in der Debatte darüber, welche Mitverantwortung etwa die AfD für fremdenfeindliche und rechtsterroristische Angriffe trage. So ergab nach dem Anschlag von Hanau eine Kantar-Umfrage, dass rund 60 Prozent der Bundesbürger meinten, die Partei bereite mit ihrer Sprache den Boden für solche Taten; nur 26 Prozent glaubten nicht daran. Auch die Kommentare der politischen Akteure jenseits der AfD waren recht einhellig: Die AfD sei der geistige Brandstifter hinter solchen Verbrechen. Häufig wird dabei darauf verwiesen, dass die Partei den Menschen einrede, Migranten bedrohten ihre Existenz. Dass aber manche – wie Person B im obigen Beispiel – daraus den Schluss zögen, besagte Migranten müssten »unschädlich gemacht« werden, funktioniere auch ohne explizite Aufrufe zur Gewalt. Es besteht im öffentlichen Diskurs also durchaus eine Ahnung von gefährlicher Rede, allerdings ohne dass man das Problem so richtig zu fassen bekäme.

Die gefährliche Rede steht jedenfalls sinnbildlich für den digitalen Faschismus, der sich im Großen und Ganzen durch die organisierte Verantwortungslosigkeit auszeichnet. Die Führung der Führungslosen besteht vor allem darin, eine destruktive Energie durch jene manipulativen Techniken herzustellen, die wir in diesem Buch ausführlicher behandelt haben. Während sich klassische Faschisten durch ihre Schwarz- oder Braunhemden zu erkennen gaben, tarnt sich der digitale Faschismus im bunten Hemd von Online-Kulturen, die der Funktionsweise der sozialen Medien entspringen. Das macht ihn zu einer besonderen Herausforderung, denn er ist dadurch äußerst fluide und ambivalent, verfügt also über kein klares organisatorisches Zentrum, auf das sich gezielte Gegenmaßnahmen richten könnten. Die Feinde der offenen Gesellschaft sind daher schwer greifbar, ein Umstand, der Akteure der Zivilgesellschaft ebenso wie Politik und Behörden oft ratlos zurücklässt. Wie mit dem Phänomen umgegangen werden soll, lässt sich eben kaum entscheiden, wenn man nicht mal genau sagen kann, wer oder was eigentlich zu bekämpfen ist. Was bedeutet das nun für die Beständigkeit und Wehrhaftigkeit offener Gesellschaften? Eines ist in jedem Fall klar: Da sich der digitale Faschismus organisatorisch deutlich vom klassischen Faschismus unterscheidet, ist auch ein Umdenken im Umgang mit faschistischen Dynamiken dringend geboten.

7 Das erneuerte Paradox der Toleranz

Auswege aus dem digitalen Faschismus

Heute erscheinen sie fast schon als naiv, die Vorstellungen, die noch zur Jahrtausendwende über das Internet vorherrschten. Da wurden endlose Weiten versprochen, in denen nationale Schranken aufgehoben sind, freie Angebote, für die die Gesetze des Marktes nicht gelten, und virtuelle Netzwerke, die sich der staatlichen Kontrolle entziehen. Mittlerweile ist das Netz aber dermaßen von unternehmerischen Verwertungsprinzipien durchdrungen und von nationalen Netzpolitiken eingekerbt worden, dass die Vorstellung von der großen digitalen Freiheit ins Wanken geraten ist. Auch die sozialen Medien, die lange als Erweiterung der freien Meinungsäußerung gefeiert wurden, sehen sich inzwischen mit Versuchen der Einhegung konfrontiert. Während autoritäre Staaten bereits Maßnahmen zu ihrer drastischen Regulierung ergriffen haben, unternehmen nun auch die liberalen Demokratien erste Schritte der Einschränkung. Anders aber als beispielsweise in China oder Russland zielen diese nicht darauf ab, demokratische Freiheiten zu beschneiden. Vielmehr sind sie eine Reaktion auf die Erkenntnis, dass die sozialen Medien in ihrer momentanen Verfassung eine zersetzende Wirkung auf den sozialen Frieden haben können.

Schon länger wird im demokratischen Kontext keineswegs nur diskutiert, ob die sozialen Medien ein Herd der Radikalisierung seien, der politisch eingedämmt werden müsse. Die Debatten über Hass und Manipulation im Netz haben tatsächlich schon erste Regulationen gezeitigt, etwa das deutsche Netzwerkdurchsetzungsgesetz (NetzDG). Zu offensichtlich ist die toxische Wirkung der sozialen Medien auf die öffentliche Meinungsbildung, als dass eine »wehrhafte Demokratie« dem Treiben einfach stillschweigend zusehen könnte. Generell haben seit 2019, in Reaktion auf das Massaker an Muslimen in Neuseeland, bei dem die Online-Dimension des neuen Rechtsterrorismus besonders deutlich wurde, derlei Bemühungen weiteren Auftrieb erhalten. So hatte der Pariser »Christchurch-Gipfel« im Mai 2019 zur Folge, dass sich diverse Tech-Unternehmen und Staatschefs zu weiteren Maßnahmen gegen extremistische Inhalte im Netz verpflichteten. Auf sie werden wir noch eingehen. Zweifellos hat dann auch die Corona-Krise, in der die fatale Wirkung digital verbreiteter Verschwörungstheorien offenbar wurde, dafür gesorgt, dass Regierungen und Internetkonzerne entschiedener gegen Falschinformationen vorgehen.

Womöglich erleben wir die Anfänge einer restriktiven Digitalpolitik, die zu einer Neuordnung der Öffentlichkeitsarchitektur führt. Dafür spricht, dass die Position, die sozialen Medien müssten reguliert werden, zunehmend konsensfähig wird. Selbst ein Mark Zuckerberg, der sich lange vehement gegen staatliche Eingriffe ausgesprochen hat, plädiert mittlerweile für eine gesetzliche Einhegung der sozialen Medien, wie er in der *Financial Times* dargelegt hat.[1] Ob dieser Sinneswandel auf die Einsicht zurückgeht, dass man das, was man da geschaffen hat, nicht mehr unter Kontrolle hat, sei dahingestellt. Gut möglich, dass Facebook auch nur dem Anforderungsdruck nachgibt, der aus der gesellschaftlichen Bedeutung seines Produkts erwächst, die Kontrollfrage aber extern entschieden haben möchte, um nicht selbst für unbeliebte Bestimmungen verantwortlich gemacht zu werden. Außerdem könnte dabei das Kalkül eine Rolle spielen, dass man dem Unvermeidlichen zuvorkommen möchte, um zumindest die Bedingungen der politischen Regulation mitgestalten zu können. Ähnliches könnte auch auf die plötzlichen Angriffe auf die sozialen Medien von rechts zutreffen. Man denke hier nur an Donald Trumps fast schon historische Volte vom Juni 2020, die sozialen Medien, von denen er bis dahin so profitierte, politisch regulieren zu wollen, nachdem Twitter im Fahrwasser der Corona-Krise kommentierend in seine desinformativen und gewaltverherrlichenden Tweets eingegriffen hatte.

Angesichts der politischen Bemühungen, die Manipulations- und Vernetzungsmöglichkeiten von illiberalen Akteuren einzuschränken, wächst im rechten Lager offenbar eine gewisse Nervosität. Das zeigen unter anderem die Wehklagen mancher rechtsextremer Influencer, die bereits alternative Plattformen oder Messenger-Dienste als Zuflucht der freien Meinung anpreisen. Dass man das Online-Treiben der extremen Rechten künftig weiter erschweren möchte, deuten verschiedene Vorschläge an, die in der Debatte über Extremismus im Netz diskutiert werden. Dazu gehört etwa die Forderung nach einer Klarnamenpflicht in den sozialen Medien. »Anonymität ist immer die Versuchung zur Hemmungslosigkeit«, sagt zum Beispiel Bundestagspräsident Wolfgang Schäuble, der mit einer solchen Pflicht Hassrede erschweren möchte.[2] Andere wiederum, wie etwa Horst Seehofer, überlegen, die Messenger-Dienste zur Entschlüsselung zu zwingen, um die digitalen Freiheiten »mit den unabweisbaren Bedürfnissen der Sicherheitsbehörden in Einklang« zu bringen.[3]

Derlei Vorschläge, mit denen primär die Bekämpfung strafrechtsrelevanter Handlungen erleichtert werden soll, werden von Stimmen begleitet, die die Plattformen der sozialen Medien für die dort verbreiteten Inhalte verantwortlich machen wollen. Mit diesem Ruf nach einer Zentrierung von Verantwortung bahnt sich womöglich eine Zäsur an, die mit der früheren Einhegung des Pressewesens vergleichbar wäre. Auch dieses zeigte einst ein destruktives Potenzial, das rechtlich und normativ domestiziert werden musste. Die daraus resultierende Medienwelt mit ihren redaktionellen Kontrollmechanismen und journalistischen Standards mag die demokratische Verständigung nicht immer optimal gefördert haben, sie hat sie aber zumindest nicht erschwert. Immerhin gelten die herkömmlichen Medien – bei aller berechtigten Kritik, stets anfällig für subjektive oder interessengeleitete Deutungen zu sein – als Säulen der Nachkriegsdemokratien. Ihre normative und rechtliche Regulierung steht so gesehen nicht zur Disposition, ja wird mehrheitlich als selbstverständlich betrachtet. Umso verwunderlicher ist es, dass diese doch eigentlich respektierten Normen nach wie vor nicht oder kaum auf die sozialen Medien angewendet werden, obwohl diese heute mindestens genauso bedeutsam für den Prozess der demokratischen Verständigung sind.

Eine Erklärung für diese Unentschiedenheit könnte sein, dass die anfänglichen Wildwestzeiten des Internets neue Fakten geschaffen haben, deren normative Kraft das demokratische Wertegefüge durcheinanderbringt. Im Netz anonym und diskret agieren zu können, ist beispielsweise ebenso eine Norm liberaler Gesellschaften geworden wie der Umstand, Inhalte ohne selektive Instanzen beziehen und verbreiten zu können. Gerade Letzteres bedeutet eine Neuerung, die die Abläufe der Massenkommunikation auf den Kopf stellt. Was vorher fast ausschließlich der Presse vorbehalten war – nämlich systematisch Informationen an die Massen kommunizieren zu können –, funktioniert plötzlich ganz individuell, direkt und ungefiltert. Und das ohne die Kontrollmechanismen und Standards, die für die herkömmlichen Medien unverändert gelten. Damit aber werden das Presserecht und die journalistische Ethik, welche die Demokratien auszeichnen, geradezu konterkariert. Diese formellen und informellen Regeln existieren ja nicht deshalb, weil speziell der Presse nicht zu trauen wäre, sondern weil die Möglichkeit zur Massenkommunikation generell eine große Verantwortung mit sich bringt. Diese technikgebundene Möglichkeit war lange exklusiv den herkömmlichen Medien vorbehalten, weshalb man etwa das Presserecht durchaus als ein Synonym für die Regeln der Massenkommunikation verstehen kann.

Vergleichbar ist dieses rechtsformale Problem ein wenig mit der Konfusion, die der Erfindung der Drohnen folgte. Da die Regeln des Luftverkehrs nur auf Flugzeuge und Helikopter zugeschnitten waren, sprengten diese ferngesteuerten Individualgeräte zeitweilig den normativen Rahmen und mussten erst einmal in Bestimmungen für den Luftraum integriert werden. Wenn nun in Diskussionen über die Verantwortung von Influencern argumentiert wird, man könne diese nicht an Pressestandards messen, weil sie ja nicht Presse seien, dann ist das ein Zirkelschluss, der auf einem formalen Missverständnis beruht. Es ist, als würde man unter Luftverkehrsrecht nur Flugzeugrecht verstehen und daher grundlegende Sicherheitsprinzipien der Luftfahrt nicht auf Drohnen anwenden wollen, weil deren Betreiber weder ausgebildete Piloten seien noch einer Airline angehörten. Man könnte meinen, der öffentliche Diskurs habe die neuen Dimensionen der Massenkommunikation noch nicht ganz realisiert, die sich durch den Quantensprung der Digitalisierung ergeben haben.

Die digitale Revolution war und ist jedenfalls so umwälzend, dass der Öffentlichkeit noch immer die Worte für manch neu entstandene Freiheit fehlen. Der schon mehrfach erwähnte Sacha Baron Cohen bringt es erneut auf den Punkt, wenn er einfordert, dass »freedom of speech«, also das Recht auf Meinungsäußerung, nicht länger verwechselt werden sollte mit »freedom of reach«: dem Recht auf Reichweite. Sehr treffend beschreibt er damit den Umstand, dass sich heute eine neue Norm bemerkbar macht, von der die Öffentlichkeit noch keinen Begriff gewonnen hat – und die wegen ihrer Unbestimmtheit allzu häufig mit Meinungsfreiheit verwechselt wird. Sie besagt im Grunde, dass jede Meinung einen freien Zugang zur Öffentlichkeit haben soll, wie sie die sozialen Medien herstellen. In vielen Debatten um freie Rede geht es inzwischen gar nicht um das Recht, seine Meinung äußern zu dürfen (ohne dafür Repressalien zu erfahren), sondern um das Recht, dass diese auch einem größeren Publikum zugänglich gemacht, also veröffentlicht wird. Das Entstehen einer solchen *Veröffentlichungsfreiheit* verweist darauf, dass wir es mit einer neuen Dimension der Massenkommunikation zu tun haben, die nicht mehr in den alten normativen und rechtlichen Rahmen passt.

Dass man sich dabei schwertut, bestehende Normen auf die digitale Massenkommunikation anzuwenden, mag auch mit deren uferlosen Dimensionen zu tun haben. Fast vergeblich scheint es etwa, die dichte individualisierte Akteurslandschaft bändigen zu wollen, die den Horizont der sozialen Medien füllt. Kein Vergleich zu der überschaubaren alten Medienlandschaft, die greifbare Verantwortungszentren aufwies. Auch der schiere Umfang von hinterfragbaren Informationen hat sich beträchtlich erweitert. Nicht zuletzt scheint es im liberalen Kontext abwegig, alle Individuen denselben oder ähnlichen Regeln zu unterwerfen, wie sie für professionalisierte Medien gelten. Der Trend geht eben zur »redaktionellen Gesellschaft«, wie sie der australische Medienforscher John Hartley um die Jahrtausendwende beschrieb: eine Welt, in der die Medien das Privileg verloren haben, Informationen für die Massen professionell aufzubereiten, und stattdessen jeder zum Journalisten wird.[4] Treffender wäre es allerdings, hier von einer »postredaktionellen Gesellschaft« zu sprechen, wie die Journalismusforscherin Margreth Lünenborg richtig bemerkt. Denn es ist ja gerade der Bruch mit den redaktionellen Standards, der heute zum Erfolgsmerkmal von reichweitenstarken Inhalten gehört.[5] Journalistische, editorische und publizistische Praktiken wirken in dieser

Welt fast schon illiberal. Entsprechend gelten die sogenannten Gatekeeper vielen nicht als diejenigen, die den öffentlichen Diskurs vor toxischen Verunreinigungen schützen (oder einfach nur inhaltliche und formale Qualität garantieren), sondern als diejenigen, die den Bürgern verwehren, sich am öffentlichen Diskurs zu beteiligen.

Die Welt des Internets und der sozialen Medien mit ihren vollkommen neuen Regeln, Strukturen und Dynamiken fordert unsere demokratische Gesellschaft nicht nur in vielerlei Hinsicht heraus, sondern drängt sie regelrecht in einen Konflikt mit den eigenen Normen. Das gilt in besonderem Maße für den digitalen Faschismus. Er verschärft nämlich noch einmal das Dilemma, mit dem sich Demokraten ohnehin stets konfrontiert sehen, wenn es darum geht, den Feinden der offenen Gesellschaft zu begegnen. Gemeint ist Karl Poppers Toleranzparadox, das an die Pflicht von wehrhaften Demokratien erinnert, keine Toleranz gegenüber der Intoleranz walten zu lassen. Diese Pflicht ist deshalb paradox, weil sie demokratische Akteure dazu zwingt, gegen ihre eigenen liberalen Prinzipien zu handeln oder sie zumindest neu zu denken. In der digitalisierten Welt erweist sich das Ganze als besonders schwierig. Denn im Umgang mit dem digitalen Faschismus genügt es nicht, den Blick einfach nur auf die Akteure der Intoleranz zu richten, sondern man muss auch die Strukturen berücksichtigen, die seine Dynamik begründen.

Gerade diese Strukturen stehen aber für die digitalen Freiheiten, die die Menschen in Demokratien bereits als selbstverständlich betrachten. Die abschließende Frage lautet also: Wie können in diesem Spannungsfeld Maßnahmen aussehen, die faschistischen Dynamiken im Netz entgegenwirken, ohne selbst die Demokratie zu schwächen? Dafür schauen wir uns in diesem Kapitel genauer die Perspektiven und Probleme einer Regulierung der sozialen Medien an. Dazu zählen zum einen die

Möglichkeiten einer Selbstregulation durch die Tech-Unternehmen. Sie können insofern als *immanente Handlungsebene* bezeichnet werden, als sie die Strukturen betreffen, die sich die sozialen Medien selbst geben. Zum anderen zählen dazu die Möglichkeiten der politischen Regulation, womit die *externe Handlungsebene* gemeint ist: Welche Strukturen können den sozialen Medien von außen verordnet werden? Um diese beiden Ebenen richtig einordnen zu können, müssen wir aber zunächst klären, warum die Möglichkeiten der Zivilgesellschaft innerhalb der Strukturen der sozialen Medien – also auf der *internen Handlungsebene* – so begrenzt sind.

Die Grenzen der demokratischen Gegenrede

Einen Vorgeschmack auf das Konfliktpotenzial, das mit der Regulierung der sozialen Medien einhergehen dürfte, liefert die Empörung über Artikel 13. Das ist jene EU-Richtlinie, die die Plattformen bei Urheberrechtsverletzungen haften lässt – und die vor allem aus der Youtuber-Szene als »Zensur« kritisiert wurde. Generell nehmen gerade jüngere Menschen die Freiheiten, die die sozialen Medien bieten, als selbstverständlich und ihre Beschneidung als Rückschritt wahr. Dass es bei den unbeliebten EU-Maßnahmen, die vor allem mit der Einführung von Upload-Filtern verbunden werden, primär gar nicht um eine politische, sondern um eine ökonomische Absicht ging, zeigt umso mehr, wie stark die User die Norm der Veröffentlichungsfreiheit schon verinnerlicht haben. Jeder Versuch einer Regulierung riskiert also, einen großen Teil der Öffentlichkeit zu verprellen, der die digitalen Freiheiten lieb gewonnen hat. Obendrein kollidieren solche Eingriffe in das Geschäftsmodell von großen Unternehmen mit den markliberalen Prinzipien, die gerade konservativen Akteuren noch immer heilig sind. Es verwundert in dieser Gemengelage daher nicht, dass Politiker insgesamt nach wie vor nur mit zaghaften Vorschlägen zur Regulation sozialer Medien daherkommen.

Andererseits setzt sich offenkundig verstärkt die Ansicht durch, dass die Freiheiten, die soziale Medien bieten, Entwicklungen ermöglichen, die letztlich die liberale Demokratie untergraben. Es ist nun einmal die Achillesferse von offenen Gesellschaften, dass ihre Freiheiten auch von denen genutzt werden können, die gegen ebendiese Freiheiten arbeiten. Genau aus diesem Umstand leitet sich ja das Toleranzparadox ab, das sich im digitalen Zeitalter in erneuerter Form zeigt. Denn mit den erweiterten Kommunikationsmöglichkeiten erweitern sich auch die Möglichkeiten intoleranter Kräfte. Und dass gerade die extreme Rechte mit der Digitalisierung beträchtliche Raumgewinne erzielen konnte, die die offene Gesellschaft gefährden, haben wir ausführlich beschrieben.

Welche Auswege aus dem digitalen Faschismus lassen sich nun aber aufzeigen? Als abwegig kann zumindest die Holzhammermethode gelten, die sozialen Medien oder gar das gesamte Internet einfach abzustellen – obwohl dies sicher zur Beruhigung der Nerven beitragen würde. Klar scheint jedoch, dass regulative Eingriffe nötig sind – auch wenn dies einer Gratwanderung gleicht, bei der Vorteile und Probleme der Maßnahmen genau abzuwägen sind, damit sie der Demokratie nicht am Ende mehr schaden als nutzen.

Lange Zeit hat man Hass und Hetze in den sozialen Medien als ein relativ unpolitisches und rein virtuelles Problem behandelt. Viele ihrer Ausdrucksformen – so etwa die Verrohung und Enthemmung in der Sprache – betrachtete man quasi als natürliche, wenn auch lästige Begleiterscheinung einer technologischen Modernisierung, die anonyme und impulsive Interaktionen en masse ermöglicht. Die Algorithmen, die nun unseren Blick auf die Welt anleiten, wirkten lange wie eine zweite Haut, die sich über die Gesellschaft spannt. Jeder schien nun selbst verantwortlich für die Inhalte, mit denen er unter ihrer Ägide interagiert. Von der Verantwortung der Tech-Unternehmen, die mit der technischen Kuratierung dieser Interaktionen einhergeht, war zunächst kaum die Rede. Abgesehen von Maßnahmen gegen Online-Kriminalität und jugendgefährdende Inhalte galten auch staatliche Eingriffe eher als unangemessen.

Dementsprechend wollte man den Gefahren der Digitalisierung von sowohl staatlicher als auch zivilgesellschaftlicher Seite zunächst mit der Förderung von Medienkompetenz begegnen. Und mit dem digitalen Engagement von Demokraten, die die Herausforderung eines veränderten politischen Wettbewerbs annehmen müssten. So wie die Bürger generell zur digitalen Zivilcourage aufgerufen waren. Ausdruck solcher Bemühungen sind etwa zahlreiche Angebote in der politischen Bildung, die einerseits »Online-Radikalisierung« vorbeugen und andererseits im Umgang mit Hassrede im Netz schulen sollen. Hierzu zählen auch zivilgesellschaftliche Initiativen, die »digitale Straßenarbeit« betreiben, über Fake News aufklären und Online-Kampagnen gegen rechts organisieren. Zur wichtigsten Handlungsform der Projekte gegen Rechtsextremismus im Netz hat sich dementsprechend die sogenannte Gegenrede entwickelt. Darunter versteht man, grob gesagt, jegliche Form der Kommunikation, die sich gegen rechtsextreme Propaganda im Allgemeinen und Hassrede im Besonderen richtet. Sie kann darin bestehen, konkreten Inhalten zu widersprechen – sei es durch die Erwiderung von Fakten, sei es durch Gegentrolling oder darin, die Erzählungen der extremen Rechten herauszufordern – durch Gegennarrative, die die rechtsextremen Erzählungen entblößen, oder durch alternative Erzählungen, die eine andere Sichtweise auf bestimmte Probleme bieten.

Gegenrede kann von Einzelnen, zivilgesellschaftlichen Gruppen, Parteien und den herkömmlichen Medien angewendet werden, ob in Form individuellen Debattierverhaltens oder organisierter Online-Kampagnen. Auch durch die Moderation von Kommentaren auf einer Facebook-Seite kann Gegenrede stattfinden, zum Beispiel, wenn auf Fakten oder unangemessene Inhalte verwiesen wird. Sogar der Hinweis auf Verhaltensregeln – oft als Netiquette bezeichnet – kann in gewisser Weise als Gegenrede gelten. In diesem Sinne können selbst die Tech-Unternehmen Gegenrede ausüben, indem sie kommentierend bei postfaktischen Inhalten eingreifen, wie verstärkt etwa bei Twitter zu beobachten. Dabei verfügen sie, im Gegensatz zum gewöhnlichen Nutzer, auch über metrische Mittel, um zum Beispiel Gegennarrative zu unterstützen, etwa indem Hassposts in der Reihenfolge der Postings nach unten gerankt werden: das sogenannte *Shadow Banning*.

Mag die Gegenrede als das wichtigste Instrument im virtuellen Kampf gegen rechts gelten, so lässt sich nur schwer etwas über ihre Effektivität aussagen. Der anhaltende Zuspruch für rechtsextreme Akteure in den sozialen Medien lässt zumindest erahnen, dass sie allein nicht ausreicht, um der faschistischen Logik ernsthaft Einhalt zu gebieten. Trotz der verstärkten Bemühungen gegen Propaganda und Manipulation im Netz – einschließlich der zahlreichen Faktenchecker-Dienste, die sich generell gegen Falschmeldungen richten – erweist sich beispielsweise die Klientel der AfD als in hohem Maße resistent gegen faktenbasierte Argumente. Ja, sie sieht die wahren Faktenchecker vielmehr in den Organen der Partei, aber auch in den rechtsextremen Alternativmedien und Influencern. Auch wenn die überwiegende Mehrheit der Bundesbürger den Rechtsextremismus als dominierenden Einfluss in der AfD erkannt hat, so hat sich die Partei damit laut dem Rechtsextremismusforscher Gideon Botsch doch eine Stammwählerschaft erarbeitet, die nur schwer »zurückzuholen« sei, »sofern die AfD sich nicht selbst sabotiert«.[6] Ähnlich sehen wir, wie Corona-Skeptiker ihre ganz eigenen kommunikativen Parallelwelten aufbauen, in denen sie sich und ihr objektives Wahrnehmungsvermögen verlieren.

Neuere Studien behaupten zwar, dass Gegenrede – zumindest in organisierter Form wie bei der von Jan Böhmermann initiierten digitalen Bürgerrechtsbewegung Reconquista Internet – effektiv sein kann.[7] Allerdings wäre zu fragen, was genau unter »effektiv« zu verstehen ist. Wenn etwa die Gegenrede in bestimmten Diskussionen die Hassrede übertrifft und schließlich vielleicht sogar zum Schweigen bringt, heißt das ja nicht, dass nicht doch der eine oder die andere in diesem Schlagabtausch von den rechtsextremen Positionen überzeugt wurde. Und was ist es eigentlich wert, wenn sich zwar zwei Menschen überzeugen lassen, ein dritter deswegen aber erst recht zur Gewalt greift? Solche Effekte lassen sich nur schwer bewerten – und eigentlich auch kaum erfassen. Das gilt umso mehr, als die ganzen passiv Mitlesenden, die gar nichts zum Ausdruck bringen, an dem sich eine Einstellung, geschweige denn deren Wandel ablesen ließe, ja ebenso von den Kontroversen in den sozialen Medien beeinflusst werden. Wie sich solche Kontroversen auf die Einstellungen der vielen Beteiligten auswirken, ist jedenfalls weder datenrechtlich noch datentechnisch abzubilden. An Studien, die einen Zusammenhang zwischen dem Hass im Netz und der Zunahme rechter Gewalt behaupten, mangelt es sicher nicht. Und doch ist damit nichts darüber ausgesagt, ob jener Hass auch wirklich durch die sozialen Medien angeheizt ist. Immerhin sind diese mittlerweile so in den Alltag der Menschen verflochten, dass sich analytisch kaum zwischen Online- und Offline-Faktoren trennen lässt.

Wenn wir auch die Wirkung von Gegenrede nur schwer bemessen können, so können wir doch bestimmen, welchen Anforderungen sie genügen müsste: Indem wir auf die Faktoren für die Raumgewinne der extremen Rechten schauen, die in den sozialen Medien besonders agil und erfolgreich ist. Die

Techniken und Mechanismen, auf denen dieser Erfolg basiert, haben wir im Verlauf dieses Buches eingehend analysiert. Dabei zeigte sich, dass die extreme Rechte auf ein Set von Manipulationstechniken bauen kann, die mit der Funktionsweise der sozialen Medien besonders gut korrespondieren. Sie profitiert dabei auch von einer neuen Wahrnehmungsorganisation, die mit den sozialen Medien einhergeht – und die mit der faschistischen Logik, welche die extreme Rechte antreibt, teilweise kompatibel ist. Wenn aber die dramatischen Erzählungen der extremen Rechten gut mit den angstverstärkenden Mechanismen der sozialen Medien harmonieren, wenn ihr Gaslighting gut mit den postfaktischen Dynamiken im Netz zusammenwirkt und wenn ihre Bemühungen der metrischen Manipulation in der digitalen Interaktionsökonomie gut aufgehen, dann verweist das in der Summe auf doch sehr knifflige Herausforderungen in der demokratischen Gegenrede.

Grundsätzlich ist Gegenrede ein richtiger, ja notwendiger Ansatz: Demokraten sollten sich verpflichtet fühlen, antidemokratischen Tendenzen die Stirn zu bieten. Die digitale Gegenrede ist wiederum gerade wegen der neuen informellen, schwarmartigen (Hass-)Kulturen mit ihren faschistischen Dynamiken besonders angebracht. Anders gesagt: Es genügt nicht mehr, sich auf die politischen Organisationen intoleranter Akteure einzuschießen. Und gleichzeitig sind diese rechten Schwarmstrukturen selbst kaum greifbar, weil sie oft nur temporär zusammenfinden, sich immer wieder neu bilden und unvorhergesehen auftauchen. Insofern es dabei vor allem Erzählungen sind – seien es Gerüchte, seien es Verschwörungstheorien –, über die die faschistische Dynamik transportiert wird, ist es natürlich naheliegend, dass der digitale Antifaschismus starke Gegenerzählungen benötigt. Gleichwohl macht es dieser Befund nicht einfacher. Denn angesichts der Mechanismen sozialer Medien, die gut mit den Bedrohungserzählungen der extremen Rechten zusammenspielen und reichlich Möglichkeiten der Manipulation bieten, muss auch jede Gegenrede strategisch durchdacht, kontextuell flexibel und gut koordiniert sein, um wirklich durchschlagend zu sein.

Rechtsextreme Akteure können beispielsweise gezielt Nachrichten verstärken und streuen, die zu ihren Bedrohungsnarrativen passen, und diese korrespondieren wiederum aufgrund ihres emotionalisierenden Gehalts gut mit der affektfördernden Technologie der sozialen Medien. Außerdem können sie in den Mainstream nun effektiv postfaktische und verschwörungstheoretische Informationen einspeisen, die Chaos in der politischen Meinungsbildung stiften und das Vertrauen in Staat und Medien untergraben. Auch das wird durch die Funktionsweise der sozialen Medien verstärkt, die bekanntlich die Konsumentenneigung zu dramatischen Informationen stärker bedienen. Nicht zuletzt können rechtsextreme Akteure durch Online-Aktivismus die Größenverhältnisse im Meinungsspektrum verzerren, sodass ihre Inhalte normaler, ja glaubwürdiger wirken und sichtbarer sind. Zugute kommt ihnen dabei, dass gerade simple, kontroverse und symbolträchtige Inhalte in der Interaktionsökonomie der sozialen Medien beschleunigte Verbreitung erfahren.

Diese Mechanismen markieren wichtige Ansatzpunkte für Online-Strategien gegen Rechtsextremismus. Eine organisierte Gegenrede, die sich an ihnen orientiert, dürfte jedenfalls an Durchschlagskraft gewinnen. Wie wir gesehen haben, hilft metrische Manipulation dabei, die Rezipienten in ihrer Wahrnehmung der Realität zu desorientieren, was wiederum hilft, bestimmte Ängste zu verstärken. Die Online-Praktiken der demokratischen Zivilgesellschaft sollten daher – im Rahmen des normativ Vertretbaren – gezielt in diesem Wirkungszusammenhang intervenieren, um jene Dynamik zu brechen oder zumindest abzuschwächen. Um das Potenzial einer solchen strategischen Interaktion auszuschöpfen und unerwünschte Nebenfolgen zu vermeiden, müssen die Praktiker der Gegenrede mit den Manipulationstechniken der extremen Rechten und deren Zusammenspiel mit den Verbreitungsmechanismen sozialer Medien allerdings gut vertraut sein. Dieses komplexe Knäuel hält nämlich, wie wir gleich sehen werden, stets Tücken bereit, durch die selbst kommunikative Handlungen mit den besten Absichten nach hinten losgehen können.

Neben einer Kenntnis rechtsextremer Schlüsselakteure und ihres Agierens braucht es dafür auch ein ausgeprägtes Verständnis der Art und Weise, wie rechtsextreme Narrative genau strukturiert sind, wie sie dargeboten werden und warum sie affektive Resonanz erzeugen. Eine weitere Voraussetzung wäre auch Wissen darüber, wie narrative Überzeugung im Allgemeinen und die der extremen Rechten im Besonderen funktioniert. Organisationen wie die Amadeu-Antonio-Stiftung leisten auf diesem Feld Pionierarbeit und unterstützen Menschen und Vereine mit reflektierten Materialien und Weiterbildungen. Gleichwohl bleibt fraglich, wie umfassend und abgestimmt ein solches Wissen überhaupt angewendet werden kann, da es selbst Experten aus den Sozial- und Kommunikationswissenschaften sowie aus der Psychologie schwerfällt, die vielen Faktoren zu überblicken und zu ordnen.

Laut der sogenannten Persuasionsforschung, die sich damit befasst, wie sich Menschen überzeugen lassen, erfordern beispielsweise unterschiedliche Rezipiententypen unterschiedliche Ansprachen. Gerade in den sozialen Medien, wo sich ganz verschiedene solcher Typen tummeln und mitlesen, muss die Entscheidung für eine bestimmte kommunikative Strategie fast zwangsläufig widersprüchlich wirken: Denn was den einen überzeugt, bestärkt die andere in ihrer Position. Auch die eigene Sprechposition ist von Bedeutung, denn das, was man in den Augen der Rezipienten darstellt, entscheidet bereits über die Glaubwürdigkeit der eigenen Argumente. Wie an anderer Stelle gezeigt, tendieren insbesondere Menschen mit einem intuitiven Denkstil dazu, Aussagen dann als wahr zu empfinden, wenn sie von Menschen stammen, mit denen sie sich identifizieren können. Kommen die Aussagen von jemandem, der dem Feindbild entspricht, führt das nicht selten dazu, dass das Gegenteil bejaht wird. Unter dem Label einer Antifa-Gruppe wird es daher ebenso schwierig sein, die Sympathisanten des Rechtsextremismus zu überzeugen, wie in der Sprache der politischen Korrektheit, die den Sprecher bereits als verhassten »Gutmenschen« ausweist. Es kann daher, wie Sebastian Herrmann schreibt, in solchen Auseinandersetzungen sinnvoll sein, »die politische Haltung nicht von Beginn an offenzulegen«, um einen Moment der Öffnung zu ermöglichen.[8]

An diesem Ratschlag sieht man schon, dass die Realität der sozialen Medien demokratische Akteure mehr denn je zu moralischen Abstrichen und taktischer Kommunikation zwingt. Um dem digitalen Faschismus eine effektive Gegenrede entgegenzusetzen, müssen sie ihre Informationen und Botschaften so aufbereiten und präsentieren, dass sie auch tatsächlich eine positive Wirkung haben – oft weniger bei einem einzelnen Gegenüber als bei einem mitlesenden Publikum. Das kann natürlich nicht bedeuten, sich dem radikalen Pragmatismus der extremen Rechten anzuschließen, die das Publikum systematisch täuscht. Ein gewisser Pragmatismus aber, der eine Flexibilität in Auftreten, Ansprache und der Sprache selbst erlaubt, scheint unumgänglich, wenn die emotionalisierten Gemüter argumentativ abgeholt werden sollen. Eine Gegenrede, die ihren Zweck darin findet, das vermeintlich moralisch Richtige zu sagen, ohne auf die wirklichen Folgen zu achten – der Soziologe Max Weber nannte das »Gesinnungsethik«[9] –, läuft nämlich stets Gefahr, Abwehrreflexe auszulösen oder als Pappkamerad zu dienen, an dem sich rechtsextreme Online-Aktivisten abarbeiten können. Wo die Gegenrede keine dem Kontext angemessene Form und Sprache bieten kann, mag es sogar besser sein, ganz zu schweigen – um so wenigstens nicht die Sichtbarkeit rechtsextremer Inhalte zu erhöhen.

Unter solchen »verantwortungsethischen« Prämissen kann organisierte Gegenrede durchaus zur Stabilisierung demokratischer Diskurse beitragen. Sei es in Form von Gegennarrativen oder alternativen Narrativen, sei es mittels koordinierten Online-Aktivismus oder taktischen Moderationsverhaltens, sei es durch das entschiedene und strategische Auftreten demokratischer Institutionen oder zivilgesellschaftlicher Akteure. Allerdings hat die demokratische Gegenrede Grenzen, wenn nicht sogar einen Nachteil gegenüber dem rechtsextremen Online-Aktivismus – zumindest dort, wo es um ein für die faschistische Logik empfängliches Publikum geht. Denn während rechtsextreme Akteure von den neuen Manipulationsmöglichkeiten exzessiv Gebrauch machen können, verbieten sich diese für demokratische Akteure weitgehend. Gewiss, auch sie streben häufig nach Geltung oder gar Macht, wobei sie mal mehr, mal weniger von Vereinfachungen und Täuschungen Gebrauch machen. Ein systematischer, ja perfider Gebrauch der angstverstärkenden, postfaktischen und metrisch-manipulativen Mechanismen bleibt aber, wie sich klar feststellen lässt, Akteuren wie der extremen Rechten vorbehalten.

Die extreme Rechte hat, wie wir mehrfach aufgezeigt haben, ein sehr instrumentelles, ja ruchloses Verhältnis zur Wahrheit. Folglich schreckt sie weder vor manipulativen Techniken noch vor Einschüchterungen und Belästigungen zurück, um politische Raumgewinne zu erzielen. Demokratische Akteure hingegen, die an Stabilität, Kontinuität und Verständigung, ja an einem aufgeklärten Diskurs insgesamt interessiert sind, können von den vielfältigen technischen Möglichkeiten, die soziale Medien für Manipulationen bereithalten, nicht – zumindest nicht im selben Maße – Gebrauch machen. Andernfalls würden sie ihre Werte verraten und demokratische Standards unterlaufen, die ja nicht nur für Wahlvorgänge, parlamentarische Abläufe und Regierungstätigkeiten gelten, sondern auch dafür, wie man den Diskurs führt. In der Tat sieht sich der digitale Antifaschismus mehreren Dilemmata gegenüber, die nicht nur die Integrität demokratischer Akteure betreffen, sondern die Substanz der Demokratie selbst.

Zuallererst befinden sich demokratische Akteure in einem *Polarisierungsdilemma*. Für sie kann es kaum opportun sein, ihrerseits die politischen Emotionen anzukurbeln, mit denen die extreme Rechte in den sozialen Medien die Gesellschaft spaltet, um ihre illiberale Politik in Gang zu bringen. Gerade rechtsextreme Bedrohungsnarrative weisen bestimmten Gruppen nicht nur eine Schuld an Missständen zu, sondern erklären sie auch zu einer existenziellen Gefahr, die eine kompromisslose Frontstellung verlangt. Damit sind diese Erzählungen nicht nur gefährliche Rede, weil sie zu Gewalt gegen jene Gruppen anregen. Sie gefährden damit auch die Demokratie, insofern sie das demokratische Prinzip der Verständigung aushebeln. Zwar gibt es durchaus Ängste, die auch von demokratischen Erzählungen adressiert werden, doch sind diese emotional nicht so wirkmächtig. Was etwa die Gefahr des Klimawandels angeht, mobilisieren hier durchaus auch demokratische Akteure mit Ängsten. Allerdings ist diese Gefahr relativ abstrakt und vielschichtig, sodass sich kein klares Feindbild aufdrängt, angesichts dessen die angesprochene Gemeinschaft zusammenrückt. Vielmehr wird die Schuld in den eigenen Reihen gesucht, ja sogar bei jedem Einzelnen.

Konkreter ist da schon die Bedrohung des Rechtsextremismus selbst. Er lässt sich eher mit spezifischen Akteuren verbinden und stellt für einige eine akute Lebensgefahr dar. Und doch lässt sich gegen ein solches Feindbild nicht so einfach Hass mobilisieren. Wie verschiedene Studien aus der Gewaltforschung zeigen, sind es nämlich vor allem ethnische, nationale und religiöse Identitäten, die eine kategorische Ausgrenzung und Abwertung ermöglichen, insbesondere, wenn sie sich klar definierten Territorien zuordnen lassen.[10] Mit Feindbildern, die sich außerhalb der Gemeinschaft verorten lassen, denen also etwas Fremdes anhaftet, funktioniert die Unterscheidung von Gut und Böse eben einfacher als mit politischen Akteuren, die aus der Gemeinschaft selbst stammen. Für sie bleibt stets etwas Restempathie. Und umgekehrt fühlen sich viele nicht von Rechtsextremismus betroffen, weil seine rhetorischen und körperlichen Angriffe vor allem Minderheiten treffen – laut Terrorismusforschung ein wichtiger Grund, warum Rechtsterrorismus häufig verharmlost wird. Wenn demokratische Akteure also Ängste ansprechen, so in der Regel solche, die man nicht pauschal auf andere Gruppen projizieren kann – zumal diese aus guten Gründen auch nicht entmenschlicht werden dürfen. Die Emotion des Hasses kann deshalb unter Demokraten keine so große Wirkung entfalten wie im rechtsextremen Diskurs. Damit aber fehlt ihnen ein Mittel der emotionalen Mobilisierung, mit dem die extreme Rechte sehr erfolgreich in den sozialen Medien agiert.

Ein weiteres Problem in der strategischen Interaktion stellt für demokratische Akteure das *Wahrheitsdilemma* dar. Es verbietet sich für sie nämlich schlichtweg auch, gezielt Fake News zu streuen und Gaslighting zu betreiben, die Menschen, die sie erreichen wollen, also zu desinformieren und zu desorientieren. Das widerspräche den demokratischen Prämissen, die nach mündigen und aufgeklärten Bürgern, aber auch nach Verständigung über Fakten und Wahrheiten verlangen. Gerade die rechtsextremen Erzählungen von Verschwörung und Verrat untergraben jedoch das Vertrauen in demokratische Institutionen und Verfahren. Zugleich sabotieren sie eine ausgewogene Meinungsbildung, da sie die Rezipienten von tendenziösen Informationen abhängig macht (Stichwort: Gaslighting). Dies wiederum beeinträchtigt die Fähigkeit zu Dialog und kritischem Nachdenken, da es den Korridor von als möglich empfundenen Wahrheiten verengt und gegenteilige Ansichten der Lüge verdächtig macht. Zwar erheben auch demokratische Akteure stets einen Wahrheitsanspruch, doch ist ihnen (im Idealfall) eine Denkweise eigen, die in Betracht zieht, dass der eigenen Position potenziell ein Irrtum zugrunde liegen könnte – und dass es andere legitime Sichtweisen auf ein Problem geben kann.

Bei aller Leidenschaft für das eigene Programm: Der politische Gegner ist in einer demokratischen Kultur doch so weit wertzuschätzen, dass er nicht in die Rolle des Feindes gedrängt wird. In diesem Sinne teilen Demokraten, die sich durch konkrete politische Profile unterscheiden, eine übergeordnete, metapolitische Position: Anderen Meinungen ist mit einem gewissen Wohlwollen zu begegnen. Man mag die Argumente des Gegners nicht teilen; sie sind aber ernst zu nehmen und ins Verhältnis zu den eigenen zu setzen – auch wenn in der Praxis oft Subjektivität und Eigeninteresse überwiegen. Es ist jene, von Richard Reich benannte »extrakonstitutionelle Voraussetzung« der Demokratie, die unterlaufen wird, sobald man die demokratische Debatte noch nicht mal mehr theoretisch als eine begreift, bei der man Argumente austauscht und deren Ausgang offen ist. Der »Infokrieg« der extremen Rechten, die unmittelbar auf die Durchsetzung der eigenen Politik abzielt – mit allen unkonventionellen Mitteln –, ist daher ein asymmetrischer, weil Demokraten nicht dieselben Waffen nutzen können.

Schließlich stehen demokratische Akteure noch vor einem *Mobilisierungsdilemma*. Denn auch die naheliegende Option, dem digitalen Faschismus mit einem verstärkten Online-Aktivismus die Stirn zu bieten, hält Fallstricke bereit. Zum einen tragen, ganz konkret, auch kritische Reaktionen auf rechtsextreme Inhalte in der Interaktionsökonomie der sozialen Medien zur besseren Sichtbarkeit ebenjener Inhalte bei. Zum anderen dürfte, ganz allgemein, eine digitale Mobilisierung der liberalen Öffentlichkeit im Kampf um die Metriken in den sozialen Medien ein politisches Wettrüsten im Online-Aktivismus nach sich ziehen. Wenn sich etwa Korea-Pop-Fans, wie neuerdings zu beobachten, digital politisieren und innovative Massen-Online-Aktionen gegen Trump ausführen, ist es nur eine Frage der Zeit, bis auch die Gegenseite eine Schippe drauflegt. Dass sich ein solches Wettrüsten für demokratische Akteure rechnen würde, kann durchaus bezweifelt werden. So lässt sich ein liberales Publikum gewiss weniger für Troll-Armeen begeistern, die mit Fake-Profilen Interaktionen simulieren und auf Kommando das politische Gegenüber unter einer Flut von Kommentaren begraben. Zudem würde eine Anwendung solcher Methoden, wie sie den rechtsextremen Online-Aktivismus auszeichnen (einschließlich der Nutzung von Bots und Doxing-Techniken), die demokratischen Akteure selbst zu Manipulatoren machen.

Damit wäre ein Schaden für die Demokratie selbst gegeben – nicht nur, weil es ihre aufklärerischen Werte verletzte. Denn je mehr sich der politische Wettbewerb in die sozialen Medien verlagert, desto größer wird – um nicht im Nachteil zu sein – der Zwang der Akteure, von deren persuasiv-manipulativen Möglichkeiten Gebrauch zu machen, einschließlich der auf starke Affekte setzenden Äußerungen, die den politischen Diskurs infantilisieren und verflachen. Überhaupt begünstigen die sozialen Medien mit ihren auf Informationshäppchen ausgelegten Kommunikationsformen unterkomplexe Botschaften und Laienmeinungen, sodass die Qualität des demokratischen Diskurses abnehmen dürfte – und das obwohl eine zunehmend komplexe Welt eigentlich das Gegenteil von Simplifizierung verlangt. Nicht zuletzt steht zu befürchten, dass im politischen Wettstreit noch weniger als zuvor das Argument zählt, sondern stattdessen eine vermeintlich numerische Masse, die noch nicht einmal repräsentativ für die tatsächlichen Mehrheitsverhältnisse sein muss. Auch alle metrischen Ansätze zur Unterstützung der Gegenrede sind daher für Demokraten mit Vorsicht zu genießen.

Von der Selbstregulation zur politischen Regulation

Insgesamt sind die Möglichkeiten eines Auswegs aus dem digitalen Faschismus auf der skizzierten *internen Handlungsebene* mit den Mitteln der zivilgesellschaftlichen Gegenrede allein begrenzt. Denn innerhalb der bestehenden Strukturen sozialer Medien herrscht keine kommunikative Waffengleichheit zwischen Demokraten und Rechtsextremen. Für Erstere sind obendrein Praktiken der Gegenrede durchaus risikobehaftet, können diese doch rechtsextremen Akteuren zusätzliche Anlässe zur Agitation bieten oder gar demokratische Normen schwächen. Außerdem zwingen die Funktionsweisen der sozialen Medien demokratische Akteure dazu, sich bei ihrer Kommunikation mitunter im Grenzbereich des demokratisch Vertretbaren zu bewegen. Einerseits ist die Nutzung der Plattformen unumgänglich geworden, um im Kampf um die Köpfe mithalten zu können. Andererseits begünstigt ihr technisches Design emotionalisierende Narrative und affektive Politiken, sodass eine rationale und vermittelnde Auseinandersetzung, wie sie demokratische Akteure idealerweise praktizieren, in der Gesellschaft weniger Resonanz erfährt. Dadurch geraten sie unter Zugzwang, sich auf Praktiken einzulassen, die besser mit der Verbreitungslogik der sozialen Medien korrespondieren, auf die Gefahr hin, das demokratische Ideal aufzuweichen.

So betrachtet kann es nicht im Interesse demokratischer Akteure sein, dass sich der politische Wettbewerb weiter in die sozialen Medien verlagert. Auch deshalb, weil sich die Demokratie damit in Abhängigkeit von den Unternehmen begibt, die diesen Wettbewerb kuratieren. Und doch können Demokraten nicht darauf verzichten, die Möglichkeiten eines digitalen Antifaschismus wahrzunehmen. Eine Vernachlässigung der sozialen Medien – die nun einmal eine soziale Tatsache sind – würde bedeuten, dass man dieses eminent wichtige Feld politischer Meinungsbildung extremistischen und destruktiven Kräften überlässt. Die Herausforderung besteht also darin, in einem asymmetrischen Schlagabtausch die richtige Balance zu finden, um als Korrektiv illiberaler Dynamiken zu wirken, ohne selbst Teil dieser Dynamiken zu werden. Gleichzeitig bleibt es das grundlegende Dilemma, dass man mit der massenhaften Nutzung der fragwürdigen Strukturen genau jene Bedingungen reproduziert, die für die demokratische Sache so unvorteilhaft sind. Im Endeffekt würde man mit einer solchen Strategie den sozialen Medien erst recht noch mehr Bedeutung im politischen Wettbewerb verleihen.

Auf Dauer ist es daher kein Zustand, dass Demokraten in den sozialen Medien digitale Feuerwehr spielen müssen, um Brände im liberalen Wald mit dessen Teilrodung zu bekämpfen. Ein digitaler Antifaschismus muss daher eine Revision des technischen Designs der digitalen Arena einfordern, ja, er muss die Arena selbst politisieren. So ist beispielsweise zu begrüßen, dass die Debatten über Extremismus im Netz zunehmend die Tech-Unternehmen in den Blick nehmen. Tatsächlich hat sich hier – beschleunigt durch den neueren Rechtsterrorismus und die Corona-Krise, aber auch durch die Rassismusdebatten innerhalb und außerhalb der USA – zuletzt viel getan. Zwar sind die Probleme des politischen Wettbewerbs in den sozialen Medien und deren Bedeutung für die Demokratie noch ebenso wenig Gegenstand einer breiten Debatte wie die Techniken und Mechanismen des digitalen Faschismus. Zunehmend – und nicht zuletzt bestärkt durch Studien zu Radikalisierung und Polarisierung im Netz – verfestigt sich jedoch der Eindruck, dass die Funktionsweisen der sozialen Medien rechtsextremen und verschwörungstheoretischen Dynamiken besonders in die Hände spielen. So werden inzwischen die Tech-Unternehmen selbst verstärkt für problematische Inhalte auf ihren Plattformen verantwortlich gemacht. Beim Kampf gegen Rechtsextremismus geht es also nicht mehr nur um strategische Interaktionen in den sozialen Medien, sondern auch darum, wie man diesen Raum und den Wettbewerb, der in ihm tobt, technisch kuratieren kann. Fragen der inhaltlichen Filterung und der Sichtbarkeit stehen dabei neben der Forderung nach mehr Transparenz in Bezug auf die algorithmische Steuerung und die Moderationspraxis der Unternehmen.

Der Umgang mit problematischen Inhalten bildet denn auch die Spitze einer Debatte, die nicht nur die Tech-Unternehmen zu mehr Selbstregulation antreibt, sondern auch Regierungen veranlasst, Druck auf diese Unternehmen auszuüben. Insofern geschieht deren Selbstregulation nicht unbedingt freiwillig. Ihre auf dem schon erwähnten »Christchurch-Gipfel« zugesagten »Selbstverpflichtungen« etwa, insbesondere gegen Gewalt in Videos vorzugehen, waren eigentlich alternativlos. Das Damoklesschwert, von den Regierungen reguliert zu werden, wenn man sich nicht selbst reguliert, ist generell ein wesentlicher Antrieb hinter vielen solcher *immanenten* Maßnahmen, die die Unternehmen in den vergangenen Jahren *gegen sich selbst* versprochen haben. Insofern nimmt die Selbstregulation immer auch ein Stück weit Züge politischer Regulation an, auch wenn diese nicht rechtlich, sondern normativ forciert wird. Ob das Maß der Selbstregulation aber ausreicht, darf bezweifelt werden. Während etwa Facebook sich für seine »sehr großen Fortschritte« im Kampf gegen Hassrede lobt, legen Auswertungen des journalistischen Projekts #Hassmaschine von BR, NDR und WDR etwas anderes nahe. Sie zeigen, dass entsprechende Inhalte weiterhin in enormem Ausmaß in dem Netzwerk zu finden sind. Im Kampf gegen Hass, so das Fazit der Recherchen, versage Facebook noch immer.[11]

Mit dem neuen Jahrzehnt haben aber auch die Bemühungen der Selbstregulation weiter zugenommen. So wurde vor allem Twitter verstärkt gegen Inhalte aktiv, die gegen Gemeinschaftsstandards verstoßen, darunter Falschbehauptungen und Gewaltfantasien des US-Präsidenten. Das setzte bald auch Facebook unter Druck, entschiedener gegen problematische Inhalte vorzugehen, wobei es sogar zum offenen Aufstand einiger Mitarbeiter kam, die öffentlich die Verantwortungslosigkeit ihres Arbeitgebers kritisierten. Mit dem Aufflammen der Rassismusdebatte in den USA im Juni 2020 folgte schließlich ein Boykott zahlreicher zum Teil internationaler Großunternehmen, die so lange keine Werbung auf Facebook mehr schalten wollten, bis das Unternehmen einen Kurswechsel vollziehe. Erst aufgrund dieses öffentlichen Drucks und des folgenden Verlusts mehrerer Börsenmilliarden lenkte Facebook ein wenig ein. Hatte Zuckerberg zuvor noch explizit die Twitter-Linie im Fall Trump als falsch kritisiert, kündigte er nun eine Ausweitung des Vorgehens gegen Hassbotschaften ebenso an wie die Kennzeichnung problematischer Posts von Politikern.

Dabei ist der Wortlaut von Zuckerbergs Erklärung bemerkenswert. Denn sie versteht unter Hassrede nicht nur Inhalte, die bestimmte soziale Gruppen als minderwertig darstellen oder ächten, sondern auch Behauptungen, wonach diese Gruppen »eine Bedrohung für die körperliche Sicherheit, die Gesundheit oder das Überleben anderer« seien.[12] Genau genommen bezieht Facebook damit, zumindest theoretisch, auch die gefährliche Rede in sein Regelwerk ein, die wir als zentral für den digitalen Faschismus herausgestellt haben. Die Abwertung von Menschen ist eben kein Selbstzweck, sondern folgt meist der

Vorstellung, dass diese eine Gefahr darstellten. Entsprechende Bedrohungsnarrative liegen, wie wir gesehen haben, der Radikalisierung zugrunde, die sich dann in Hass und Gewalt äußert. Ob Facebooks Erklärung sich wirklich dieser Einsicht verdankt oder doch nur der Versuch einer Schadensbegrenzung ist, sei dahingestellt. Tatsächlich aber lässt sich allgemein eine größere Aufmerksamkeit für diesen Teil des Problems feststellen. So etwa, wenn der Chef des Verfassungsschutzes, Thomas Haldenwang, zu Protokoll gibt: »Es werden Politiker öffentlich als Volksverräter diffamiert, gefährliche Narrative einer Umvolkung fabriziert und Untergangsszenarien in die Köpfe projiziert, um radikale Maßnahmen zu rechtfertigen.«[13]

So betrachtet wäre es ein Meilenstein, würden die Tech-Unternehmen tatsächlich auch gefährliche Rede verbannen. Praktisch ist dies aber ein diffiziles Unterfangen. Denn das dynamische Potenzial vieler rechtsextremen Narrative liegt ja gerade darin, dass sie recht unverdächtig sind. Sie kommen nicht nur ohne Gewaltaufrufe aus, sondern sogar ohne offene Feindlichkeit. Stattdessen definieren sie eine dramatische Situation, aus der sich erschließt, dass bestimmte Gruppen verdrängt oder bekämpft werden müssten. Dabei fügen sich verschiedene Erzählungen zu einem Opfermythos zusammen, aus dem die Rezipienten selbst den faschistisch-logischen Schluss ziehen können, dass eine illiberale Erweckungsbewegung nötig sei.[14] Gegen diesen Unterbau der palingenetischen Fantasien ist schwer anzukommen. Wenn etwa einer ethnischen Gruppe in rassistischer Sprache eine abstruse Verschwörung gegen das Volk vorgeworfen wird, dann lässt sich das unter verschiedenen Gesichtspunkten ahnden: Hassrede, Falschbehauptung oder gar Volksverhetzung. Wenn rechtsextreme Akteure aber massenhaft Berichte aus der digitalen Lokalpresse weiterverbreiten, die von Vorfällen angeblicher »Ausländergewalt« handeln, und dies mit sarkastischen Kommentaren und ironischen

Memes flankieren, dann lässt sich das nicht plausibel inkriminieren – und schon gar nicht im Detail nachvollziehen.

Gewiss wurden die Regelwerke der großen Plattformen von Jahr zu Jahr verfeinert. Ab wann ein Inhalt oder eine Gruppe gegen die dort formulierten Bestimmungen verstößt, muss aber von Fall zu Fall entschieden werden. Fragwürdige oder uneindeutige Fälle werden freilich im Sekundentakt produziert – zum Leidwesen der Justizbehörden. Das ist eben die Folge des postredaktionellen Prinzips »Veröffentlichen, dann filtern«. Eine Armee von Content-Moderatoren muss nun einspringen und in jedem Einzelfall entscheiden. Die Digitalisierungsforscher Mary L. Gray und Siddharth Suri sprechen in dem Zusammenhang gar von der Entstehung einer »neuen globalen Unterschicht«, die in outgesourcten Unternehmen die Müllhalden des Silicon Valley durchwühlt und sortiert – zu niedrigen Löhnen und unter enormem psychischem Stress.[15] Selbstredend ist ihre im Verborgenen stattfindende »Geisterarbeit« ein Kampf gegen Windmühlen. Allein YouTube löschte zwischen Januar und März 2020 über sechs Millionen Videos und fast 700 Millionen Kommentare, darunter 43,5 Millionen, die in die Kategorie der hasserfüllten oder beleidigenden Inhalte fallen – wohlgemerkt in drei Monaten.[16]

Diese Masse kann kaum mit dem Fingerspitzengefühl bearbeitet werden, das eine faire Bewertung der Inhalte verlangte. Es erfordert nämlich, wie der Digitalexperte Tarleton Gillespie ausführt, einiges an interkulturellem und fachlichem Wissen, um die vielen Feinheiten zu erfassen, die sich je nach Gegenstand und Kontext sprachlich abbilden, und um »ein Gleichgewicht zwischen Vergehen und Belang herzustellen«.[17] Das gilt insbesondere für rechtsextreme Inhalte. Denn im Gegensatz zu Kinderpornografie und IS-Enthauptungsvideos sind ihre Botschaften bewusst uneindeutig und nur mit profunden Kenntnissen über den Rechtsextremismus, die Weltgeschichte und digitale Kulturen zu bewerten. Vor diesem Hintergrund ist eine effektive Filterung postfaktischer und verschwörungstheoretischer Inhalte erst recht illusorisch, denn eine solche Aufgabe setzt eine journalistische oder wissenschaftliche Eignung voraus und ist noch diffiziler. Die verstärkte Löschung von Profilen und Gruppen, die solche Inhalte verbreiten, ändert daran nicht grundsätzlich etwas. Wenn jemand wie Lutz Bachmann von Pegida auch nach der x-ten Löschung wieder mit einem neuen Profil auftaucht und seine Follower über alternative Plattformen dorthin lotst, verkommt der Kampf gegen Windmühlen auch noch zur Sisyphusarbeit.

Man sollte daher von den Tech-Unternehmen zumindest erwarten, dass sie an den Mechanismen schrauben, die eine dynamische Aus- und Verbreitung rechtsextremer Propaganda ermöglichen. Das betrifft vor allem die Verstärkereffekte der dramatischen Inhalte, die die Bedrohungsnarrative und Verschwörungstheorien der extremen Rechten enthalten – und die von ihr gezielt gepusht werden. Die Beliebtheit, deren sich etwa postfaktische Inhalte in den sozialen Medien erfreuen – deutlich zu sehen an der »Infodemie« während der Corona-Krise –, muss eindeutig als Folge des Geschäftsmodells sozialer Medien verstanden werden. Indem diese ständig solche Inhalte, die viele Klicks versprechen, algorithmisch bevorzugen, begünstigen sie nämlich Interaktionsdynamiken, die einen zivilisierten Diskurs auf den Plattformen aussichtslos machen. Dass aber die Unternehmen zukünftig ihre Algorithmen so trainieren, dass man in den sozialen Medien ein sanfteres oder gar langweiliges Bild von der Welt vermittelt bekommt, darf aufgrund ihrer finanziellen Interessen bezweifelt werden.

Ganz grundsätzlich wäre ferner eine Benutzerregistrierung wünschenswert, die den Einsatz von falschen Profilen als Sockenpuppen unmöglich macht. Ein datenschutzrechtlich sauberes Konzept steht diesbezüglich aber noch in den Sternen. Einfach umzusetzen wäre hingegen schon mal eine Begrenzung von Postings. Denn mal ehrlich: Kann es sein, dass ein Mensch 100 Posts veröffentlicht, ohne andere manipulieren zu wollen? An dieses Problem schließt sich auch die Diskussion an, die momentan unter dem Schlagwort der »Demetrifizierung« geführt wird. Die Entfernung der Like-Anzeige, die etwa Instagram bereits getestet hat, wäre sicher ebenfalls ein probates Mittel gegen metrische Manipulation. Allerdings würde das gerade Facebook sein Markenzeichen nehmen. Influencer und Werbetreibende waren von den Tests schon mal nicht begeistert. Realistischer scheinen daher zumindest Reformen, welche eine Entschleunigung der faschistischen Dynamik bewirken würden, die auch auf dem unreflektierten Teilen von Inhalten beruht. Ein erster Testlauf in dieser Hinsicht wurde im Juni 2020 von Twitter angestoßen: Links, die vom Nutzer nicht geöffnet wurden, soll dieser nicht retweeten können. Darüber hinaus wäre etwa eine moderative Schleife denkbar, die nach den Gründen fragt, warum bestimmte Beiträge geteilt werden. Auch sie könnte ein impulsives Posting-Verhalten ausbremsen.

Im Großen und Ganzen aber ist die geschilderte *immanente Handlungsebene* zivilgesellschaftlichen Akteuren verschlossen, weil die Gestaltungsmacht hier exklusiv bei den Tech-Unternehmen liegt. Diese sind – wie jeder kapitalistische Betrieb – keine demokratischen Organisationen und werden zentralistisch, ja fast schon monarchisch geleitet. Insofern mag der digitale Raum, den sie bieten, zwar vermeintlich horizontal strukturiert sein, aber tatsächlich wird er von ein paar wenigen regiert. Die Unternehmen sind es schließlich, die den Netzwerken jene Funktionsweisen verordnen, welche die Dynamik des digitalen Faschismus begründen und der extremen Rechten besondere Manipulationsmöglichkeiten bieten. Sie sind daher kein herrschaftsfreier Raum, als der sie häufig romantisch verklärt werden, sondern haben vielmehr Räume geschaffen, in denen – unter ihrer Schirmherrschaft – das Gesetz desjenigen gilt, der lauter und dreister als alle anderen agiert. Die Macht, die die extreme Rechte in den sozialen Medien hat, bekommt sie also von den Unternehmen zugestanden, die lange ignorierten, dass illiberale Kräfte von den Instrumenten Gebrauch machen, die sie ihnen in die Hand gaben.

Die Zivilgesellschaft hat zwar theoretisch eine gewisse Macht, auf die Tech-Unternehmen einzuwirken, um sie zu Reformen zu bewegen. Immerhin könnte sie, so ein Grundgedanke der Marktwirtschaft, neben dem politischen Protest auch mit den Füßen abstimmen: Indem die Nutzer zu Konkurrenten wechseln, die verantwortungsvoller agieren. Allein, es gibt im Bereich der sozialen Medien gar keinen funktionierenden Markt. Der große Nutzen von Facebook, Twitter und YouTube liegt ja gerade in ihrem universalen Charakter, der ein unschlagbares Angebot an sozialen Kontakten und Informationen erlaubt. Deswegen tendieren die Nutzer dazu, sich bei einem marktführenden Anbieter zu konzentrieren. Die großen Anbieter mit ihren jeweiligen Formaten stellen daher eine Art »natürliches Monopol« dar. So nennt man ökonomische Konzentrationsprozesse, die nicht etwa durch Kartellbildung forciert werden, sondern sich, wie zum Beispiel im Bahnwesen, aus dem Charakter der gehandelten Güter ergeben.

Im Endeffekt ist die Legislative gefordert, Rahmenbedingungen für die Tech-Unternehmen zu setzen, die der Bedeutung der sozialen Medien für die Demokratie Rechnung tragen. Dabei sollte die technische Kuratierung so vorstrukturiert werden, dass für demokratische Akteure eine strategische Interaktion in den sozialen Medien möglich ist, die keine Abstriche an demokratischen Normen verlangt. Eine solche politische Regulierung setzt allerdings einiges voraus. Generell verlangt sie eine Neubestimmung des Verhältnisses von Demokratie und sozialen Medien, ja Medien überhaupt, da die Digitalisierung bewährte Abläufe demokratischer Verständigung und Willensbildung über den Haufen geworfen hat. Welche normativen Fliehkräfte hier wirken, sollte möglichst allen bewusst sein. Sonst birgt die *externe Handlungsebene* – also das staatliche oder überstaatliche Eingreifen – das Risiko, dass die Regulationen ungewollt der Demokratie noch mehr schaden. Die Politische Theorie widmet sich zunehmend diesen Fragen; sie haben in der politischen Debatte aber noch lange nicht den Stellenwert erreicht, den sie haben sollten. Denn nun, da die digitale Revolution neue Formen von Kollektivität und Öffentlichkeit samt einer neuen Wahrnehmungsorganisation geschaffen hat, muss auch die Demokratie aktualisiert und rebootet werden, wenn ihr Prozessor nicht überhitzen soll.

Neben dieser Neuaushandlung des sozialen Kontrakts braucht es vor allem ein genaues Verständnis der Probleme, die sich im Verhältnis von technischem Design und rechtsextremen Online-Handlungen ergeben. Hier sind vor allem die drei Techniken und Mechanismen in den Blick zu nehmen, die wir als Räderwerk des digitalen Faschismus ausgemacht haben. Was die Tech-Unternehmen selbstregulativ daran reformieren könnten, haben wir eben dargelegt. Wenn sich die Demokratie auf diese Selbstregulierungskräfte aber nicht verlassen darf, wie könnten dann demokratische Regierungen hier eingreifen, ohne die liberale Gesellschaft und das Recht auf freie Meinungsäußerung in Mitleidenschaft zu ziehen? Diese Frage wird bereits in gewissem Rahmen praktisch beantwortet. Insbesondere zu nennen ist hier das deutsche Netzwerkdurchsetzungsgesetz, das im Oktober 2017 erlassen und im Juni 2020 nochmals verschärft wurde. Es verpflichtet die Anbieter sozialer Medien zur aktiven Kooperation bei der Verfolgung von Hasskriminalität und anderer strafbarer Inhalte, einschließlich von Melde- und Auskunftspflichten bezüglich solcher Inhalte und ihrer Urheber sowie einer Berichtspflicht, mit der die Unternehmen Rechenschaft über ihre Bemühungen ablegen sollen.

Das NetzDG nimmt international eine Vorreiterrolle ein, was sicherlich auch damit zu tun hat, dass – aus historischen Gründen – in Deutschland mehr Sprachakte unter Strafe stehen als in anderen Ländern. An ihm zeigt sich eine erste praktische Tendenz, mehr Verantwortung bei den Tech-Unternehmen zu zentrieren. Es geht damit über die konventionellen Maßnahmen der Behörden hinaus, lediglich strafbare Handlungen von Nutzern stärker zu verfolgen, und erleichtert diese Maßnahmen zugleich. Allerdings kann die Umsetzung des Gesetzes nicht gerade als durchschlagender Erfolg bezeichnet werden. Wie bereits erwähnt, bleiben Hassinhalte auf den Plattformen epidemisch; insbesondere Facebook zeigt nach Ansicht der Bundespolitik eine unzureichende Kooperationsbereitschaft. Diese entspricht freilich ganz dem seit Jahren wiederholten Mantra des US-Konzerns, wonach ein Plattform-Unternehmen wie Facebook nicht darüber entscheiden könne, welche Inhalte strafbar seien. Tatsächlich hat Facebook damit nicht ganz unrecht. Der Fehler liegt eben im postredaktionellen Modell begründet, bei dem zwangsläufig auch kriminelle und extremistische Nutzer ihre Sichtweisen absondern dürfen, ohne dass irgendjemand sich dafür verantwortlich hält.

Ohnehin zeigt sich auch beim NetzDG jenes grundlegende Problem, dass es »nur die Formen von Hassrede erfasst, die nach deutschem Recht bereits strafbar sind«, wie eine Stellungnahme verschiedener Organisationen aus der Zivilgesellschaft festhält. »Viel toxische Hassrede fällt allerdings unter die Meinungsfreiheit und muss deshalb anders bearbeitet werden.«[18] Für ein Vorgehen gegen gefährliche Rede etwa bräuchte es weitsichtigere Maßnahmen, die konkret auf die Mechanismen abzielen, die der rechtsextremen Propaganda von Nutzen sind. Ob das durch Ad-hoc-Eingriffe überhaupt möglich ist, mag bezweifelt werden. So hat sich beispielsweise die Geografie der Informationen unwiderruflich verändert. Während die Erfindung der Printmedien eine erste Welle der überregionalen Informationsverbreitung auslöste und die von Radio und Fernsehen eine zweite, ergänzte sich das Globale nun vollständig mit dem Lokalen. Es ist diese Tatsache, die die extreme Rechte nutzt, um ihre dramatischen Erzählungen mit einer Flut an lokalen Nachrichten zu beglaubigen, die bei den Menschen Panik auslöst. Dabei sticht perfiderweise das, was in Zeiten einer allgemeinen Bedrohung wie Corona etwas untergeht, gerade in der Langeweile friedlicher Zeiten ganz besonders im Internet hervor.

Wenn Demokraten also nicht ihr eigenes Panikorchester aufziehen wollen, um politische Emotionen zu wecken – zum Schaden eines aufgeklärten Diskurses –, müssten sie die Zeit zurückdrehen und dafür sorgen, dass die Mobilität der Informationen wieder eingeschränkt wird. Eine gewisse Berechtigung fände das zumindest darin, dass es durchaus – wenn auch mittlerweile aufgeweicht – zu den journalistischen Normen gehört, Nachrichten nach lokaler, regionaler und nationaler Relevanz zu sortieren, um keine falschen Eindrücke von der Realität zu vermitteln. Aber wie ließe sich das auf die sozialen Medien übertragen? Soll man Lokalzeitungen untersagen, bestimmte Inhalte überhaupt online zu stellen? Oder gar Nutzern verbieten, betreffende Inhalte zu verbreiten? Das scheint nicht nur im liberalen Sinne fragwürdig, sondern auch aus der Zeit gefallen. Denkbar wäre allenfalls, die Unternehmen zu Algorithmen zu drängen, die eine Sortierung nach geografischer Relevanz bei der Sichtbarkeit von Inhalten vornehmen. Das wäre allerdings schon ein sehr detaillierter Eingriff, der sich kaum verschreiben, sondern höchstens normativ anregen ließe.

Einen anderen Ansatzpunkt bieten die technischen Elemente, die das Problem der metrischen Manipulation befördern. So würde es nicht nur im Kampf gegen den rechtsextremen Online-Aktivismus helfen, wenn die sozialen Medien tatsächlich ihre Like- und Rating-Instrumente entfernten. Es würde zweifellos auch der Gesellschaft insgesamt guttun, wenn nicht alle ständig mit dem Daumen über etwas richteten. Dass Facebook seinen Ursprung in einem frauenfeindlichen Tool hat, mit dem spätpubertäre Studenten ihre Kommilitoninnen nach deren Attraktivität bewerten wollten, zeigt eigentlich schon, wes Geistes Kind dieses Rating-Prinzip ist, das in der Gesellschaft so um sich greift. Aber auch das ließe sich wohl kaum verbieten. Allenfalls im kinder- und jugendrelevanten Bereich scheint es vermittelbar, den gesellschaftlichen Nachwuchs vor solchen Elementen schützen zu wollen. Der erwähnte Demetrifizierungstest bei Instagram geschah ja auch tatsächlich vor dem Hintergrund zunehmender psychischer Erkrankungen von Jugendlichen. Ansonsten kann die Politik auch hier nur weitgehend normative Anregungen liefern.

Entscheidender im regulativen Kampf gegen metrische Manipulation wäre es daher, bei den Möglichkeiten des rechtsextremen Online-Aktivismus selbst anzusetzen. Zum Beispiel würde der Gesellschaft einiges an Verunreinigung, den Tech-Unternehmen einiges an Reinigungsarbeit und den politischen Akteuren ein Online-Wettrüsten erspart bleiben, wenn es ausgeschlossen wäre, dass sich politische Akteure über falsche Profile vervielfältigen können. Interessanterweise wäre hier eine kontrovers diskutierte Maßnahme besonders wirkungsvoll, die gemeinhin nur unter dem Gesichtspunkt der Hasskriminalität diskutiert wird: eine Klarnamenpflicht. Vor allem in Verbindung mit einer zentralen Nutzerregistrierung, die jedem Bürger nur einen Account auf einer Plattform ermöglicht, wäre damit der metrischen Manipulation fast schon der Zahn gezogen – und eine realistischere Abbildung von Meinungsverhältnissen gegeben. Eine solche Maßnahme berührte allerdings die lieb gewonnene Norm, sich im Internet anonym äußern zu können, was übrigens auch im Aufklärungskampf gegen rechts schon aus Sicherheitsgründen nicht ganz unwesentlich ist. Ob der Nutzen einer solchen, auch datenrechtlich problematischen Maßnahme größer ist als ihre Risiken, sei hier dahingestellt. In jedem Fall aber sollte normativ und rechtlich darauf hingewirkt werden, dass multiplen Profilen (und damit auch Bots) ein Riegel vorgeschoben wird – in freiheitsverträglicher und datensensibler Weise.

Im Zentrum der Auseinandersetzung um die Neuordnung der sozialen Medien wird künftig gleichwohl vor allem die Frage der inhaltlichen Verantwortung stehen. An ihr entscheidet sich, ob wir wirklich in einer postredaktionellen Gesellschaft leben werden. Sie betrifft nicht nur den Umfang an postfaktischen und hasserfüllten Inhalten, mit denen die Masse in Berührung kommt, sondern auch die Fähigkeit der Gesellschaft, sich demokratisch zu verständigen. Denn die zu Beginn des Kapitels geschilderte Veröffentlichungsfreiheit, die mit dem postredaktionellen Modell geschaffen wurde, kollidiert fundamental mit den bisherigen Normen der Massenkommunikation, die nach wie vor für die herkömmlichen Medien gelten. Mittelfristig führt das zwangsläufig zu Problemen, die über die momentane Dynamik des digitalen Faschismus hinausgehen. Auf Dauer dürfte der massive Wildwuchs an veröffentlichten Informationen, Inhalten und Meinungen nicht nur die herkömmlichen Medien schwächen, sondern auch die Qualitätsstandards, für die sie stehen. Zumindest lässt sich irgendwann nicht mehr plausibel erklären, warum sie sich an presserechtliche und journalistische Normen halten sollen, während die »Intermediären« – so die rechtliche Einstufung der sozialen Medien – kaum Verantwortung für die von ihnen veröffentlichten Inhalte tragen, obwohl ihre Reichweite teilweise noch viel größer ist. Damit aber wäre die postredaktionelle Gesellschaft endgültig etabliert. Der Weg in die Gegenaufklärung läge offen.

8 Dilemma ohne Ende?

Ein Schlusswort mit Ausblick

»Twitter gegen Trump«, titelten die Medien im Juni 2020, als der Konzern damit begann, die ersten Tweets des US-Präsidenten zu prüfen, zu verbergen und zu löschen. Nach dem Tod des Afroamerikaners George Floyd infolge rassistischer Polizeigewalt und dem Wiederaufflammen der Black-Lives-Matter-Bewegung wurden Trumps Tweets als aufhetzend und gewaltfördernd eingeschätzt – und somit als schädlich für die Twitter-Community. Auf Facebook hingegen verbuchte man die wortgleichen Mitteilungen unter freier Meinungsäußerung. Mark Zuckerberg äußerte daraufhin, dass sein Konzern – gerade wenn es um Politiker gehe – »kein Schiedsrichter der Wahrheit« sei. Ein Proteststurm von Mitarbeitern, Politikern und Werbekunden war die Folge.

Der Umgang mit der Online-Kommunikation des US-Präsidenten verdeutlicht besonders gut das Dilemma, in dem sich offene Gesellschaften gegenwärtig befinden: Von denselben Plattformen, die zum Motor des Rechtsextremismus geworden sind, wird nun erwartet, dass sie die Demokratie verteidigen. Indirekt ist das ein Beleg für die Macht der Tech-Unternehmen. Mit ihren Entscheidungen beeinflussen sie nicht nur erheblich, wie sich die öffentliche Meinung gestaltet, sondern auch, wie sich die (Welt-)Gesellschaft entwickelt. Ob die Unternehmen es wahrhaben wollen oder nicht – sie tragen eine massive Verantwortung für Wohl und Wehe der Demokratie. Sie sind bedeutende Medien geworden, die Realität vermitteln und politische Diskurse prägen. Zugleich stellen sie virtuelle Organisationsstrukturen zur Verfügung, die auch von Extremisten und sogar Terroristen, also erklärten Feinden der liberalen Demokratie, genutzt werden. Dabei entstehen Dynamiken, die sich – bei aller Freiheit, die die digitalen Möglichkeiten symbolisieren – letztlich gegen die demokratischen Freiheiten richten. Der digitale Faschismus ist eine solche Dynamik. Wie er sich in den sozialen Medien formiert, haben wir ausführlich analysiert. Nach unserer Überzeugung muss er auch als Resultat des technischen Designs der Plattformen verstanden werden, über das die Tech-Unternehmen walten. Wenn also ein Zuckerberg zwar Geld mit diesen gesellschaftsprägenden Strukturen machen, aber keine Verantwortung für deren Konsequenzen übernehmen will, dann stellt sich die dringliche Frage, ob ihm solch eine Macht überhaupt zugestanden werden sollte.

Gewiss, auf den ersten Blick wirkt es fast schon musterdemokratisch, wenn Facebook nahelegt, die Tech-Unternehmen sollten ihre Macht nicht nutzen und politisch unparteiisch bleiben. Doch genau genommen verlangt gerade dieser Anspruch, dass sie die Rolle von Schiedsrichtern einnehmen. Nicht von ungefähr werden Letztere auch »Unparteiische« genannt. Ihre Aufgabe ist es schließlich, bestimmte Regeln durchzusetzen, sodass sich alle Spieler fair verhalten. Wenn also Zuckerberg die Regeln des demokratischen Diskurses nicht durchsetzen will, dann verwechselt er Unparteilichkeit mit Unverantwortlichkeit. Denn wenn der Unparteiische bloß zusieht, wie ruchlose Spieler grobe Fouls begehen, dann macht er seinen Job nicht. Letztlich gewährt er ihnen gar einen Vorteil, wird also indirekt parteiisch. Und tatsächlich: Wie wir an verschiedenen Manipulationstechniken gezeigt haben, die durch die sozialen Medien ermöglicht werden, kann die extreme Rechte – als radikal-pragmatischer Akteur – auf unterschiedliche Weise in dieser Arena punkten. Demokraten, die an den Werten der Aufklärung festhalten, sind hingegen in vielerlei Hinsicht in die Defensive gedrängt. Durch seine Untätigkeit greift Zuckerberg letztlich doch in den Wettkampf um Meinungen und Wahrheiten ein – und setzt Demokraten unter Zugzwang, ebenfalls unfair zu spielen, wenn sie im politischen Wettstreit mithalten wollen.

Gleichwohl lässt sich dieses Problem nicht personalisieren. Zuckerberg verkörpert lediglich ein strukturelles Phänomen, das die Digitalisierung im Kontext einer kapitalistischen Ökonomie geschaffen hat. Es darf bezweifelt werden, ob die börsennotierten Tech-Unternehmen mit ihren gewinnorientierten Interessen überhaupt als Referees geeignet sind. Denn sie verfügen grundsätzlich selbst über eine Macht, mit der sie den Spielverlauf erheblich beeinflussen können, ob in manipulativer Absicht, unbewusster Befangenheit oder simpler Gleichgültigkeit. Anders als Schiedsrichter im Sportleben, die durch einen Verband kontrolliert werden, der die Regeln setzt, entziehen sie sich bislang fast vollständig einer externen Kontrolle und können ihrerseits die Regeln des Spiels verändern. Und dass sie sich einer Selbstregulation im demokratischen Sinne freiwillig unterwerfen, ist nichts, worauf sich die Demokratie verlassen kann. Wie es der Silicon-Valley-Experte Casey Newton im Kontext der jüngsten US-amerikanischen Rassismusdebatte ausdrückte, behandelt etwa Facebook »eine moralische Frage, als wäre es eine rechtliche«.[1] Anders gesagt: Wo die Interessen der Tech-Unternehmen nicht gesetzlich beschnitten werden, ist von ihrer Seite keine wirkliche Übernahme von Verantwortung zu erwarten.

Gegenwärtig können sich die Unternehmen sehr bequem auf ihren Rechtsstatus als Intermediäre zurückziehen. Dieser verleiht ihnen das Privileg, für die nutzergenerierten Inhalte auf ihren Plattformen kaum haften zu müssen – ganz anders als bei den herkömmlichen Medien. Konsequent präsentieren sie sich als bloße Netzwerke des sozialen Austauschs und reden ihre politische Relevanz klein. Die Technologien, auf denen ihr Geschäft beruht, können aber per se nicht neutral sein. Wer sie kontrolliert, entscheidet maßgeblich darüber, in was für einer Gesellschaft wir leben werden. Womöglich sind sich die Unternehmen dieser Tragweite gar nicht bewusst. Diesen Eindruck könnte man jedenfalls angesichts eines Gesprächs bekommen, das Zuckerberg im April 2019 mit Yuval Noah Harari führte. Darin wirkt der Facebook-Chef geradezu naiv. Der Hinweis des Sozialhistorikers, dass die komplett vernetzte Gesellschaft keineswegs eine utopische sein muss, weil sie »zu einer Menge Konflikte« führen dürfte, scheint dem studierten Informatiker partout nicht einzuleuchten.[2] Er müsste es besser wissen. Es liegt nämlich auf der Hand, dass die Plattformen kaum Orte des zivilisierten Umgangs sein können, wenn auf ihnen Parteien politische Machtspielchen austragen, Werbetreibende aggressiv um Kunden werben und narzisstische Persönlichkeiten ihren Tribut fordern. Von der Tatsache, dass sie sich zu Biotopen des globalen Rechtsextremismus entwickelt haben, gar nicht erst zu reden.

Sicherlich ist es nicht ausgeschlossen, dass die derzeitigen immanenten Maßnahmen der Unternehmen – in Kombination mit den internen Bemühungen der Zivilgesellschaft und flankiert von externen Restriktionen durch die Politik – dem digitalen Faschismus ein wenig von seiner Dynamik nehmen. Denkbar ist auch, dass die Gesellschaft sich besser an die neue Realitätsvermittlung gewöhnt und ihr panisches Momentum verliert. Womöglich befinden wir uns einfach in einer Übergangsphase, in der gerade bei älteren Menschen, die ein bedeutendes Wählersegment der extremen Rechten ausmachen, ein kleines, aber entscheidendes Detail ankommen muss: dass die alte und die neue Wahrnehmungsorganisation unterschiedliche Maßstäbe verlangen. Und schließlich kann es sein, dass – wie bei vielen anderen Bewegungen zuvor – auch bei der extremen Rechten irgendwann einfach die Luft raus ist, weil die Menschen die immer gleiche Leier vom nationalen Untergang satthaben. Zumindest hierzulande waren zuletzt durchaus Ermüdungserscheinungen in der extremen Rechten zu beobachten, als die Corona-Pandemie offensichtlich machte, dass es noch andere gesellschaftliche Probleme von Gewicht gibt.

Andererseits ist der extremen Rechten eine gewisse Anpassungsfähigkeit eigen. Selbst Corona könnte sie theoretisch noch immer für sich nutzen, beispielsweise um eine Schließung der europäischen Außengrenzen besser zu begründen. Wer weiß, wie sie sich schlagen wird, wenn wieder internationale Mobilität einkehrt, wenn wieder mehr Flüchtlinge im globalen Norden ankommen oder sich dort gar wieder islamistische Anschläge ereignen. Auch in ihren Bedrohungsnarrativen ist die extreme Rechte recht variabel. Diese müssen sich keineswegs nur gegen äußere Feindbilder richten, sondern können durchaus auf innere Feinde gemünzt sein, zumal die modernen Demokratien mit ihren häufig multikulturellen Zusammensetzungen dafür genug Anknüpfungspunkte bieten. Zum Teil geschieht dies jetzt schon im deutschen Rechtsextremismus; in Brasilien ist es bereits länger das wichtigste Standbein der extremen Rechten, während diese in den USA spätestens mit Corona den Fokus stärker auf politische Feinde aus der eigenen Bevölkerung gelegt hat – und das keineswegs nur im rassistischen Sinne. Diese werden als Feinde der Nation dargestellt und »externalisiert« (zum Beispiel als »deutschfeindlich« und »unamerikanisch« oder mit fremden Mächten im Bunde stehend), um sie besser entmenschlichen zu können.

Das Problem des digitalen Faschismus ist allerdings viel grundlegender und geht über die konkreten Aktivitäten der extremen Rechten hinaus. Schließlich findet er in den sozialen Medien gute Resonanzbedingungen vor, da dort polarisierende und postfaktische Prozesse die Möglichkeiten einer demokratischen Verständigung beeinträchtigen. Diese Erkenntnis ist allmählich auch im politischen Diskurs angekommen. Wurde im Kontext des NetzDG bereits indirekt darüber debattiert, inwiefern soziale Medien inhaltlich in die Verantwortung genommen werden müssten, so ist diese Debatte mit dem neuen Jahrzehnt endgültig entbrannt. Während wir an diesen letzten Seiten des Buches schreiben, arbeitet die EU-Kommission beispielsweise an einem Digitalgesetz, von dem vor allem eine stärkere Regulation der Inhalte in den sozialen Medien erwartet wird. Zugleich steht in den USA »das wichtigste Internetgesetz der Welt« zur Disposition. So bezeichnet der Jurist Matthias C. Kettemann die »Section 230 CDA«, die den in den USA angesiedelten Tech-Unternehmen Schutz vor zivilrechtlicher Haftung zusichert.[3]

Während Trump mit seinem Angriff auf Twitter vor allem erreichen wollte, dass die Tech-Unternehmen ihre Interventionen in nutzergenerierte Inhalte wie zum Beispiel seine Tweets einstellen, drängen liberale Kräfte – dem Toleranzparadox entsprechend – verstärkt darauf, die sozialen Medien zu deliberalisieren. Denn wenn die Urheber fragwürdigster Nachrichten häufig nicht zu belangen sind und ihre schiere Masse juristisch kaum zu bewältigen ist, dann steht die Frage, wer für diese Inhalte verantwortlich ist, wie der sprichwörtliche Elefant im Raum. Warum also nicht die Plattformen selbst haftbar machen, die es ermöglichen, dass Hassbotschaften in Sekundenschnelle ein Millionenpublikum erreichen? In dieser Frage schwingt letztlich auch der Gedanke an die durchaus bewährten Normen und Spielregeln der Massenkommunikation mit, die nach wie vor für die herkömmlichen Medien gelten. Zumindest theoretisch scheint es nur allzu logisch, sie auch auf die Plattformbetreiber anzuwenden, die quasi als digitale Verleger der Inhalte fungieren – nur dass sie diese Inhalte von ihren Autoren selbst einstellen lassen. Dennoch schrecken Politik und Gesellschaft davor zurück, bei jenen Quasiverlegern eine inhaltliche Verantwortung zu zentrieren.

Die journalistischen und ethischen Standards, die Demokratien einst aus gutem Grund für die Massenkommunikation entwickelt haben, mögen im Vergleich zu der neuen Veröffentlichungsfreiheit reichlich blass wirken. Aber warum sollte ihr kollektiver Nutzen für die demokratische Verständigung weniger wiegen als das Interesse Einzelner, eine sowieso schon brüchige Gesellschaft ungehemmt beeinflussen zu dürfen? Wie wir gezeigt haben, sind es ja vor allem Ruchlosigkeit und der Wille zur Manipulation, mit denen die extreme Rechte in den relativ ungeregelten sozialen Medien ihre Raumgewinne erzielt. Gerade dem digitalen Faschismus lässt sich aber nicht einfach mit dem besseren Argument der digitalen Zivilgesellschaft Paroli bieten. Und doch sieht sich die Forderung nach einer strikteren Regulierung sozialer Medien immer wieder dem Vorwurf ausgesetzt, damit werde autoritär in den Wettbewerb freier Meinungen eingegriffen, ja man nähere sich sogar einem staatlichen Zensursystem wie dem in China an. Als gäbe es nur zwei Extreme der digitalen Kontrolle: Silicon Valley versus Peking.

Ohne eine demokratische Kontrolle der so eminent wichtigen Meinungsbildungs- und Austauschplattformen gibt man den Feinden der offenen Gesellschaft aber neuen Raum zur Entfaltung. Denn bei der Regulierung der sozialen Medien geht es um nicht weniger als um die Frage, ob der politische Wettbewerb im digitalen Zeitalter noch in einer Weise ausgetragen wird, die mit demokratischen Werten kompatibel ist. Da verwundert es dann doch, dass man einer Gruppe kalifornischer Computer-Nerds anscheinend eher zutraut, schwerwiegende Probleme der Welt zu lösen, als den politischen Institutionen der Demokratie. Es gehört zur Hybris der sich locker und leger gebenden Firmenleitungen, dass sie sich einbilden, technische

Lösungen für globale soziale Probleme erarbeiten zu können, die komplexer kaum sein könnten. Tatsächlich aber haben die Zuckerbergs die Kontrolle über ihre Plattformen weitgehend verloren. Die Veröffentlichungsfreiheit, die sie den Menschen gegeben haben, hat sich dermaßen verselbstständigt, dass sie nun mit destruktiver Wucht auf die Fundamente liberaler Demokratien zurückschlägt. Der Schaden ist schon da. Und immer weniger Politiker leugnen, dass es dringend einer Kontrolle durch demokratische Institutionen bedarf, um ihn zu reparieren.

Regulierung, so wird immer deutlicher, kann auch als Demokratisierung verstanden werden – als Ermächtigung des Gemeinwesens über die neuen Technologien. Dafür müssen wir uns nur vor Augen halten, dass auch die herkömmlichen Medien normativ und rechtlich reguliert sind. Wir betrachten das mittlerweile als so selbstverständlich, dass wir es allzu oft vergessen. In Bezug auf die sozialen Medien besteht da erheblicher Nachholbedarf. Nicht zuletzt auch deswegen, weil wir es hier mit Monopolen zu tun haben, die in einer Marktwirtschaft nicht vorgesehen sind. Und es gilt umso mehr, als es hier nicht nur um ökonomische, sondern eben auch um informationelle und letztlich politische Macht geht. Allerdings tun sich die Demokratien schwer mit der Zerschlagung der Monopole, weil diese sich, wie bereits dargelegt, »natürlich« gebildet haben – über die Marktentscheidungen der Nutzer. Umso dringlicher wäre daher eine Zentrierung inhaltlicher Verantwortung. Sie würde wohl nicht nur den gröbsten Schaden beheben, sondern könnte letztlich auch eine Entmonopolisierung bewirken.

Denn durch eine Beendigung des postredaktionellen Prinzips, durch eine vorgelagerte Inhaltsprüfung, wäre es den Unternehmen allein personell schon nicht mehr möglich, die gegenwärtige Masse an postfaktischen und extremistischen Inhalten zu veröffentlichen – um sie hinterher unzureichend herauszufiltern. Sie müssten dann eine sinnvolle Auswahl von Inhalten vornehmen und dafür wohl auch eine inhaltliche Ausrichtung festlegen, mit der sich eine solche Auswahl begründen lässt. Ähnlich wie bei den Zeitungen, den Verlags- und Medienhäusern, die sich ja ebenfalls in ihren weltanschaulichen Prinzipien unterscheiden, könnte so ein aufgefächertes Marktangebot konkurrierender Plattformen entstehen, bei dem die Nutzer endlich eine echte Auswahl an Netzwerken hätten, denen sie angehören und bei denen sie ihre Informationen veröffentlichen und beziehen wollen. Ob das wirklich wünschenswert ist, steht auf einem anderen Blatt – es müsste aber zumindest diskutiert werden.

Diskutabel wäre dabei auch eine Verantwortungszentrierung auf »mittlerer« Ebene, bei der die sozialen Medien zwischen privaten und öffentlichen Netzwerken sowie zwischen exklusiven Informationen und Masseninformationen unterscheiden. Es liegt schließlich auf der Hand, dass Posts und Tweets von einfachen Nutzern nicht auch nur ansatzweise an journalistischen und politischen Ansprüchen gemessen werden können. Wie immer sich eine solche Aufteilung der Plattformräume mit verschiedenen Rechten und Pflichten der Nutzer umsetzen ließe, zumindest für Akteure, die Massenkommunikation betreiben, müssten ähnliche Normen und Standards gelten, wie wir sie von den herkömmlichen Medien kennen. Es führt diese Normen nämlich ad absurdum, wenn alternative Nachrichtensysteme Narrenfreiheit genießen, nur weil sie sich selbst nicht als Presse verstehen.

Eine solche Zentrierung von Verantwortung mag radikal wirken, würde sie doch die sozialen Medien vollständig umkrempeln. Aber deren gegenwärtige Marschrichtung verändert die Gesellschaft eben auch radikal. Dieser Umstand verlangt ein Umdenken, wenn nicht sogar einen digitalen Gesellschaftsvertrag, in dem das Verhältnis von Demokratie und Medien neu bestimmt wird. Wo man dies anerkennt, tun sich letztlich sogar Alternativen zur Entmonopolisierung auf. So sollte zum Beispiel nicht ausgeschlossen werden, soziale Medien in den Dienst der Öffentlichkeit zu stellen. Diese Option – ob durch eine Sozialisierung bestehender Plattformen oder durch den Aufbau von Plattformen durch die öffentliche Hand – ist gerade vor dem Hintergrund der derzeitigen Monopolsituation keineswegs abwegig. Gerade bei natürlichen Monopolen, die Gemeingutcharakter annehmen, war das immer schon ein probates Mittel. Und letztlich ist es ja auch bereits beim öffentlich-rechtlichen Rundfunk der Grundgedanke gewesen, dass eine vitale Demokratie politisch und wirtschaftlich unabhängiger Medien bedarf, die sich am Allgemeinwohl ausrichten.

Bei aller scharfen Rhetorik gegen die Öffentlich-Rechtlichen, vor allem aus der rechtsextremen Ecke – sie stehen durchaus für ein Erfolgsmodell. Ein großer Teil der Bevölkerung schenkt ihnen hierzulande nach wie vor ihr Vertrauen. Auch für den sozialen Zusammenhalt haben sie sich als ergiebiger erwiesen als etwa die stark privatisierte Medienlandschaft in den USA, die die Dramamaschine der sozialen Medien schon früh gewissermaßen vorweggenommen hat. Warum also nicht soziale Medien schaffen, die diesen Namen verdienen? Als Teil einer öffentlichen Infrastruktur, die durch demokratische Gremien gesteuert wird; mit verantwortungsbewussten Algorithmen, die pädagogisch wertvolle und kulturell niveauvolle Inhalte fördern, sowie einer professionellen Kuratierung durch ausgebildete Experten. Der Gesellschaft bliebe so sicher einiges erspart. Absurder als die Aussicht darauf, dass sich Demokraten ständig in den toxischen digitalen Räumen behaupten, ganze Löscharmeen den Müll der Tech-Unternehmen beseitigen und Politik und Gerichte immerfort einschreiten müssen, ist ein solches Szenario gewiss nicht.

Aber ist eine effektive Regulierung oder gar Sozialisierung

der großen Plattformen überhaupt realistisch durchsetzbar? Allein schon die internationalen Firmenstrukturen und der globale Charakter des Internets bergen diesbezüglich ein weiteres Dilemma. So steht jeder nationale Reformversuch vor dem Problem, dass die Unternehmen einer anderen, zumeist der amerikanischen Jurisdiktion unterliegen, sodass die Politik und die Gerichte oftmals keinen Zugriff auf die Verantwortlichen haben dürften. Problematische Inhalte wären weiter über andere Seiten zugänglich, während Extremisten auf digitale Strukturen im Ausland ausweichen können. Zugleich dürften ordnungspolitische Schritte in diese Richtung als illiberale Bevormundung verstanden werden – und sicherlich auch auf Widerstand stoßen. Die Veröffentlichungsfreiheit hat sich bereits so sehr als Norm etabliert, dass längst nicht jeder in einer solchen Regulierung eine freiheitsschützende Politik sehen würde. Dazu zählt auch und vor allem die extreme Rechte. Zunehmend bevorzugt sie eine digitale Welt, die die traditionellen sozialen Beziehungen zerstört – auch wenn sie vorgibt, diese erhalten zu wollen.

Aber auch von liberaler Seite ist nicht unbedingt Verständnis für eine durchgreifende Regulierung zu erwarten. Gerade die junge Netzgeneration badet sich doch gerne in der Gewissheit, dass das Internet seine eigenen Regeln habe, denen man sich anpassen müsse. Diese Ansicht ist allerdings so was von 2010. Denn das neue Jahrzehnt wird diese Positionen schon bald alt aussehen lassen. Der Drang zum öffentlichen Narzissmus, den das selbstverliebte Influencertum mit dem digitalen Faschismus teilt, erscheint doch reichlich unemanzipiert und egoistisch: Für ein wenig individuelle Selbstentfaltung sind viele bereit, sich der Macht der Tech-Unternehmen zu unterwerfen – und somit kollektive Freiheiten preiszugeben. Es mag ja sein, dass viele Politiker die sozialen Medien noch nicht so recht verstanden haben, wie es häufig aus der Youtuber-Szene heißt. Genauso haben aber viele Youtuber nicht verstanden, dass manchmal Einschränkungen nötig sein können, um Freiheiten zu schützen. Das ist ein unangenehmes, ein kontroverses Problem, das keine einfachen Antworten kennt. Aber darüber müssen wir reden. Und streiten. In guter demokratischer Tradition.

Postskriptum

Als wir begannen, dieses Buch zu schreiben, war die Welt noch eine andere. Es muss wohl niemandem erklärt werden, dass das Jahr 2020 vieles durcheinandergebracht hat. Das gilt auch für die vorliegende Veröffentlichung. Es war durchaus eine Herausforderung, dieses Buch unter Corona-Bedingungen zu schreiben. Und auch sein Gegenstand selbst kam während der Pandemie ganz schön in Fluss. Es hat sich jedenfalls sehr viel getan im Bereich des Rechtsextremismus und der sozialen Medien, seit das Projekt seinen Anfang nahm. Diesen Anfang markiert ein wissenschaftliches Papier, das wir im April 2019 erstmals einer kleinen Öffentlichkeit präsentiert haben. Auf einer Konferenz an der University of California in Berkeley, auf deren digitaler Publikationsplattform es im Juli 2019 auch veröffentlicht wurde.

Mit dem Papier schienen wir einen Nerv getroffen zu haben. Denn es rief viele positive Reaktionen in Fachkreisen, zivilgesellschaftlichen Zusammenhängen und den Medien hervor. Sie motivierten uns, unsere Gedanken zum digitalen Faschismus weiterzuentwickeln und zu verfeinern. Dabei profitierten wir sehr von dem steten Austausch in unserem Projektteam am Hamburger Institut für Friedensforschung und Sicherheitspolitik. Martin Kahl, Janina Pawelz und Stephen Albrecht sind wir dafür zu großem Dank verpflichtet. Dass wir diese Ideen allerdings zu einem umfangreichen Buch ausbauen konnten, dafür möchten wir ganz besonders Ludger Ikas vom Dudenverlag danken. Er hat vom ersten bis zum letzten Moment an dieses Projekt geglaubt – und durch seine klugen Hinweise einen entscheidenden Einfluss auf die textliche Veredelung gehabt. Dass wir dank ihm das Buch in einem solchen ehrwürdigen Verlag wie dem Duden, dieser Bastion der autoritativen Vernunft, veröffentlichen dürfen, begreifen wir als große Ehre.

Vielen Menschen mehr gebührt hier noch Dank. Menschen, die uns seit Langem oder Kurzem bei unserer Arbeit begleiten, die uns inspiriert, sekundiert und auch amüsiert haben. Neben unseren Müttern gilt unser Dank insbesondere Reem Ahmed, Felix Anderl, Marco Andolfatto, Flaminia Bartolini, Ann-Kathrin Benner, Janusz Biene, Lisa Bogerts, Marie Diekmann, Julia Ebner, Matthew Feldman, Fabian Geiß, Regina Hack, Max Hoffmann, Daniel Kaiser, Ben Kamis, Maximilian Kreter, Stefan Kroll, Philipp Offermann, Jannik Pfister, Matthias Quent, Martin Schmetz, Sebastian Schindler, Enno Schwanke, Beate Stein, Thorsten Thiel, Philipp Wallmeier, Lindsay Whitney, Antonia Witt, Anna Wunderlich, Jens Zimmermann, Lisbeth Zimmermann – und natürlich auch unseren Mentoren, Christopher Daase und Nicole Deitelhoff. Nicht zuletzt möchten wir dieses Buch unseren Partnerinnen widmen, die uns ganz besonders vor und während des Schreibprozesses mit Rat und Tat zur Seite standen. Ohne sie wäre dieses Buch nicht denkbar.

Anmerkungen

1 It's a Match!

1 Anti-Defamation League, »Never Is Now 2019 | ADL International Leadership Award Presented to Sacha Baron Cohen«, YouTube, 21. Nov. 2019, http://www.youtube.com/watch?v=ymaWq5yZIYM (Zitat ab 3:56 Min.). Sämtliche in den Anmerkungen aufgeführten Webadressen wurden zuletzt abgerufen am 8. Juli 2020.

2 Siehe Reem Ahmed et al., »Transnationale Sicherheitsrisiken: Eine neue Welle des Rechtsterrorismus«, in: *Friedensgutachten* 2020, hg. v. BICC, HSFK, IFSH & INEF, Bielefeld 2020, S. 139–157.

3 Constanze von Bullion, »Seehofer nennt Rechtsextremismus ›größte Bedrohung in unserem Land‹«, *Süddeutsche Zeitung*, 21. Feb. 2020, http://www.sueddeutsche.de/politik/hanau-anschlag-bundespressekonferenz-1.4809324

4 Karl Popper, *Die offene Gesellschaft und ihre Feinde – Band II. Falsche Propheten: Hegel, Marx und die Folgen*, Tübingen 1992 (1945), S. 602.

2 Das Comeback der Ultranationalen

1 Patrick Gensing, »Höcke und der ›friedliche Bürgerprotest‹«, *Tagesschau*, 23. Okt. 2019, http://www.tagesschau.de/investigativ/bachmann-hoecke-afd-101.html

2 Björn Höcke, *Nie zweimal in denselben Fluss. Björn Höcke im Gespräch mit Sebastian Hennig*, Rottenburg a. N. 2018.

3 Siehe Louie Dean Valencia-García, »Is He a Fascist? The Election of Jair Bolsonaro, Centre for Analysis of the Radical Right«, 29. Okt. 2018, http://www.radicalrightanalysis.com/2018/10/29/is-he-a-fascist-the-election-of-jair-bolsonaro/

4 Theodor W. Adorno, *Aspekte des neuen Rechtsradikalismus*, Berlin 2019, S. 20.

5 Jens-Christian Rabe, »Sich dem Rechtsradikalismus stellen – mit der Kraft der Vernunft«, *Süddeutsche Zeitung*, 20. Juli 2019.

6 Thorsten Thiel, »Souvernität: Dynamisierung und Kontestation in der digitalen Konstellation«, in: Jeanette Hofmann et al. (Hg.), *Politik in der digitalen Gesellschaft. Zentrale Problemfelder und Forschungsperspektiven*, Bielefeld 2019, S. 47.

7 Walter Benjamin, »Das Kunstwerk im Zeitalter seiner technischen Reproduzierbarkeit« (1935), in: ders., *Drei Studien zur Kunstsoziologie*, Frankfurt a. M. 1963, S. 14.

8 Clay Shirky, *Here Comes Everybody. The Power of Organizing Without Organizations*, London 2008, S. 65.

9 Jürgen Habermas, *Strukturwandel der Öffentlichkeit. Untersuchungen zu einer Kategorie der bürgerlichen Gesellschaft*, Neuwied & Berlin 1971 (1962).

10 Harry G. Frankfurt, *Bullshit*, Frankfurt a. M. 2006.

11 Richard Reich, »Humanität und politische Verantwortung«, in: ders. (Hg.), *Humanität und politische Verantwortung*, Erlenbach-Zürich 1964, S. 30.

12 Siehe Katharina Nocun & Pia Lamberty, *Fake Facts. Wie Verschwörungstheorien unser Denken bestimmen*, Bergisch Gladbach 2020, S. 252–274.

13 Yochai Benkler, Robert Faris & Hal Roberts, *Network Propaganda. Manipulation, Disinformation, and Radicalization in American Politics*, New York 2018, S. 3.

14 Michael Butter, *»Nichts ist, wie es scheint«. Über Verschwörungstheorien*, Berlin 2018.

15 Tim O'Reilly, »The Open Source Paradigm Shift«, in: Joseph Feller et al. (Hg.), *Perspectives on Free and Open Software*, Cambridge & London 2005, S. 474.

16 Jessie Daniels, *Cyberracism. White Supremacism Online and the New Attack on Civil Rights*, Lanham 2009, S. 3–4.

17 Karolin Schwarz, *Hasskrieger. Der neue globale Rechtsextremismus*, Freiburg 2020.

18 David Neiwert, »Birth of the Alt Right«, Political Research Associates, 22. März 2017, http://www.politicalresearch.org/2017/03/22/birth-of-the-alt-right

19 Siehe Julia Ebner, *Radikalisierungsmaschinen. Wie Extremisten die neuen Technologien nutzen, um uns zu manipulieren*, Berlin 2019, S. 138–140.

20 Benjamin, »Das Kunstwerk«, S. 14.

21 Sebastian Dümling, »AfD (um 1500)«, in: *Merkur*, Nr. 834, Jg. 72 (2018), S. 72–77.

22 Antoine Acker, »Wie der Faschismus digital wurde. Der Blick eines Historikers auf die Brasilienwahl«, *Geschichte der Gegenwart*, 7. Nov. 2018, http://geschichtedergegenwart.ch/wie-der-faschismus-digital-wurde-eine-historische-perspektive-ueber-die-brasilienwahl/

23 Siehe Christian R. Schmidt, »Silones Warnung. Wie der linke Intellektuelle Ignazio Silone zum Kronzeugen der Anti-Antifa gemacht wurde«, *Jungle World*, Nr. 5, Jg. 24 (30. Jan. 2020).

24 Roger Griffin, *The Nature of Fascism*, London 1991.

25 Robert O. Paxton, *The Anatomy of Fascism*, New York 2004, S. 218.

26 Griffin, *Nature*, S. 32.

27 Roger Griffin, *Faschismus. Eine Einführung in die vergleichende Faschismusforschung*, Stuttgart 2020, S. 79.

28 Primo Levi, »The Past We Thought Would Never Return« (1974), in: ders., *The Black Hole of Auschwitz*, hg. v. Marco Belpoliti, New York 2005, S. 34.

29 Siehe grundlegend Ludwig Wittgenstein, *Philosophische Untersuchungen*, Frankfurt a. M. 1953.

30 Hannah Arendt, »Wahrheit und Politik« (1967), in: dies., *Wahrheit und Lüge in der Politik. Zwei Essays*, München 1972, S. 50.

31 Paxton, *Anatomy*, S. 16.

32 Ruth Wodak, *Politik mit der Angst. Zur Wirkung rechtspopulistischer Diskurse*, Wien & Hamburg 2015.

33 AfD, »Wir entscheiden selbst, wen wir reinlassen«, Flugblatt vom 10. Dez. 2018, http://cdn.afd.tools/wp-content/uploads/sites/111/2018/12/Flyer_GMC.Druck_Var3.pdf

34 Roger Griffin, »*Völkischer Nationalismus als Wegbereiter und Fortsetzer des Faschismus. Ein angelsächsischer Blick auf ein nicht nur deutsches Phänomen*«, in: Heiko Kauffmann, Helmut Kellershohn & Paul Jobst (Hg.), *Völkische Bande. Dekadenz und Wiedergeburt – Analysen rechter Ideologie*, Münster 2005, S. 40.

35 William I. Thomas & Dorothy S. Thomas, *The Child in America. Behavior Problems and Programs*, New York 1928, S. 572.

36 Susan Benesch, »What is Dangerous Speech?«, Dangerous Speech Project, 27. Okt. 2016, http://dangerous speech.org/about-dangerous-speech/

37 Höcke, *Nie zweimal*, S. 257.

38 Hajo Funke, »Rechtsextremismus: Höcke will den Bürgerkrieg«, *Zeit Online*, 24. Okt. 2019, http://www.zeit.de/politik/deutschland/2019-10/rechtsextremismus-bjoern-hoecke-afd-fluegel-rechte-gewalt-faschismus

39 Adorno, *Aspekte*, S. 14.

40 Paxton, *Anatomy*, S. 218.

41 Mark Potok, »The Year in Hate and Extremism«, in: *SPLC Intelligence Report*, http://www.splcenter.org/fighting-hate/intelligence-report/2015/year-hate-and-extremism-0 (10. März 2015).

42 Paolo Gerbaudo, *The Digital Party. Political Organisation and Online Democracy*, London 2008, S. 5.

43 Siehe Zeynep Tufekci, *Twitter and Tear Gas. The Power and Fragility of Networked Protest*, New Haven & London 2017, S. 49–82.

44 Bharath Ganesh, »The Ungovernability of Digital Hate Culture«, in: *Journal of International Affairs*, Nr. 2, Jg. 71 (2018), S. 30–49.

3 Das rechte Panikorchester

1 So der Rechtsextremismuskenner Volker Weiß unter Bezugnahme auf den rechtsextremen Publizisten Jürgen Elsässer. Siehe Volker Weiß, *Die Autoritäre Revolte. Die Neue Rechte und der Untergang des Abendlandes*, Stuttgart 2017, S. 220.

2 Siehe dazu z. B. Birger Antholz, »Morde 1950 bis 2015«, in: *Die Kriminalpolizei. Zeitschrift der Gewerkschaft der Polizei*, Nr. 1, Jg. 35 (2017), S. 27–28.

3 DPA, »Seehofer nach Chemnitz: ›Mutter aller Probleme ist die Migration‹«, *Die Welt*, 5. Sept. 2018, http://www.welt.de/politik/deutschland/article181434586/Seehofer-nach-Chemnitz-Mutter-aller-Probleme-ist-die-Migration.html

4 Martin Sellner, *Identitär! Geschichte eines Aufbruchs*, Schnellroda 2017, S. 218.

5 Georges Sorel, *Über die Gewalt*, Innsbruck 1928 (1908), S. 35.

6 Siehe dazu z. B. Maik Fielitz, Julia Ebner, Jakob Guhl & Matthias Quent, *Hassliebe. Muslimfeindlichkeit, Islamismus und die Spirale gesellschaftlicher Polarisierung*, Jena & London 2018, S. 47.

7 Michael Kimmel, *Angry White Man. Die USA und ihre zornigen Männer*, Bonn 2016, S. 51.

8 Simone Rafael, »In Kandel demonstrieren rechte Szenen und AfD Hand in Hand«, *Belltower News*, 28. Dez. 2018, http://www.belltower.news/jahresrueckblick-rheinland-pfalz-2018-79419/

9 Siehe Matthias Kernstock, »AfD-Politiker wünscht sich islamistische Anschläge«, *Merkur*, 22. Mai 2017, http://www.merkur.de/politik/afd-politiker-arvid-immo-samtleben-wuenscht-sich-islamistische-anschlaege-in-deutschland-zr-8338467.html

10 Renaud Camus, *Le Grand Remplacement*, Paris 2011.

11 Herfried Münkler, *Der Dreißigjährige Krieg. Europäische Katastrophe, deutsches Trauma 1618–1648*, Berlin 2017, S. 14.

12 Adorno, *Aspekte*, S. 10 (s. Kap. 2, Anm. 4).

13 Wilhelm Heitmeyer, »Rohe Bürgerlichkeit«, in: *Die Zeit*, 22. Sept. 2011.

14 Siehe Andreas Reckwitz, *Die Gesellschaft der Singularitäten. Zum Strukturwandel der Moderne*, Berlin 2017.

15 Siehe Christopher Daase, *Der erweiterte Sicherheitsbegriff*, hg. v. Sicherheitskultur im Wandel, Working Paper Nr. 1, Frankfurt a. M. 2010.

16 Markus Reuter, »Zwei Drittel der Deutschen schätzen Kriminalitätsentwicklung falsch ein«, *Netzpolitik*, 3. Nov. 2016, http://netzpolitik.org/2016/repraesentative-umfrage-zwei-drittel-der-deutschen-schaetzen-kriminalitaetsentwicklung-falsch-ein/

17 Peter Kruse, »Vortrag auf der Enquete-Kommission Internet und Digitale Gesellschaft« (5. Juli 2010), YouTube, 23. Feb. 2018, http://www.youtube.com/watch?v=kFMd-Q-0jvs

18 Siehe Stuart Soroka et al., »Bad News or Mad News? Sentiment Scoring of Negativity, Fear, and Anger in News Content«, in: *The Annals of the American Academy of Political and Social Science*, Nr. 1, Jg. 659 (2015), S. 108–121. Vgl. auch Marc Trussler & Stuart Soroka, »Consumer Demand for Cynical and Negative News Frames«, in: *The International Journal of Press/Politics*, Nr. 3, Jg. 19 (2014), S. 360–379.

19 Siehe Amanda Taub & Max Fisher, »Facebook Fueled Anti-Refugee Attacks in Germany, New Research Suggests«, *The New York Times*, 21. Aug. 2018, http://www.nytimes.com/2018/08/21/world/europe/facebook-refugee-attacks-germany.html

20 Dümling, »AfD (um 1500)«, S. 74 (s. Kap. 2, Anm. 21).

21 Siehe Rudolf Speth, »Nation und Emotion. Von der vorgestellten zur emotional erfahrenen Gemein-

schaft«, in: Ansgar Klein & Frank Nullmeier (Hg.), *Masse – Macht – Emotionen. Zu einer politischen Soziologie der Emotionen*, Wiesbaden 1999, S. 287–307.

22 Siehe B. J. Fogg, *Persuasive Technology. Using Computers to Change What We Think and Do*, Burlington 2002.

23 Siehe Stanley Cohen, *Folk Devils and Moral Panics*, London 1972.

4 Das rechte Spiel mit der Wahrheit

1 NBC News, »Kellyanne Conway: Press Secretary Sean Spicer Gave ›Alternative Facts‹ | Meet The Press | NBC News«, YouTube, 22. Jan. 2017, http://www.youtube.com/watch?v=VSrEEDQgFc8

2 The Colbert Report, »The Word – Thruthiness«, Comedy Central, 17. Okt. 2005, http://www.cc.com/video-clips/63ite2/the-colbert-report-the-word---truthiness

3 »GfdS wählt ›postfaktisch‹ zum Wort des Jahres 2016«, Gesellschaft für deutsche Sprache e. V., 9. Dez. 2016, http://gfds.de/wort-des-jahres-2016

4 Anti-Defamation League, »Never is now«, (s. Kap. 1, Anm. 1) – (Zitat ab 3:24 Min.).

5 Siehe generell Jürgen Habermas, *Theorie des kommunikativen Handelns*, 2. Bde., Frankfurt a. M. 1981.

6 Normative Orders, » ›Die gesellschaftlichen Voraussetzungen des Faschismus dauern fort‹ – Zur Aktualität Adornos«, YouTube, 15. Aug. 2019, http://www.youtube.com/watch?time_continue=2&v=Wmsgdmsc6vA&feature=emb_logo (Zitate ab 34:35 Min.).

7 Siehe Federico Finchelstein, *A Brief History of Fascist Lies*, Oakland 2020, S. 13.

8 Siehe generell Maggie Fox, »Some Experts Say Trump Team's Falsehoods Are Classic ›Gaslighting‹ «, NBC News, 24. Jan. 2017, http://www.nbcnews.com/health/mental-health/some-experts-say-trump-team-s-falsehoods-are-classic-gaslighting-n711021

9 Sascha Lübbe, »Junge AfD-Wähler: Überzeugungswähler«, *ZEIT Campus*, 1. Nov. 2019, http://www.zeit.de/campus/2019-10/junge-afd-waehler-erfurt-thueringen-landtagswahl

10 Siehe dazu Elle Hunt, »What is Fake News? How to Spot it and What You Can Do to Stop it«, *The Guardian*, 17. Dez. 2016, http://www.theguardian.com/media/2016/dec/18/what-is-fake-news-pizzagate

11 Siehe BBC News, 25. Juli 2018, http://www.bbc.com/news/av/world-us-canada-44959340/donald-trump-what-you-re-seeing-and-what-you-re-reading-is-not-what-s-happening

12 Partick Gensing, *Fakten gegen Fake News oder Der Kampf um die Demokratie*, Berlin 2019, S. 7.

13 Siehe Maik Baumgärtner & Roman Höfner, »Falsche Freunde«, in: *Spiegel*, Nr. 5/2020, S. 26–31.

14 Siehe Benna Johnson, » ›A lot of people are saying ...‹. How Trump spreads conspiracies and innuendoes«, *Washington Post*, 13. Juni 2016, http://www.washingtonpost.com/politics/a-lot-of-people-are-saying-how-trump-spreads-conspiracies-and-innuendo/2016/06/13/b21e59de-

317e-11e6-8ff7-7b6c1998b7a0_story.html

15 Siehe Maria Fiedler, »Pazderski spricht über Flüchtlinge als ›Zeitbombe‹«, *Der Tagesspiegel*, 9. Sept. 2016, http://www.tagesspiegel.de/berlin/afd-spitzenkandidat-beim-tagesspiegel-pazderski-spricht-ueber-fluechtlinge-als-zeitbombe/14526990.html

16 Adorno, *Aspekte*, S. 44 (s. Kap. 2, Anm. 4).

17 Hannah Arendt, *Elemente und Ursprünge totaler Herrschaft. Antisemitismus, Imperialismus, totale Herrschaft*, München 1986 (1955), S. 745.

18 Timothy Snyder, *Über Tyrannei. Zwanzig Lektionen für den Widerstand*, Bonn 2017, S. 67.

19 Siehe Carl Schmitt, *Politische Theologie. Vier Kapitel zur Lehre von der Souveränität*, 2. Aufl., München & Leipzig 1934, S. 17.

20 Wodak, *Politik der Angst*, S. 18 (s. Kap. 2, Anm. 32).

21 Siehe Leo Löwenthal, *Falsche Propheten*. Frankfurt a. M. 1990, S. 14–24.

22 Arendt, *Elemente*, S. 741.

23 Arendt, »Wahrheit«, S. 51 (s. Kap. 2, Anm. 30).

24 Popper, *Die offene Gesellschaft*, S. 278 (s. Kap. 1, Anm. 4).

25 Thomas Steierer, »Wir haben es doch schon immer gewusst«, *Süddeutsche Zeitung*, 7. Okt. 2008.

26 Siehe Farhad Manjoo, *True Enough. Learning to Live in a Post-Fact Society*, Hoboken 2008.

27 Siehe David Riesman, Nathan Glazer & Reuel Denney, *The Lonely Crowd. A Study of the Changing American Character*, New Haven 1950.

28 Siehe Reckwitz, *Gesellschaft der Singularitäten*, S. 7–25 (s. Kap. 3, Anm. 14).

29 Philipp Hübl, *Die aufgeregte Gesellschaft. Wie Emotionen unsere Moral prägen und die Polarisierung verstärken*, München 2019, S. 163.

30 Heinrich Popitz, *Phänomene der Macht*, Tübingen 1992, S. 224.

21 Siehe Paul H.P. Hanel et al., »The Source Attribution Effect. Demonstrating Pernicious Disagreement Between Ideological Groups on Non-Divisive Aphorisms«, in: *Journal of Experimental Social Psychology*, Jg. 79, S. 51–63.

32 Siehe Sebastian Herrmann, »Die andere Seite hat niemals recht«, *Süddeutsche Zeitung*, 11. Sept. 2018.

33 Siehe Philipp Hübl, *Bullshit-Resistenz. Tugenden für das 21. Jahrhundert*, Berlin 2018, S. 68–73; 74.

34 Siehe Alexei Yurchak, *Everything was Forever, Until it was No More. The Last Soviet Generation*, Princeton 2006.

35 Henrik Ibsen, *Die Wildente. Schauspiel in fünf Akten*, Stuttgart 2017.

36 Steierer, »Wir haben«.

37 Für eine populäre Zusammenfassung siehe Sebastian Meineck, »Deshalb ist ›Filterblase‹ die blödeste Metapher des Internets«, Vice, 9. März 2018, http://www.vice.com/de/article/pam5nz/deshalb-ist-filterblase-die-blodeste-metapher-des-internets

38 Siehe Michael Seemann, »Digitaler Tribalismus und Fake News«, *Ctrl+-verlust*, 29. Sept. 2017, http://www.

ctrl-verlust.net/digitaler-tribalismus-und-fake-news/

39 Michael Seemann, »Eine andere Welt ist möglich – aber als Drohung«, *Der Tagesspiegel*, 25. Okt. 2016, http://www.tagesspiegel.de/politik/die-globale-klasse-eine-andere-welt-ist-moeglich-aber-als-drohung/14737914.html

40 Siehe Elizabeth Culliford, »Facebook gets rid of ›pseudoscience ad-targeting category‹«, Reuters, 23. Apr. 2020, http://www.reuters.com/article/us-health-coronavirus-facebook-ads/facebook-gets-rid-of-pseudoscience-ad-targeting-category-idUSKCN2253CC

41 Siehe Alexandra Stevenson, »Facebook Admits It Was Used to Incite Violence in Myanmar«, *The New York Times*, 6. Nov. 2018, http://www.nytimes.com/2018/11/06/technology/myanmar-facebook.html

5 Das Geschrei einer rechten Minderheit

1 Siehe generell INSA Meinungstrend, »Archiv Potentialanalyse«, INSA Consulere, fortlaufende Aktualisierung, http://www.insa-consulere.de/archivpotentialanalyse/

2 Dirk Kurbjuweit, »Freiheit?«, *Spiegel*, 17. Jan. 2015, http://www.spiegel.de/spiegel/print/d-131355117.html

3 Siehe Günter Frankenberg, *Autoritarismus. Verfassungstheoretische Perspektiven*, Berlin 2020, S. 258.

4 Lösch Dich!, »Martin Sellner: Hass für den Infokrieg im Netz I Doku Lösch-Dich Bonus«, YouTube, 26. Apr. 2018, http://www.youtube.com/watch?v=TsWXwS5qjRk (Zitat ab 3:20 Min.).

5 Siehe Franziska Schreiber, *Inside AfD. Der Bericht einer Aussteigerin*, München 2018.

6 Siehe Eva Horn & Sonja Peteranderl, »Die Empörungsmaschine läuft heiß«, *Spiegel*, 30. Dez. 2019, http://www.spiegel.de/netzwelt/web/wdr-umweltsau-skandalisierung-die-empoerungsmaschine-laeuft-heiss-a-1303164.html

7 John Suler, »The Online Disinhibition Effect«, in: *Cyberpsychology & Behavior*, Nr. 3, Jg. 7 (2004), S. 321–326.

8 Siehe Michael Kreil, »The Army that Never Existed. The Failure of Social Bots Research«, Michael Kreil, 21. Jan. 2020, http://michaelkreil.github.io/openbots/.

9 Gensing, *Fakten gegen Fake News*, S. 79 (s. Kap. 4, Anm. 12).

10 Siehe Thomas Laschyk, »Kein Scherz! AfD erwischt, wie sie sich selbst positive Kommentare fälscht«, Volksverpetzer, 24. Feb. 2019, http://www.volksverpetzer.de/social-media/afd-erwischt/.

11 Lösch Dich! (Zitat ab 1:48 Min.).

12 Ebner, *Radikalisierungsmaschinen*, S. 137–140 (s. Kap. 2, Anm. 19).

13 Andrew Anglin, »Decision Time for the Alt-Right. Which Way, White Man?«, Daily Stormer, 22. März 2018, http://dailystormer.su/decision-time-for-the-alt-right-which-way-white-man/

14 Lisa Bogerts, »Bilder und Emotionen in der Sozialen Bewegungsforschung«, in: Karl-Rudolf Korte (Hg.), *Emotionen und Politik. Begründun-*

gen, Konzeptionen und Praxisfelder einer politikwissenschaftlichen Emotionsforschung, Baden-Baden 2015, S. 225–246.

15 Siehe Christian Fuchs & Paul Middelhoff, *Das Netzwerk der Neuen Rechten. Wer sie lenkt, wer sie finanziert und wie sie die Gesellschaft verändern*, Reinbek b. Hamburg 2019, S. 120.

16 Siehe »Corona-Berichterstattung. 20 Prozent fühlen sich getäuscht«, *Tagesschau*, 27. Mai 2020, http://www.tagesschau.de/investigativ/zapp/verschwoerungserzaehlungen-umfrage-101.html

17 Sharon Meraz & Zizi Papacharissi, »Networked Gatekeeping and Networked Framing on #Egypt«, in: *The International Journal of Press/Politics*, Nr. 2, Jg. 18 (2013), S. 138–166.

18 Siehe Robert K. Merton, »The Matthew Effect in Science«, in: *Science*, Nr. 3810, Jg. 159 (1968), S. 56–63.

19 Popitz, *Phänomene der Macht*, S. 223 (s. Kap. 4, Anm. 30).

20 George Mosse, *The Nationalization of the Masses. Political Symbolism and Mass Movements in Germany from the Napoleonic Wars through the Third Reich*, New York 1975.

21 Siehe Steffen Mau, *Das metrische Wir. Über die Quantifizierung des Sozialen*, Berlin 2017.

22 Paolo Gerbaudo, *The Digital Party*, S. 20 (s. Kap. 2, Anm. 42).

23 Siehe Alice Marwick & Rebecca Lewis, *Media Manipulation and Disinformation Online*, New York 2017.

24 Rebecca Lewis, *Alternative Influence. Broadcasting the Reactionary Right on YouTube*, New York 2018, S. 8.

25 PatriotOnTour, »9.5.2020 Stuttgart – Widerstand2020, Querdenken 711 Stuttgart – Hygienedemo Live«, YouTube, 9. Mai 2020, http://www.youtube.com/watch?v=_Z116AqM_XM (Zitat ab 3:33:20).

26 Sascha Lobo, *Realitätsschock. Zehn Lehren aus der Gegenwart*, Köln 2019, S. 294.

27 Russell Muirhead & Nancy Rosenblum, *A Lot of People Are Saying. The New Conspiracism and the Assault on Democracy*, Princeton 2019, S. 49.

6 Das neue Hemd der Ultranationalen

1 Umberto Eco, »Der ewige Faschismus« (1995), in: ders., *Der ewige Faschismus*, München 2020, S. 40.

2 Acker, »Wie der Faschismus digital wurde« (s. Kap. 2, Anm. 22).

3 Klaus Theweleit, »Männerphantasien. Nachwort 2018/19«, in: ders., *Männerphantasien*, Berlin 2019 (1977), S. 1268.

4 Siehe W. Lance Bennett & Alexandra Segerberg, »The Logic of Connective Action. Digital Media and the Personalization of Contentious Politics«, in: *Information, Communication & Society*, Nr. 5, Jg. 15 (2012), S. 739–768.

5 Bernhard Pörksen, *Die große Gereiztheit. Wege aus der kollektiven Erregung*, München 2018, S. 89–90.

6 John Perry Barlow, »A Declaration of the Independence of Cyberspace«, Electronic Frontier Foundation, 8. Feb. 1996, http://www.eff.org/cyberspace-independence – autorisierte deutsche Übersetzung hier: http://www.heise.de/tp/features/

Unabhaengigkeitserklaerung-des-Cyberspace-3410887.html

7 Dale Beran, *It Came from Something Awful. How a Toxic Troll Army Accidentally Memed Donald Trump into Office*, New York 2019, S. 85.

8 Siehe Ganesh, »The Ungovernability« (s. Kap. 2, Anm. 44).

9 Byung-Chul Han, *Im Schwarm. Ansichten des Digitalen*, Berlin 2013, S. 20.

10 Ernst Nolte, *Der Faschismus in seiner Epoche. Die Action Française, der Italienische Faschismus und der Nationalsozialismus*, München 1971, S. 381.

11 Mahita Gajanan, »Epilepsy Foundation Presses Charges After Hackers Sent Seizure-Inducing Images to Its Twitter Followers«, *Time*, 18. Dez. 2019, http://time.com/5752038/epilepsy-foundation-cyberattack-cause-seizures/

12 Sven Reichardt, *Faschistische Kampfbünde. Gewalt und Gemeinschaft im italienischen Squadrismus und in der deutschen SA*, Köln, Weimar & Wien 2009, S. 141.

13 Andrew Anglin, »A Normies Guide to the Alt-Right«, Daily Stormer, 31. Aug. 2016, http://dailystormer.name/a-normies-guide-to-the-alt-right/

14 Rob May & Matthew Feldman, »Understanding the Alt-Right«, in: Maik Fielitz & Nick Thurston (Hg.), *Post-Digital Cultures of the Far Right. Online Actions and Offline Consequences in Europe and the US*, Bielefeld 2019, S. 25.

15 Angela Nagle, *Kill All Normies. The Online Culture Wars from Tumblr and 4chan to the Alt-Right and Trump*. Winchester & Washington 2017, S. 10.

16 George Hawley, *Making Sense of the Alt-Right*, New York 2017, S. 140.

17 Anglin, »A Normies Guide«.

18 Siehe Ian Bogost, »The Meme Terrorists. Violence in Synagogues and Mosques is Kindling for a Larger Inferno of Distrust Online«, *The Atlantic*, 30. Apr. 2019, http://www.theatlantic.com/technology/archive/2019/04/california-synagogue-shooting-worse-you-thought/588352/

19 Dokumentiert auf: http://www.hogesatzbau.de/wp-content/uploads/2018/01/HANDBUCH-F%C3%9CR-MEDIENGUERILLAS.pdf

20 D-Generation, »Infokrieg – Open Source Memetic Warfare«, YouTube, 10. Nov. 2017, http://www.youtube.com/watch?v=t8fi7ZaTB7U&

21 Whitney Phillips & Ryan Milner, *You Are Here. A Field Guide for Navigating Polarized Speech, Conspiracy Theories, and Our Polluted Media Landscape* (Online-Vorabveröffentlichung 2020), http://you-are-here.pubpub.org/ (Kap. 4).

22 Fred Turner, »Trump on Twitter. How a Medium Designed for Democracy Became an Authoritarian's Mouthpiece«, in: Pablo J. Boczkowski & Zizi Papacharissi (Hg.), *Trump and the Media*, Cambridge & London 2018, S. 144.

23 Jo Freeman, »The Tyranny of Structurelessness«, in: *Berkeley Journal of Sociology*, Jg. 17 (1972/73), S. 151–164.

24 Joe Mulhall, »A Post Organisational Far Right?«, in: Hope Not Hate (Hg.): *State of Hate 2018*, London 2018, S. 10–11.

25 Siehe Roger Griffin, »From Slime Mould to Rhizome. An Introduction to the Groupuscular Right«, in: *Patterns of Prejudice*, Nr. 1, Jg. 37 (2003), S. 27–50.

26 Siehe Tufekci, *Twitter and Tear Gas* (s. Kap. 2, Anm. 43).

27 Sellner, *Identitär!*, S. 217, 219 (s. Kap. 3, Anm. 4).

28 Siehe Lewis, *Alternative Influence*, S. 39–41 (s. Kap. 5, Anm. 24).

29 Philipp Holtmann, »Virtual Leadership: How Jihadists Guide Each Other in Cyberspace«, in: Rüdiger Lohlker (Hg.), *New Approaches to the Analysis of Jihadism. Online and Offline*, Göttingen 2012, S. 72.

30 Robert O. Keohane, *After Hegemony. Cooperation and Discord in the World Political Economy*, Princeton 1984.

31 Chip Berlet, »Heroes Know Which Villains to Kill. How Coded Rhetoric Incites Scripted Violence«, in: Matthew Feldmann & Paul Jackson (Hg.), *Doublespeak: The Rhetoric of the Far Right since 1945*, Stuttgart 2014, S. 304.

7 Das erneuerte Paradox der Toleranz

1 Mark Zuckerberg, »Big Tech Needs More Regulation«, *Financial Times*, 20. Feb. 2020, http://www.ft.com/content/602ec7ec-4f18-11ea-95a0-43d18ec715f5

2 Bild am Sonntag, »Wer Politiker wird, weiß, dass er sich in Gefahr begibt« (Interview mit Wolfgang Schäuble), *Bild*, 11. Jan. 2020, http://www.bild.de/bild-plus/politik/inland/politik-inland/schaeuble-wer-politiker-wird-weiss-dass-er-sich-in-gefahr-begibt-67246738,view=conversionToLogin.bild.html

3 Siehe Marcel Rosenbach & Wolf Wiedmann-Schmidt, »Seehofer will Messengerdienste zum Entschlüsseln zwingen«, *Spiegel*, 24. Mai 2019, http://www.spiegel.de/netzwelt/netzpolitik/horst-seehofer-will-messengerdienste-zum-entschluesseln-zwingen-a-1269121.html

4 John Hartley, »Communicative Democracy in a Redactional Society. The Future of Journalism Studies«, in: *Journalism*, Nr. 1, Jg. 1 (2000), S. 39–48.

5 Margreth Lünenborg, »Außer Kontrolle?«, *Tagesspiegel*, 30. Aug. 2015, http://www.tagesspiegel.de/gesellschaft/medien/media-lab-ausser-kontrolle/12254126.html

6 Jan Kixmüller, »Risiko, dass bewaffnete Terrorzellen entstehen, ›ist besonders hoch‹«, (Interview mit Gideon Botsch), *Tagesspiegel*, 19. Feb. 2020, http://www.tagesspiegel.de/politik/potsdamer-rechtsextremismus-forscher-risiko-dass-bewaffnete-terrorzellen-entstehen-ist-besonders-hoch/25563448.html

7 Siehe z. B. Joshua Garland et al., »Countering Hate on Social Media. Large Scale Classification of Hate and Counter Speech«, *arXiv*, 5. Juni 2020, http://arxiv.org/abs/2006.01974

8 Sebastian Herrmann, *Gefühlte Wahrheit. Wie Emotionen unser Weltbild formen*, Berlin 2019, S. 189.

9 Max Weber, *Politik als Beruf*, Berlin 2010 (1919), S. 56.

10 Siehe Janusz Biene et al., »Widerstand im Spiegel von Herrschaft. Eine relationale Typologie terroristischer Gewalt«, in: Christopher Daase et al. (Hg.), *Herrschaft in den Internationalen Beziehungen*, Wiesbaden 2017, S. 223–243.

11 Die Hassmaschine, »Wie Facebook beim Hass im Netz versagt«, Bayerischer Rundfunk, 23. Juni 2020, http://web.br.de/interaktiv/hassmaschine/

12 Mark Zuckerberg, Facebook-Post vom 26. Juni 2020, 11:25 Uhr MEZ, http://www.facebook.com/zuck/posts/10112048980882521

13 Phoenix, »Verfassungsschutz zum AfD-›Flügel‹ am 12.03.20«, YouTube, 12. März 2020, http://www.youtube.com/watch?v=gAoTHE7bw2w&t (Zitat ab 5:37 Min.).

14 Siehe Holger Marcks & Janina Pawelz, »From Myths of Victimhood to Fantasies of Violence. How Far-Right Narratives of Imperilment Work«, in: *Terrorism & Political Violence* (Online-Veröffentlichung), doi: http:/doi.org/10.1080/09046553.2020.1788544 (2020).

15 Mary L. Gray & Siddharth Suri, *Ghost Work. How to Stop Silicon Valley from Building a New Global Underclass*, Boston 2019.

16 Der Transparenzbericht findet sich unter: http://transparencyreport.google.com/youtube-policy/removals?total_removed_videos=period:Y2020Q1;exclude_automated:all&lu=total_removed_videos

17 Tarleton Gillespie, *Custodians of the Internet. Platforms, Content Moderation, and the Hidden Decisions that Shape Social Media*, New Haven & London 2018, S. 75.

18 Amadeu-Antonio-Stiftung et al., »Stellungnahme der Zivilgesellschaft zum Entwurf eines Gesetzes zur Änderung des Netzwerkdurchsetzungsgesetzes vom 28.01.2020«, http://www.bmjv.de/SharedDocs/Gesetzgebungsverfahren/Stellungnahmen/2020/Downloads/021720_Stellungnahme%20_AmadeuAntonioStiftung_RefE_NetzDG.pdf;jsessionid=82586DC82657045D2361D50B3E54A163.2_cid297?__blob=publicationFile&v=3

8 Dilemma ohne Ende?

1 Casey Newton, »What Facebook Doesn't Understand About the Facebook Walkout«, *The Verge*, 1. Juni 2020, http://www.theverge.com/interface/2020/6/1/21276969/facebook-walkout-mark-zuckerberg-audio-trump-disgust-twitter

2 Yuval Noah Harari, »Mark Zuckerberg & Yuval Noah Harari in Conversation«, 26. Apr. 2019, http://www.youtube.com/watch?v=Boj9eDoWug8 (Zitat ab 2:55 Min.).

3 Zitiert in Stefan Krempl, »Twitter vs Trump. Angriff auf ›das wichtigste Internetgesetz der Welt‹ «, Heise Online, 29. Mai 2020, http://www.heise.de/news/Twitter-vs-Trump-Angriff-auf-das-wichtigste-Internetgesetz-der-Welt-4770176.html